"十二五"职业教育国家规划教材

经全国职业教育教材审定委员会审定

旅游管理系列 >>

酒店营销实务

第二版

郑凤萍　主编　　　　　马　莉　丁勇义　副主编
　　　　　　　　　　　杨宏伟　主　审

化学工业出版社

·北京·

本书将市场营销学的基本原理与酒店营销实践有机结合起来，充分吸收国内外酒店营销实践与理论研究成果，教材在理论阐述方面简明扼要，精炼实用，并把典型案例融入教材，内容设计新颖。本书主要内容包括酒店营销环境与消费者购买行为分析、酒店营销调查与预测、酒店目标市场的选择与市场定位、酒店营销战略与营销组合策略、酒店产品与定价策略、酒店营销渠道与促销策略等。

本书可作为高职院校旅游酒店管理专业教材，也可供酒店企业相关从业人员培训、自学使用。

图书在版编目（CIP）数据

酒店营销实务/郑凤萍主编. —2版. —北京：化学工业出版社，2014.6（2024.1重印）
"十二五"职业教育国家规划教材
ISBN 978-7-122-20423-3

Ⅰ.①酒… Ⅱ.①郑… Ⅲ.①饭店-市场营销-高等职业教育-教材 Ⅳ.①F719.2

中国版本图书馆 CIP 数据核字（2014）第 077207 号

责任编辑：于 卉 王 可　　　　　装帧设计：王晓宇
责任校对：徐贞珍

出版发行：化学工业出版社（北京市东城区青年湖南街13号　邮政编码100011）
印　　装：北京科印技术咨询服务有限公司数码印刷分部
710mm×1000mm　1/16　印张13¾　字数275千字
2024年1月北京第2版第6次印刷

购书咨询：010-64518888　　　　　　　　　　售后服务：010-64518899
网　　址：http://www.cip.com.cn
凡购买本书，如有缺损质量问题，本社销售中心负责调换。

定　　价：39.00元　　　　　　　　　　　　　　版权所有　违者必究

第二版前言

酒店业是中国改革开放三十年来与国际接轨最早、国际化程度最高的行业之一。酒店业的快速发展必然导致酒店行业市场竞争的日趋激烈。一些曾经辉煌的酒店企业由于经营不善而风光不再，甚至濒于破产倒闭；而另一些善于营销的企业却能脱颖而出，成为市场中的佼佼者。《酒店营销实务》是旅游酒店管理专业工学结合的课改教材；酒店企业运用科学的营销理念、战略、策略指导经营实践，无疑是提高经济效益和社会效益的法宝。

本教材是由教学一线的教师和酒店企业管理者共同完成的酒店管理专业工学结合的课改教材；教材充分体现了基础理论必须够用、专业知识重点保证、能力培养综合强化的原则；教材在理论阐述方面简明扼要，精炼实用，并为学生展示了许多实用性很强的案例分析方法和原理。本教材具有如下特点。

1. 校企合作的编写团队，是实现教材理论实践一体化的有力保证

本教材为校企合作编写团队，编写队伍中吸收了企业高管参编。此次修订准确地把握了高职教材特色、基于工作过程需要确定学习内容、突出职业能力培养主线、实现理论与实践的高效对接，具有较为丰富的实践案例。在保持原教材优势特色的基础上，发挥校企合作优势，合作单位参编管理者为教材提供了许多国际酒店集团先进营销管理方法和手段，突出地体现了企业需要、职业岗位标准，使教材具有更强的实用性。

2. 把典型案例融入教材，内容设计新颖

全书所甄选的案例不仅具有典型代表性，而且资料都比较新，具有时代性。内容设计较新颖，各项目设有"项目任务书"、"案例导入"、"相关案例"、"热点关注"、"复习思考题"、"模拟训练"和"拓展案例"等环节，以生动的方式阐述营销的理念，将理论与实例融为一体；"模拟训练"为学生提供了参与实践、提高应用能力的平台。

3. 借鉴营销学最新的研究成果

国内外的专家学者在酒店市场营销前沿领域发表的专著和论文，对酒店业营销活动起到了科学的指导和推动作用。这些研究成果为本书的编写提供了理论基础和资料上的支持。

4. 编写队伍具有丰富的教学、科研经历，对教材修订把握准确

本次修订分别承担主编和副主编工作的院校教师有着丰富的教学经验，对于本教材的修订思路、技术操作有着清晰的认识和准确把握的能力，这是教材修订的技术层面的有力保证。主编郑凤萍教授曾多次率学生深入广州侨鑫集团、宁波威斯汀酒店等企业进行顶岗实践,形成了以学生为主体的项目导向、任务驱动的教学模式,教学方法灵活、教学手段先进,能够体现课程的职业性、实践性和开放性,2010年由她主持的课程"酒店营销实务"被评为黑龙江省级精品课程。

5. 修订更加注重工学结合

修订主要依据酒店岗位群需求、行业专家建议、学生反馈情况以及营销管理岗位所需的职业能力要求进行选取,遵循教、学、做合一的原则,整合教学内容,并以学生完成任务情况作为衡量学习效果的主要依据。通过教材模式和教学方法的改进,提高了学生理论联系实际的能力,分析问题和解决问题的能力,进而增强了他们走向社会的适应能力和竞争能力。

6. 配套数字化建设情况

2010年3月《酒店营销实务》被评为黑龙江省教育厅精品课程,已建设相关数字化资源:课程网站、题库、电子教案、课件、视频资料、习题等。

《酒店营销实务》精品课网站:http://www1.ljly.net:81/book-show/flex/book.html?courseNumber=0203109。

本教材由黑龙江旅游职业技术学院教授郑凤萍任主编,负责确定全书编写提纲并对全书进行总纂统稿,最佳西方哈尔滨财富酒店马莉和黑龙江旅游职业技术学院丁勇义为副主编,黑龙江旅游职业技术学院刘翠萍和黑龙江农垦科技学院戴玉为参编。具体分工如下:郑凤萍负责编写第1、2、3、4、5、7章,马莉负责编写第10章,丁勇义负责编写第6章,刘翠萍负责编写第8章,戴玉负责编写第9章。

教材由哈尔滨新巴黎大酒店总经理杨宏伟主审,由于编者水平有限,不妥之处在所难免,恳请各相关高职院校和读者在使用本教材的时候给予关注,并将意见及时反馈给我们,以便修订完善。

编 者
2015年5月

项目一 认识酒店营销实务 …… Page 1

学习任务书	1
案例导入	1
单元一　酒店市场营销概述	2
一、酒店的内涵和特征	2
二、旅游酒店市场的内涵	4
三、市场营销与酒店市场营销	6
单元二　市场营销观念的演变	10
一、市场营销观念的变化	10
二、旅游发展中市场营销观念的运用	14
小结	16
复习思考题	16
拓展案例1	16
拓展案例2	19

项目二 酒店市场营销环境分析 …… Page 21

学习任务书	21
案例导入	21
单元一　旅游酒店市场营销环境概述	22
一、酒店市场营销环境的概念	22
二、酒店市场营销环境的特点	22
单元二　旅游酒店市场营销宏观环境	24
一、政治法律环境	24
二、经济环境	25
三、社会文化环境	27
四、科学技术环境	28
五、人口因素	29
六、自然环境	31
单元三　旅游酒店市场营销微观环境	32
一、旅游供应商对旅游营销活动的影响	32
二、旅游中间商对旅游营销活动的影响	33
三、顾客群对旅游营销活动的影响	33
四、竞争者对旅游营销活动的影响	34

五、社会公众对旅游营销活动的影响	35
六、企业内部各部门协作对营销活动的影响	36
单元四　旅游酒店市场营销环境分析	37
一、旅游营销环境优势-劣势（SW）分析	37
二、旅游营销环境机会-威胁（OT）分析	39
三、旅游营销战略选择	40
小结	41
复习思考题	41
拓展案例1	42
拓展案例2	44

3 项目三　酒店顾客消费行为分析　Page 46

学习任务书	46
案例导入	46
单元一　需要与旅游需要	46
一、需要的概念	47
二、马斯洛需要层次论	47
三、旅游需要的基本特征	48
单元二　旅游消费动机、消费行为	50
一、旅游消费动机	50
二、旅游购买行为	51
单元三　顾客满意理论	55
一、顾客满意度	55
二、顾客购买的总价值分析	55
三、顾客购买的总成本分析	56
四、提高顾客满意度的有效途径	57
小结	60
复习思考题	61
拓展案例1	61
拓展案例2	63

4 项目四　酒店市场调查与市场预测　Page 66

学习任务书	66

案例导入	66
单元一　酒店市场调查概述	67
一、市场调查定义	67
二、酒店市场调查的分类及内容	67
三、酒店市场调查的程序	68
单元二　酒店市场调查方法和技术	72
一、酒店市场调查方法	72
二、酒店市场调查的技术设计	74
单元三　酒店市场预测	79
一、酒店市场预测的含义	79
二、酒店市场预测的内容	79
三、酒店市场预测的程序	80
四、酒店市场预测的方法	81
小结	85
复习思考题	86
拓展案例1	86
拓展案例2	87

项目五　酒店企业目标市场策略

学习任务书	88
案例导入	88
单元一　酒店市场细分	89
一、酒店市场细分的概念	89
二、市场细分的客观基础	89
三、市场细分的重要性	90
四、酒店市场细分的方法	91
五、酒店市场细分的原则	95
单元二　酒店目标市场的选择	96
一、目标市场策略	96
二、影响目标市场策略选择的因素	98
三、酒店企业选择目标市场的一般过程	99
单元三　酒店市场定位	103
一、酒店市场定位的定义	103
二、酒店企业市场定位的作用	103
三、市场定位的方法	104

四、酒店市场定位的过程	105
五、CIS 定位在酒店企业市场营销中的应用	106
小结	110
复习思考题	111
拓展案例 1	111
拓展案例 2	113

6 项目六 酒店市场营销战略与营销组合策略 — 115

学习任务书	115
案例导入	115
单元一　酒店市场营销战略	116
一、酒店市场营销战略的内涵	116
二、酒店市场营销战略的特点	116
三、酒店企业制定营销战略的意义	118
四、酒店市场营销战略的制定与实施	118
五、企业竞争战略的类型	120
单元二　酒店市场营销组合策略	121
一、酒店市场营销组合内涵分析	121
二、酒店市场营销组合的特点	122
三、酒店市场营销组合的作用	123
小结	125
复习思考题	126
拓展案例 1	126
拓展案例 2	127

7 项目七 酒店产品策略 — 129

学习任务书	129
案例导入	129
单元一　酒店产品概述	130
一、酒店产品的构成	130
二、酒店产品的特点	131
单元二　酒店产品生命周期	136
一、酒店产品生命周期理论	136
二、酒店产品生命周期各阶段的营销策略	137

单元三　酒店新产品开发　139
一、酒店新产品及种类　140
二、酒店新产品的开发过程　140
三、酒店新产品开发策略　141
四、酒店产品开发设计的基本原则　142
单元四　酒店产品品牌策略　143
一、酒店产品品牌与商标　144
二、酒店产品的品牌策略　144
小结　146
复习思考题　147
拓展案例1　147
拓展案例2　148

项目八　酒店产品定价策略　Page 150

学习任务书　150
案例导入　150
单元一　酒店产品价格概述　151
一、酒店价格的内涵　151
二、影响酒店产品定价的因素　151
单元二　酒店产品定价目标与方法　153
一、酒店产品定价目标　154
二、酒店产品定价方法　155
单元三　酒店产品的定价策略　158
一、新产品定价策略　158
二、心理定价策略　159
三、折扣定价策略　160
四、差别定价策略　161
小结　162
复习思考题　162
拓展案例1　162
拓展案例2　165

项目九　酒店分销渠道策略　Page 167

学习任务书　167

案例导入	167
单元一　酒店产品分销渠道	167
一、酒店产品分销渠道的内涵、功能	168
二、酒店产品分销渠道的类型	168
三、影响酒店产品分销渠道选择的因素	172
单元二　旅游中间商	174
一、旅游中间商的类型	174
二、酒店产品分销渠道选择策略	178
三、酒店产品分销渠道管理	179
小结	181
复习思考题	181
拓展案例 1	182
拓展案例 2	183

项目十　酒店促销策略　Page 185

学习任务书	185
案例导入	185
单元一　酒店促销概述	186
一、酒店促销的概念	186
二、酒店促销的作用	186
三、酒店促销组合策略	187
单元二　酒店广告	189
一、酒店广告的概念	189
二、酒店广告的特点	189
三、酒店广告决策	190
单元三　酒店人员推销	192
一、酒店人员推销的含义	192
二、酒店人员推销的特点	192
三、酒店人员推销方式	193
四、酒店人员推销的程序	193
单元四　酒店营业推广	196
一、酒店营业推广的概念	196
二、酒店营业推广的特点	196
三、酒店营业推广的对象和方式	196
单元五　酒店公共关系	199

一、酒店公共关系的概念	199
二、酒店公共关系的特点	199
三、酒店公共关系的方式	199
小结	201
复习思考题	201
拓展案例 1	201
拓展案例 2	202

 参考文献 | 207

项目一
认识酒店营销实务

学习任务书

1. 结合案例说明市场营销研究的主要内容及实现的目标。
2. 理解市场营销学几个重要核心概念。
3. 分析酒店市场营销的特点及营销在酒店经营中发挥的作用。
4. 市场营销观念的演变、现代市场营销观念的内涵及应用。(通过案例理论联系实际)

【案例导入】

访创办人张勇说"海底捞"火锅故事

到过"海底捞"的顾客,无不对其服务留下深刻的印象,有"受宠若惊"的顾客称之为"变态伺候"。入座后有人送上绑头发用的橡皮筋、围裙、手机套,就餐时服务员不时递上热毛巾。

火锅在中国是门槛低、差异化低的行业。2011 年,北京大学光华管理学院访问教授黄铁鹰出版的畅销书《海底捞你学不会》,点明"海底捞"很难模仿。黄铁鹰在 2009 年的文章《海底捞的管理智慧》,成为《哈佛商业评论》中文版进入中国八年影响最大的案例,中国很多大学的商学院都讲授"海底捞"的故事。

从 1994 年成立至 2014 年 1 月,海底捞在北京、上海、郑州、西安、深圳、广州等 24 个城市开设分店,如今在中国拥有 91 家直营店,在国外新加坡和美国洛杉矶各一家直营店;雇员 1 万多人,每年要接待 3000 万人次,是中国规模最大的餐饮连锁企业之一。

海底捞在海外的首家分店,2012 年 10 月底在新加坡的克拉码头开业。和在中国的店面一样,如果顾客正在排队等待入座,可以免费享受各种服务,如美甲、洗眼镜、手机贴膜、小吃等;也让顾客自己动手折千纸鹤,折满 30 只可以换取免费火锅配菜一盘,让等待过程不会乏味。

"地球人已经无法阻止海底捞了!"这本是蹿红网络的一句戏言,如今,海底捞就是用这样的细节服务,让海底捞成为顾客热衷传播的神奇故事……

（资料来源：联合早报，http://www.zaobao.com/social/crossroads/general/story20130304-53538.）

思考讨论：

1. 调查该企业在餐饮营销方面成功的主要经验。
2. 谈谈该企业为员工提供了哪些福利待遇、权力和发展机会？企业关心关爱员工给企业带来哪些利益？

单元一　酒店市场营销概述

酒店是在古时候的"亭驿"、"客舍"和"客栈"的基础上，随着人类的进步、社会经济的发展，科学文化、技术和交通的发达而发展起来的。现代社会经济的发展，带来了世界旅游、商务的兴旺，酒店业也随之迅速发展起来，而且是越来越豪华、越来越现代化。

通过海底捞案例我们了解到该企业之所以能够在激烈的市场竞争中快速发展并得到市场的认可，源于企业建立了一整套先进的营销管理体系，并在实践中不断创新和完善，因此取得了丰硕的经济效益和社会效益。市场营销是商品经济高度发展的产物，是诞于竞争激烈的市场环境中，促使双方互为满足的一门学科。酒店营销实务研究的主要问题就是要通过大量酒店企业经典案例研究酒店企业在不断变化的市场营销环境和激烈的市场竞争中，如何通过整合资源、适应环境、不断创新等营销手段提高目标顾客满意度，进而提高企业经济效益和社会效益，以求企业长期生存和发展的一门应用型科学。

一、酒店的内涵和特征

酒店的市场营销是一个非常现代化的、理论化的、系统化的科学，同时又是灵活、复杂和多样的。

（一）酒店企业的内涵

企业，是按投资者、国家和社会所赋予的受托责任，从事生产、流通或服务性等活动，为满足社会需要并获得盈利，进行自主经营，自负盈亏，享有民事权利和承担民事责任的团体法人。

酒店同样是企业，它具备企业的基本特征。酒店又称为饭店、宾馆、旅馆和旅社等。它是随着人类旅行活动的开展而出现的，最初的基本功能是为旅途中的人们提供住宿服务。发展到现在，酒店已成为一个以住宿、餐饮、娱乐、健身、购物、商务等设施为凭借，为客人提供吃、住、行、游、购、娱等多功能服务的现代化综合性服务企业，并形成了拥有各种不同等级、规模、类型和经营方式的众多饭店组成的酒店业。

酒店、旅行社和旅游交通构成旅游业的三大支柱。酒店是一个地区形成旅游接待能力的物质基础，对旅游者而言，酒店成为旅游者在旅游目的地开展一切活动的基地，是他们的"家外家"。对于一个城市、地区和国家而言，酒店成为该城市、地区和国家的市政基本建设项目和社会公共基础设施，是当地对外交往、社会交际活动的中心。酒店业作为一个能创造大量外汇、提供广阔就业空间的朝阳行业，随着社会经济的进一步发展，它在国民经济中必将发挥越来越大的作用。

（二）酒店的特征

酒店作为一个服务性的企业，有着许多与制造企业明显不同的基本特征。

1. 提供以服务为主的综合性酒店产品

住店客人在酒店中消费的就是酒店企业提供的产品。这其中既有客房、餐厅、菜肴、酒水、各种康乐设施等看得见、摸得着的有形产品，也有无处不在，由酒店工作人员提供的各种无形服务，是有形产品和无形产品的高度结合，是满足客人在酒店内住宿、餐饮、娱乐、购物、商务等多种需求的产品组合，具有综合性的特点。同时，酒店产品中服务占了很大的比重，一方面酒店有形产品在满足客人需求时必须通过相应酒店服务才能得以实现，试想客人在酒店餐厅用餐时，如果没有迎宾领座、没有桌面服务、没有厨师烹饪，这与在家中就餐没有任何区别；另一方面客人在酒店消费后，能够带走的只有体验和印象（购物除外），能不能给客人留下热情、温馨、舒适、尊重关心、温暖等美好印象，主要取决于酒店服务的品质。所以，酒店产品以体验的无形服务为主。

2. 酒店经营过程集生产、销售、消费过程为一体，产品销售在前，生产与消费同时进行

酒店是一座投资额高且不可移动的，具有一定接待能力的建筑物，其产品需要客人先订购后消费，且只有待客人抵达酒店后，产品的生产与消费才能在同一空间、时间和地点同步进行，这个特征决定于酒店产品的服务特性。酒店属于服务性行业，酒店产品属于服务性产品，酒店产品的生产行为和消费行为是客人抵达酒店后，在酒店同时发生的。酒店也不能像许多制造企业那样将产品储存起来用于满足需求的日常波动，一旦形成生产能力，酒店必须尽快找到顾客，将这种能力变成产品，实现其价值，否则，这种损失永远不能挽回。另外，酒店产品的销售是出售某一时间段的使用权，而非产品的所有权，准确地说，酒店产品只能出租不能出售。

3. 酒店属于劳动密集型企业，融现代化高科技先进设备和手工操作、劳动活动为一体，以人员操作和劳务为主，对服务人员的素质要求较高

酒店提供的是服务产品，客人在店内吃、住、购物、娱乐、商务等需求的满足，无时无刻离不开各岗位服务人员及时、周到、热情的服务。酒店的正常运转需要大量的服务人员，处处表现出人与人之间的交流，因此，酒店属于劳动密集型企业。按目前我国酒店的人员配备状况（平均每间客房配备1.5~2人），一座300间客房的酒店，至少需要500~600人为之提供服务。

除此之外，随着社会的发展、科技的进步，为了满足客人不断提高的需求并

项目一　认识酒店营销实务

应对日益激烈的市场竞争，许多酒店采用了现代化、高科技含量的设备，但它仅是为客人提供优质服务的凭借，不可能替代服务人员的手工操作和劳务活动，而且必须与之融为一体才能充分发挥作用。同时，客人需求千差万别，他们更在乎精神上的愉悦和情感上的满足，这种状况使得酒店服务人员不仅要遵循严格的服务标准，拥有娴熟的服务技巧，更要有良好的人际沟通能力和很强的灵活应变能力。一支高素质的员工队伍是任何一家酒店生存与发展之本。

4. 酒店经营对外部环境具有高依赖性

旅游业本身就是一个敏感性极强的产业。近年来发生的美国"9.11"恐怖袭击、印尼巴厘岛爆炸、我国大陆和港台地区的"SARS"、我国四川5.12大地震等事件给当地旅游业沉重打击就是最好的证明。作为旅游业三大支柱之一的酒店业不仅受制于旅游业本身的兴衰，而且日常经营对当地市政基础设施和水、电、能源、交通等行业也有着较强的依赖性。酒店的客源来自国内外各地，人员复杂多变，酒店的消费需求不属于人们的日常基本需求，酒店的产品不能运输和储存，因此，酒店经营容易受到外部不可控制的政治、经济、文化、外交、事故和自然灾害等多种因素的影响，有很强的季节性、风险性和依赖性。

二、旅游酒店市场的内涵

（一）旅游酒店市场的概念

旅游市场是社会经济发展到一定程度，旅游活动商品化、社会化的产物。人们对旅游市场的理解因研究目的和认识角度的不同而不尽一致，通常市场营销学上的酒店市场可归纳如下：酒店市场是指一定时期，某一地区存在的对酒店产品具有支付能力的现实的和潜在的购买者。

所谓现实的购买者是指既有支付能力又有购买兴趣的人；潜在的购买者是指可能具有支付能力和购买兴趣的人。简而言之，旅游市场就是指旅游需求市场或客源市场。由此可知，旅游市场是由购买者即买方组成的。它可以是旅游者本人，也可以是旅游者所委托的购买者或购买组织即旅游中间商。

一个市场规模的大小，首先取决于市场的人口数量。人口越多，市场潜量就越大。其次取决于人们的支付能力。旅游酒店产品的交换是以货币作为支付手段的，没有足够的支付能力，旅游行为便无法实现，旅游只是一种主观愿望，而不能形成现实的市场需求。最后，取决于人们的购买欲望。作为个人，他虽具有支付能力，但如果缺乏旅游的内在动机，仍然成不了现实的购买者。因此，某一客源市场规模的大小，同时取决于该市场的人口数量、人们的支付能力和对旅游产品的购买欲望，三者缺一不可。此外，由于旅游活动涉及旅游者由目的地向客源地的空间位移，闲暇的有无、长短和交通便利成为继支付能力之后的约束条件。

（二）旅游酒店市场的特点

由于旅游活动乃至旅游业本身所固有的特点，旅游市场相对于其他商品市场来说，独具特点，概括如下。

1. 全球性

全球性是就国际旅游而言的。随着世界经济一体化的进一步发展，国与国之间的往来越来越频繁，由此带动了政治、文化、生活等方面的全球化进程，世界变得越来越小，国与国之间的界限越来越模糊，人们渴望走出国门，了解其他地区、其他国家的文化、风俗，这就使国际旅游在近几十年得到快速发展。由于各国在经济上相互依存度的提高，跨国旅行，尤其是商务旅行已经成为散客旅行的主要部分。

旅游需求来自世界各个国家和地区，而旅游供给又遍布全世界，在科学技术高速发展的今天，旅游者选择旅游目的地受时空限制越来越少。在国际政治条件许可的情况下，旅游者的活动不受地区和国界的束缚，旅游供给者的接待对象也无民族、国别之分。若无政治或政策方面的约束，一个有旅游动机的旅游者在经济条件允许的情况下可能选择世界五大洲的任何一个地方；一个旅游景点也可以接待来自世界任何一个国家的旅游者，世界各个民族的人都有可能成为其客源市场的一部分。

2. 异地性

旅游活动的完成通常伴随着旅游者的地理位置的移动，旅游接待企业的客源也主要是非当地居民，因而旅游市场通常都远离旅游产品的生产地（旅游目的地）。旅游市场的异地性特点，增加了旅游者和企业获取市场信息的难度，也增加了旅游企业经营的交易成本。

3. 波动性

旅游消费属非生活必需品消费，因此，旅游需求受外部环境的影响往往很明显，诸如国际局势、突发性事件、季节性、重大社会活动和节假日、汇率、通货膨胀率、物价、工资及旅游者心态的变化等都是影响旅游需求的因素。从长期看，整个世界旅游市场将保持持续发展的趋势，但这种发展是波浪式的，而不是直线式的，特别是短期内某一局部旅游市场的波动性可能更为明显。旅游消费的波动性还体现在受时间及旅游产品中气候因素约束而导致的季节性变动，这成为旅游市场营销的显著特征。

4. 高度竞争性

旅游市场的高度竞争性体现在旅游者对稀缺旅游资源的竞争以及旅游经营者对旅游者的竞争。在总体上，由于旅游业中市场进入壁垒低，旅游市场上呈现出高度的竞争性。由于经济的发展以及由此带来的人们生活水平的提高、闲暇的增多、经济条件的改善以及人们对异域文化的兴趣等都决定了旅游业良好的发展前景。因此，新的进入者不断出现，他们开发出许多相同或不同种类的旅游产品，尤其是许多不具有垄断性的旅游资源。行业的进入门槛较低，旅游产品易于被模仿，最终会使这类产品越来越多，旅游市场的竞争也越来越激烈。

三、市场营销与酒店市场营销

(一) 市场营销

"市场营销"是由英文"marketing"一词翻译而来的。"marketing"有两层含义,一是指企业如何依据消费者需求,生产适销对路的产品,扩大市场销售所进行的一整套经营活动;二是指作为一门研究营销活动、营销规律的学科。

市场营销可定义如下:市场营销是企业以消费者需求为出发点,有计划地组织各项经营活动,为消费者提供满意的商品或服务而实现企业目标的过程。市场营销不仅仅是研究流通环节的经营活动,还包括产品进入流通市场前的活动,如:市场调研、市场机会分析、市场细分、目标市场选择、产品定位等一系列活动,而且还包括产品退出流通市场后的许多营销活动,如产品使用状况追踪、售后服务、信息反馈等一系列活动。可见,市场营销活动涉及生产、分配、交换、消费全过程。

(二) 酒店市场营销

酒店市场营销是市场营销学的分支,是市场营销理论在酒店业的具体运用。酒店的市场营销行为不仅要遵循市场营销学的客观规律和一般原理,而且要符合旅游业和酒店业的经营特点和实际情况,灵活运用,开拓创新。

所谓酒店市场营销是酒店通过市场调研了解宾客需要,然后配置内部资源,努力提供适合这种需要的产品和服务,使宾客满意、酒店获利的管理过程。

酒店市场营销有以下四个方面的含义。

① 酒店是酒店市场营销的主体。作为一个盈利性的经济组织,酒店生产销售酒店服务这个特定产品的主体特点,决定了其市场营销的特殊性。

② 酒店市场营销的目的是使酒店获得合理的利润,但这个目的的实现以酒店宾客满意,并且符合社会利益为基础。

③ 酒店市场营销是一个持续不断的系统过程。从宾客需要的识别、分类开始,经过产品的设计、开发、生产、销售、消费的若干阶段,通过产品、定价、分销、促销的营销策略的组合运用和系统的营销管理,直至最终宾客满意。

④ 酒店市场营销活动要使得酒店、宾客和社会之间,酒店内部资源、外部资源环境和企业目标之间实现动态平衡。

(三) 营销在酒店经营中的作用

随着我国酒店业日益发展且与国际接轨,酒店营销意识在我国酒店业中得到发展,成功的营销是酒店在激烈的市场竞争中处于不败之地的有效保证。

1. 是寻找市场机会的钥匙

酒店市场的特殊性、旅游消费者及其购买行为的复杂性决定了酒店市场机会寻找的相对困难。酒店业的国际性质、消费者的多层需求性质,都要求酒店经营者以非凡的眼光和智慧分析市场。而市场营销的基本任务在于重点分析顾客的各种需求,从社会总需求和总供给的差异中寻找市场机会;从对复杂的人群不同需求的分析中，寻找适销对路的市场机会；从对广阔市场的缜密分析中，在市场环境的动态变化中寻找市场机会。当今市场，只顾生产、推销，不懂市场营销者是无法真正而持久地把握市场机会的。

2. 是实现酒店企业经营目的的根本保证

酒店市场营销真正树立了"以顾客为中心"的观念，强调以满足顾客需求为自己的根本任务。这就是树立良好企业形象、获取最佳经济利益的正确途径，即把创造利润的过程建立在满足消费者的需求之中。只有如此，酒店企业才能真正做到自觉改进产品和营销手段，以适应消费者不断变化的新需求。市场营销的根本原则是："市场需要什么，顾客需求什么，企业就提供什么"。

3. 是合理调节酒店市场供求关系的准则

酒店产品无法贮存，顾客需求因时间、地点不同而差异极大。如：饭店因季节变化出现反差极大的淡季和旺季，从而使饭店供求出现较大的矛盾，高峰时期饭店需求超过供给能力，部分顾客流失，饭店失去市场机会或造成饭店设施紧张；需求低于饭店正常供给时，导致设施与人员闲置，服务能力过剩，造成极大浪费。因而，调节供求关系是搞好经营、取得最佳效益的关键。而市场营销管理的重心则是研究市场需求，深入分析顾客的各种需求状况，使企业保持相对的最佳经营状态。

（四）现代酒店业市场营销的特点

酒店产业的特性、酒店经营的特点和宾客消费的特殊性，使得酒店市场具有如下特征。

1. 以满足宾客需求为出发点

酒店企业的一切营销活动都必须以宾客的需要为出发点和归宿。酒店客人到酒店消费固然要获得某些基本生理需求，比如一间可供休息和睡眠的客房、一顿饱腹的晚餐，但离家在外、身处异乡的客人在酒店接受各种所需的服务，直接置身于与酒店服务人员面对面的人际环境中，更多的是追求一种精神上的满足，因此，物质与精神的双重消费表现为所有宾客需求的共性。然而，酒店的客人来自国内外各个地区，其性别、年龄、职业、心理、经济条件、文化背景各有不同，又决定了酒店宾客需求间有很强的个体差异。酒店营销要求以宾客需求为导向，但宾客究竟有什么需求、酒店能够满足哪些需求、如何去满足这些需求、怎么使酒店供给与宾客的需求之间实现动态的平衡等，对这些问题的思考和解决不仅意味着酒店营销活动的开始，而且将伴随其整个过程的始终。

2. 以全员营销为基础

酒店提供的是人与人之间面对面的服务产品，酒店服务是酒店员工与宾客间的互动过程。对员工而言，不仅要奉行酒店的服务标准，更要关注宾客间的个体差异，提供个性化、高品质服务，努力使每一位客人满意；对宾客而言，酒店质量的好坏决定他们能否获得预期的满足。而酒店产品的生产与消费的同步性特点决定了服务人员与宾客之间的密切关系，宾客参与了酒店产品生产的全过程，从宾客到达酒店开始，就离不开和酒店员工的接触，一直相伴到最后离开。在这个过程中，宾客需求的多样化，又决定了其与酒店员工之间接触的广泛性，宾客可能接触到不同的部门、不同的岗位和不同的工种，这其中任何一个环节出现差错，都会影响到宾客对酒店服务的整体印象，降低宾客在酒店消费的满意度。因此，在酒店内部倡导全员营销的氛围，形成一支全员营销的团队显得至关重要。酒店全员营销意味着上自酒店高层管理者、下至一线服务人员都要树立宾客第一的思想，立足本职岗位，热爱自己的本职工作，使自己的服务对象满意，从而增强宾客对酒店的满意度和忠诚度；酒店全员营销意味着酒店所有部门和人员都要树立全局观念，顾全大局，相互协作和支持，形成一个整体，共创酒店形象，为客人能在酒店消费留下美好回忆而共同努力；酒店全员营销还意味着酒店所有前台一线服务人员将服务和推销融为一体，不仅为客人提供优质服务，而且积极主动地销售酒店产品。

3. 以分销和促销为关键

酒店产品主要是无形的服务，宾客需先行购买，然后才能消费，服务的生产和消费同步进行。在购买酒店产品前，宾客对酒店产品不能产生感性的认知，酒店只能靠宣传，影响其作出购买酒店产品的决策。购买后，由于酒店产品不能移动、储存和运输，宾客必须抵达酒店亲历亲为，才能进行消费和享受。而酒店要满足宾客需求，必须提前进行高额投资，形成服务接待能力。服务能力一旦形成，如果不能及时进行产品的出租和销售，那么隐藏其中的潜在收益将永久地损失。这一切，都决定了建立广泛、便利、现代化的酒店产品分销渠道和采取强有力的产品促销手段是影响酒店营销活动成败的关键。

> **相关案例**
>
> **香格里拉凭什么做中国酒店的标杆？**
>
> 一、香格里拉发自内心的待客之道
>
> "我们的前景目标是成为客人、同事、股东和经营伙伴的首选；我们的使命宣言是以发自内心的待客之道，创造难以忘怀的美好经历，时刻令客人喜出望外。"此时此刻，当你看到香格里拉酒店集团的愿景和宗旨"诚挚的款客之道，缔造难忘记忆"时，是作何感想的呢？不急，先来看看他们是怎么做的。
>
> **待客之道之曼谷香格里拉饭店的细节**
>
> 曼谷香格里拉饭店客房在大床一侧的床头柜下面，放着一只手电，这是应急用的，伸手可得，这倒主要不是因为平时经常停电，而是以防不测。而另一侧的床头柜下面则是两本读物：一本是《圣经》，一本是《佛经》。
>
> **待客之道之大连香格里拉酒店的美女管家**
>
> 做世界经济论坛主席的贴身管家，刘蕊内心有压力更有动力。她提前

调研，做好了接待方案。她先将施瓦布夫妇的房间调至舒适的23摄氏度，并特别准备了白玫瑰摆放在房间。因为她从前两届达沃斯会议服务中了解到，施瓦布对百合花过敏。

关爱自然之2012年开始全球停售鱼翅

香格里拉酒店集团承诺在2012年内，旗下所有餐厅将逐步停售蓝鳍金枪和智利海鲈。早在2010年12月，香格里拉集团就已率先在所有餐厅的菜单上取消鱼翅菜肴。

人文关怀之大连香格里拉大酒店招智障员工工作十余年

在大连香格里拉大酒店，有10多名智障员工在此工作十余年之久，每天他们与健全员工一起上下班，一同享受着工作的快乐，他们用实际行动证明，只要岗位合适，智障员工也能胜任五星级酒店的工作。

二、香格里拉专注于中国服务市场

当各大酒店管理集团纷纷抢滩中国市场之时，香格里拉的制高点在哪？是网络，是服务，是管理手段，还是合作伙伴，或者是其他？引用香格里拉集团原CEO安梓华的话说，"是专注，我们专注于中国市场，而且我们非常敬业。"制度化保证了香格里拉在产品、服务和管理上的先进性，对中国酒店业的高度认识则为业主提供了了解品牌的机会。

超级密码之超值酒店产品与服务

(1) 关注和认知客人，使客人觉得自己非常重要与特殊，这是建立客人忠诚的关键；(2) 掌握客人的需求，在客人开口之前就提供其需要的服务；(3) 鼓励员工在与客人的接触中，灵活处理突发事件；(4) 迅速有效地解决客人的问题；(5) 酬谢常客制定"金环计划"。

超级密码之视员工为重要的资产

(1) 尊重员工，提高企业凝聚力；(2) 具有竞争力的福利；(3) 全方位的培训；(4) 构建立体式营销体系。

香格里拉亚洲发布第二份可持续发展报告

香格里拉旗下每家酒店都拥有自己的企业社会责任和可持续发展项目，集团通过评分卡来评定各酒店的表现。2012年中国大陆酒店的企业社会责任平均得分为71.2分，而报告中统计到的其他国家和地区的40家酒店平均得分为63.5分。

香格里拉酒店新员工九成都有海归背景

法国VATEL酒店管理专业英语授课课程本科毕业、现任职于香格里拉酒店集团的徐文宇表示，在香格里拉酒店集团内，他发现接触的90%酒店新员工都有海归背景。

(资料来源：2014年1月中国国际酒店品牌风云榜TOP20. 迈点网.)

思考讨论：香格里拉饭店在经营管理中体现了怎样的营销理念和企业文化？

单元二　市场营销观念的演变

一、市场营销观念的变化

市场营销观念是旅游企业决策者在谋划和组织企业的整体实践活动时所依据的指导思想、思维方式，也可以说是一种关于组织整体企业活动的管理哲学。

市场营销观念不是人为定义的，而是社会经济发展的产物，跟经营活动所处的内外部环境有关，是企业决策者在企业内外部环境的动态影响下，为追求企业的生存与发展，在不断的经营活动中逐渐形成的。当一定的市场营销观念形成后，又反过来对企业的经营管理工作产生强大的能动作用。当企业的市场营销观念适应特定经济环境时，必将对企业的实践产生正确的指导和推动作用；若企业的市场营销观念不适应企业所处的经济环境，则决策者的经营方式和指导思想必将滞后于时代，企业的经营目标也就无法实现，更有甚者会把整个企业引向衰败。所以，研究旅游市场营销观念的演进，对于经营者在经营过程中确立正确的营销理念、采取科学的营销策略是非常重要的。

市场营销观念经历了以下几个发展阶段。

（一）生产观念

生产观念是指导企业经营活动的最古老的观念之一。古代的旅店、客栈、驿站等就是生产观念的反映，它们都提供简单的食宿服务。一直到现在，仍然有一些企业执行的是生产观念。这些企业认为只要能降低生产成本，就能利用价格和其他企业进行竞争，把顾客拉到自己的身边。生产导向型企业因为一切以企业为中心，所以必然很少去考虑企业之外的各种市场因素。

如果说生产观念在产品供不应求的情况下还有其存在的可能性的话，那么到了生产力有了很大的提高，产品的供求取得平衡以后，其片面性就会愈益显露出来。我国旅游业改革开放伊始，海外旅游者蜂拥而至，交通、食宿一时供不应求。这样的卖方市场使我国旅游业在原有计划经济体制下很自然地以生产观念作为经营导向，穷于应付，尽力接待好已有的旅游者，至于市场需求的变化和发展趋势则很少去研究。"等客上门"的经营思想最终必定会导致旅游企业及其产品失去市场竞争力，造成旅游客源停滞徘徊。

（二）产品观念

产品观念是与生产观念相类似的经营思想。产品观念认为：顾客喜欢高质量、多功能和有特色的产品，认为只要产品好就会顾客盈门。在产品导向型企业中，营销管理者过多地将注意力集中在企业现有的产品上，而将市场需求置于一边。

产品观念的症结在于过分地夸大了产品的作用，忽视了市场需求研究和其他营销策略的配合。旅游业的优质服务得到了旅游者的肯定。但是，当经营者们津津乐道产品质量的同时，往往就忽视了市场的需求及其变化。

(三) 推销观念

推销观念认为，企业除了提供质量好的产品和服务外，还应组织人员主动出去推销，尤其是在科技发达和社会劳动生产率大大提高的今天，同类产品和服务的选择余地很多，替代性很强，就更需要积极推销。

推销观念以下列判断为前提，即：消费者不会因自身的需求与愿望来主动地购买商品，而必须在强烈的销售刺激引导下才会采取购买行为。在推销观念的指导下，企业认为主要的任务是扩大销售，通过各种推销手段促使消费者购买。因此，企业注意运用推销术、广告术等来刺激消费者。

在当代市场经济环境中，推销已有了专门的经验总结和技巧指导，形成了一套完整的应用理论体系。推销观念固然反映了企业在市场上的积极进取的精神，但对于供求不对路的非渴求产品，乃至过剩过时产品，纵有天大的本事，也难于推销出去。我国纯观光型的旅游产品在国际旅游市场上的推销效果不甚理想，虽说我国旅游推销意识和技巧确有不足，但从根本上说，原因在于产品老化，供需不对口。

(四) 市场营销观念

市场营销观念是面对上述三种观念的挑战而出现的一种企业经营哲学。二次大战后，随着第三次科技革命的深入，资本主义的生产有了迅速的发展，新的产业不断地出现。这样，不仅产品的产量剧增，而且产品的花色品种日新月异，同时，资本主义国家往往推行"高物价、高工资、高消费"的三高政策，促使消费者的需求和愿望也不断地变化。产品的供过于求矛盾更加突出，传统的经营观念的弊端越来越明显。人们开始对旧有的一些经营观念予以反省，并重新花大力气研究新形势，这就促使营销观念加速形成。真正的现代营销观念的形成一直到20世纪50年代中期才完成。

市场营销观念认为，企业经营管理的关键是正确确定目标市场，了解并满足这一客源市场的需求和欲望，并且比竞争对手更有效地提供客源市场所期望满足的服务。市场营销观念与生产观念恰恰颠倒了过来——顾客需要什么样的产品和服务，企业就提供这些产品和服务。市场营销观念的形成是以卖方市场转为买方市场为背景的，在当今国际和国内旅游业竞争日趋激烈的大环境下，以顾客为中心的市场营销观念冲击着现代旅游业的经营者们。例如"客人就是上帝"、"宾客至上"和"您就是这里的主人"等营销思想，屡见于旅游业的宣传口号之中。总之，市场营销观念要求企业"提供你能够售出去的产品"，而不是"出售你能够提供的产品"。

(五) 社会营销观念

社会营销，是进入20世纪80年代后提出的新的营销理论。这一理论是基于现代环境、能源、人口等世界性问题日益严重而提出来的，旅游业的经济效益必须与全社会、全人类的利益紧密联系在一起。例如旅游开发和发展所引起的资源破坏和环境污染就不能等闲视之，旅游景区因人满为患而产生的垃圾污染、空气污染、社会环境污染等综合性的污染必须引起高度重视,加强整治。旅游饭店也是如此,就说一个小小的普通洗衣袋,过去一直用塑料袋,方便、成本低、用过即扔,对酒店有利,但对社会不利。因此,发达国家已采用棉麻制品的洗衣袋,重复循环使用,其出发点是考虑社会公益。此外,在我国社会主义市场经济中强调企业两个效益一起抓,其中"社会效益"这一块中,相当一部分就属于社会营销的范畴。

所谓社会营销观念就是企业在营销活动过程中必须承担起社会责任。企业通过营销活动,充分有效地利用人力资源、自然资源,在满足消费者的需求、取得合理利润的同时,应保护环境,减少公害,维持一个健康、和谐的社会环境以不断提高人类的生活质量。社会营销观念要求企业的营销活动的目的不仅是追求利润最大化,而且要使企业担负起社会责任,即企业的营销活动要追求良好的社会效益。

相关案例

贴近自然　感受最低碳的环保酒店

元素酒店(美国,拉斯维加斯)

元素酒店在一月份曾接待过美国总统奥巴马,酒店总经理认为是酒店的环保和环境友好政策吸引了奥巴马。元素酒店也曾获得LEED(美国民间绿色建筑认证奖项)的认证,酒店的环保具体体现在设有室内回收箱、节能电灯以及充电站。

CasaCalma健康酒店(阿根廷,布宜诺斯艾利斯)

这座环保酒店既关心顾客的健康,也在意环境的"健康"。它是布宜诺斯艾利斯第一座碳平衡酒店,为顾客提供有机食品。这里的房间宽敞明亮,豪华的床上用品和被葡萄树覆盖的阳台非常吸引人的眼球。

H2酒店(美国,索诺马县)

酒店的房间设计简单,都是用一些可回收利用的材料建造而成,但是房间里面的设施齐全,有各种高科技设备。这里为客人提供阳台和露台。这座酒店的前身是加油站,在建造酒店之前,这里被汽油污染的土壤就被移除了。

克罗斯比街酒店(美国,纽约)

克罗斯比街酒店是纽约城中最早受到LEED(美国民间绿色建筑认证奖项)金牌认证的酒店之一。这里为顾客提供露天场所,屋顶的花园不仅为酒店的餐厅提供新鲜素材,同时也能降低酒店的温度。

你好酒店(西班牙,巴塞罗那)

时尚奢华的"你好"酒店位于巴塞罗那哥特区的中心地带,酒店里有74个装备齐全的现代化房间和别致的屋顶泳池。"你好"酒店应用了很多的环保特质,像太阳能电池、LED节能灯以及一些高端天然化妆品。

相关案例

四季酒店连续十六年提名最佳雇主百强

四季酒店被其员工连续十六年向《财富》杂志提名最佳雇主百强。自1998年这项评选开始，四季是其中极少数每年都荣膺百强最佳雇主的公司之一。

能够为员工营造可以信赖的环境、帮助他们满足宾客的各种需求是四季酒店最引以为傲之处。四季激励每一位员工发挥创造性，为提升每位宾客的入住体验而不断尝试。同时，四季也鼓励员工们把对于失败的恐惧抛诸脑后，开创崭新的服务形式，建立更有效率的系统，或创造针对宾客独特兴趣而特别设计的设施。

四季酒店再次登上《财富》杂志"最佳雇主百强榜"是其最新晋的荣誉，在过去的2012年中，四季酒店屡次获奖并且备受认可。2012年，四季麾下多家酒店继续收获《悦旅》杂志的全球500家最佳酒店荣誉以及《康泰纳仕旅行者》杂志的全球最佳住所金榜荣誉，四季酒店集团获得《商务旅行者》杂志所评出的全球顶级商务酒店品牌，其水疗也获首肯，荣膺2012年《豪华温泉水疗会所发现者》杂志读者选择奖之"最佳品牌"大奖以及2012年《水疗旅行者》杂志"最受欢迎度假酒店、酒店及水疗集团"奖项。在数字传播领域，四季酒店在《2012年数字化智商指数：酒店业报告》中排名"天才"等级第一位。

（资料来源：迈点网，2013-1-28.）

（六）大市场营销观念

大市场营销观念是20世纪80年代以来市场营销观念的新发展。它是指导企业在封闭市场上开展市场营销的一种新的营销战略思想，其核心内容是强调企业的市场营销既要有效地适应外部环境，又要能够在某些方面发挥主观能动作用和使外部环境朝着有利于企业的方向发展。

大市场营销观念与一般营销观念相比，具有以下两个特点：第一，大市场营销观念打破了"可控制要素"和"非可控制要素"之间的分界线，强调企业营销活动可以对环境产生重要的影响，使环境朝着有利于实现企业目标的方向发展；第二，大市场营销观念强调必须处理好多方面的关系，才能成功地开展常规的市场营销，从而扩大了企业市场营销的范围。

（七）全球营销观念

全球营销观念是20世纪90年代以后，市场营销观念的最新发展，它是指导企业在全球市场进行营销活动的一种崭新的营销思想。全球营销观念在某种程度上完全抛弃了本国企业与外国企业、本国市场与外国市场的概念，而是把整个世界作为一个经济单位来处理。全球营销观念强调营销效益的国际比较，即按照最优化的原则，把不同国家中的企业组织起来。以最低的成本、最优化的营销去满足全球市场需要。

> **热点关注**
>
> ### 柳传志：记住企业家肩上的责任和义务
>
> 现在在中国，企业家阶层、精英阶层应该说是先富裕起来的，但是这时候确实要牢牢记住弱势群体，记住肩上的责任和义务，如果忘记了这些，不仅是良心上说不过去，而且也会破坏我们今天生存和发展的环境，空气就会干燥，干燥就会着火，一着火以后不要说企业的发展、经济的发展，整个社会都会化为乌有。但是在讲分配公平重要的同时，我觉得把钱挣回来、有东西可分也非常重要，最起码跟公平分配同样重要，这就是说发展才是硬道理、发展是第一要务，如果没有这样的话，分配得再公平，喝大锅清水汤的滋味一样也很不好受。
>
> 说了这么一些，我们企业界要做这几个事情，第一是把自个儿的企业管好，要多缴税，多提供就业机会，给国家财政收入有更大的增加，政府才能做更多的、好的有利于老百姓的事。同时我们还要诚信经商，要以人为本、善待员工，这时候企业本身和社会本身风气才会和谐、才会上升。同时呢，也要关注社会，多做公益事业，整个社会的空气就会湿润。只有这样，中华民族才有继续发展、创造明天更美丽梦想的基础。
>
> **思考讨论**：举例说明企业应该承担怎样的社会责任。

二、旅游发展中市场营销观念的运用

米琪特瑞克等市场学家给市场营销观念确定了三个基本点，即消费者导向、企业的整体行为和企业效益。他们认为，企业的内部管理必须以了解顾客的需求为基础，在产品设计、服务提供和价格制定上都要以顾客的满足为前提；其次，企业要把消费者导向观念贯彻到企业的每个部门和个人，把市场营销观念作为全体员工的企业行为的准则；第三个基本点也是企业的最终目标，即消费者导向能使企业获得更多的创业机会；使企业长期处于有利的市场竞争地位，从而获得企业的长期最佳利益。

把市场营销观念运用到旅游业的营销管理中时，往往由于旅游产品的特点，使营销观念很难在企业营销中发挥作用。主要表现在以下几个方面。

① 旅游服务是一种过程、一种行为，而非有形实物，因此旅游服务很难做到标准化，产品质量难于控制。旅游者的消费与旅游员工的生产处于同一时空，旅游者的个性、情趣与服务人员的态度、行为相互交织，相互影响，使服务过程有很大的易变性。尽管旅游企业的各部门岗位制定了精细的管理制度和服务标

准，但实际操作起来很难确保服务人员按质量标准将服务传递给旅游者。而即使旅游员工都能按标准提供服务，也会由于旅游者的个人特质不同，感受不同，使得满意程度也不同。另一方面，对旅游需求而言，旅游者寻求的是他乡风情和异国民俗。旅游者希望获得的是一个不平凡的、充满神秘感和新奇感的旅游经历。如果强调服务产业化、标准化，势必导致不同目的地的文化、环境的趋同，人们无论走到哪里接触的是清一色的环境、千篇一律的服务，这样必然使游兴锐减，从而转向其他需求的消费。

② 当今世界上还没有哪一个目的国家或地区有充分的资源和接待能力，可以提供符合所有旅游市场需要的产品或服务。因此，每个旅游企业或组织都必须根据自身条件，针对某一特定市场需求，提供产品或服务。但旅游市场是个很分散、不易细分的市场，一般旅游企业或组织，都缺乏足够的时间、财力和能力做充分的市场调研。而旅游产品又是信息、实物和服务的混合体，一次旅游历程包括人与自然、人与社会和人与人之间的多次接触，可能仅在一次接触中使旅游者产生不愉快的感受，就会导致对整个旅游经历的不满。在现代经济技术条件下，旅游服务设施设备的差距愈来愈小，旅游者对旅游产品质量满意与否，很大程度上依赖于旅游产品和企业员工是否有按着顾客的需要提供服务的能力，而不是只刻板地按着服务规范办事。另外，除了特殊专项旅游和近途度假者外，旧地重游的情况不多，因此许多旅游企业对游客的不满情绪不在乎，也不认真对待，致使旅游者提出的意见和问题长期得不到改正。

③ 市场营销观念是以满足长期旅游需求为目标的，但很多企业，尤其是那些小型的饭店、旅行社、游览部门等，为了竞争和生存，其经营战略重点往往只考虑短期，调查预测也都是短期范围。这种短期战略无法根据市场潜在需求的变化趋向，在产品创新或市场改革方面作出决策，从而无法保证企业或一个旅游地长期生存和发展。

根据旅游需求和旅游经营的特点，旅游业的发展必须一方面重视旅游者的长期满足，另一方面追求企业向规模经济发展和有效地控制需求的能力。为此，旅游经营管理必须贯彻社会营销观念，因为提供旅游服务所要凭借的物质产品是社会上其他相关行业和部门的产品。此外，旅游的安全、卫生、优雅的环境、好客的居民等，凡是作用于旅游者五官，使其在视觉、嗅觉、听觉、味觉等都会感受到的方方面面，都影响旅游者对整体历程的满意程度。而这些感受与当地政府的举措和当地居民的态度有关。旅游地的居民是旅游活动带来的社会收益或成本的直接接受者，如果旅游带给社会的效益大于成本，旅游经营活动就被当地政府和居民所接受。那么旅游者除了得到旅游企业所给予的优质服务外，还会感受到社会的支持和当地居民的友好态度，如此才能使旅游者获得真正美好的旅游经历。

综上所述，旅游的营销管理不能只以市场需求为最佳导向。在旅游供给方面应以社会资源为导向，在社会发展上则要以旅游者的需求为导向，而旅游发展则要以有利于社会发展为导向，旅游企业才能长期存在。此外，旅游企业在提供优质产品以满足顾客需求的同时，还必须以获得企业最佳利润为目标，要采取有效措施把产品质量与企业利润统一起来。以社会市场观念为指导的企业，在制定经营战略时应以社会、企业和旅游者三者利益的结合为基础，分析社会在发展旅游方面的优劣势；分析旅游者的期望值和企业的接待能力；分析竞争者的优劣势。国际上一般的具体措施为：首先，在旅游目的地的区域内，建立包括经济发展部门、计划部门、商业部门、旅游企业和人民代表在内的委员会，旨在协调旅游发展中相关部门、行业间的职能和任务，并监督旅游政策和发展目标的制定与执行。其次，以区域社会和旅游企业的需求为出发点，充分利用区域资源，由旅游企业或组织制订出一系列达到企业目标的计划和指标。通过分析、评价旅游业经营中出现的各种数据，并根据旅游业的发展提出新的定量定性要求。此外，还要通过委员会对旅游产业结构、产品构成的合理化提出规划和措施。与此同时，旅游企业或组织也各自围绕着旅游者、企业或组织本身和社会利益，制定一套控制、管理、营销系统。

小　结

市场营销是企业以消费者需求为出发点，有计划地组织各项经营活动，为消费者提供满意的商品或服务而实现企业目标的过程。随着社会经济条件的不断发展，市场营销观念经历了生产导向、产品导向、推销导向、市场营销导向、社会营销导向和大市场营销导向、全球营销导向等复杂的社会演变过程。

酒店市场营销是酒店通过市场调研了解宾客需要，然后配置内部资源，努力提供适合这种需要的产品和服务，使宾客满意、酒店获利的管理过程。酒店自身的特殊性决定了在酒店市场营销的过程中，必须把宾客需求的满足作为酒店营销的出发点，以实施全员营销为取得酒店营销成功的基础，将分销和促销作为酒店营销策略的关键环节。

复习思考题

1. 旅游酒店市场的基本内涵及其三要素是什么？
2. 现代酒店市场的基本特点有哪些？
3. 市场营销观念是如何演变的？

模拟训练

调查当地一两家酒店企业，说明现代市场营销观念在这些企业的应用情况（成绩和不足），看他们的观念处于哪个阶段？你认为这些企业在经营过程中存在哪些具体问题？

【拓展案例1】

日本酒店的经营理念及启示

1980年联合国教科文组织公布的文件中提到：日本经济在世界发达国家中

名列第二;国民生产总值名列第二。面对日本的经验,人们试图从各个方面去研究、解释,其中一个重要因素,就是日本企业的营销理念。正是这种独特的营销,使得日本从本土走向世界,并创造了一个又一个的世界名牌,占领了一片又一片的国际市场。

(一) 日本酒店的经营观念

日本酒店的经营观念,是传统思想文化不断发展进步而逐步产生的。它是形成日本酒店经营模式的重要因素。

1. 社会利益观念

社会利益观念主张:酒店的利润是回报社会、服务社会的方式。经营管理的核心就是要在全部生产和销售活动中,贯彻社会主导性原则。社会利益观念主要体现在酒店注重国家利益、职工利益、顾客利益和酒店利益。酒店主要的社会责任是:酒店通过自身的事业,对提高社会生活、为人们放松身心提供便利,在这个过程中酒店产生适当的利润,这是酒店的基本使命。日本酒店就是这样追求经济效益与社会效益的统一。他们认为:国家是酒店之母,有了国家的强盛,才能有酒店的壮大。因而,酒店的经营目标与国家的发展目标是一致的。同欧美国家酒店比较,日本酒店有较强的国家观念。著名的松下公司"七精神"中,第一条就是"产业报国精神"。

2. 质量立国观念

由于日本资源缺乏,酒店把服务质量看做酒店兴衰存亡的生命线,他们以质量竞争。酒店首先在设计上下工夫。他们认为:现代竞争,是设计竞争。环境优劣最根本的是设计水平的高低。从设计入手抓质量,使酒店环境从图纸开始就处于较高的起点。在激烈的竞争中,最重要的是如何灵活多变地适应顾客的需求变化,以"顾客至上"作为酒店经营的最高指导原则,并全力以赴提高服务质量。

(二) 日本酒店的经营模式

1. 酒店生存的三大支柱

"服务质量,顾客第一和经营管理"被称为日本酒店生存的三大支柱。服务质量决定顾客对酒店的满意程度,决定酒店在竞争中处的地位高低,是酒店生存的根本,重视服务质量的日本酒店从细微处做起,例如:从进门开始,准备拖鞋,带领客人进房,递上毛巾擦手等,都体现着对顾客无微不至的照顾,体现日本酒店对服务质量的重视;在日本酒店中,顾客是"上帝",酒店不仅把顾客视为"衣食父母",而且把顾客当做酒店存在的根基。因而各酒店都把为顾客服务、为客人提供方便列入社会方针和社训之中。这种顾客第一的策略,在经营过程中也折射到酒店内部经营,使酒店确立了顾客第一的观念。在日本酒店中,酒店经营管理不局限于服务过程,而是涉及酒店环境的设计等各个方面。松下公司一再告诫员工"达到最好质量,公司才不会破产",折射到酒店管理就是达到最好的服务质量,酒店才不会倒闭。

2. 拓展的利器

日本酒店的所谓利器即:酒店作风。日本酒店作风在经营中,给人以深刻的印象。它与西方酒店员工的作风是截然不同的。他们注重声誉、保全"面子",性格深处潜伏着自尊与自卑。在商业活动中,反映出比较强烈的爱岗敬业的意识,这是酒店的一种极为重要的精神资源。

(三) 对我国酒店发展的启示

1. 重视、推崇中国传统文化

在中国传统文化典籍中,《孙子兵法》是极受日本企业重视和推崇的一部著作。20世纪60年代初《孙子兵法》就被引入企业经营和商业竞争中。日本著名兵法家服部于春曾经说:"今日跻身于世界先进企业之列的日本企业家的成长,主要取之于《孙子兵法》。"日本企业家认为:商场中的竞争,千变万化,大企业为了竞争,若不具备高超的战略和战术,是很难立足的。酒店经营也同样,所以用中国古典名著武装酒店员工,这对现代经营酒店的管理人员是有极大帮助的。

2. 酒店文化决定酒店经营模式

二战后,日本把西方文化与传统的社会文化结合起来,形成了"儒家文化+西方技术"的国家文化模式。在此基础上,日本酒店结合变化着的世界与自己的活动经验,形成了独具特色的日本式经营模式。这种模式的核心,即日本人自称的"和魂洋才"。这是传统的家族意识及团体精神为中心的管理制度的基础,它融合了现代大工业生产方式的全球化、高效性、稳定性的经营特征,在经营活动中能保持和谐相处、相互依存、互为依托。实质上"和"的精神渊源是儒家学说,日本酒店运用它处理人际关系时,注重在共同活动中与他人合作,追求与他人和睦相处,并时刻自觉地约束自己。由于"和"这一概念、含义对人的主体性的强调,这就产生了日本酒店的共同理念、集体主义和团队精神。日本酒店的经营模式的某些可取之处,对我国酒店在经营中形成自己的酒店文化模式是有其借鉴意义的。

3. 经营观念决定酒店导向

经营观念是酒店从事经营活动时所依据的指导思想和行为准则,是酒店经营活动的一种导向,它是一定的社会经济发展的产物。日本酒店在长期的经营活动中形成了社会利益观念、员工利益观念和酒店利益观念。在社会利益观念的影响下,酒店时时处处都以是否损害社会的尺度来衡量经营行为。其结果,就使日本酒店的价值目标有明显的双重趋向——追求经济效益与追求社会效益。由于日本的资源缺乏,潜力也有限,日本酒店提出了质量立国观念。即是对服务质量的重视。日本酒店这种质量立国观念,是值得借鉴的。

4. 创造未来世界

日本酒店运用不断细分的手段和推陈出新的方法,使服务呈现出多种形态。他们从性别、年龄、民族、地域、文化、政治、经济收入等方面将消费者切分成无数的网格,在面上构造并确立特定的群体,将服务在这些群体中定位;在深度上,则追踪消费欲求,使服务持续地向前延伸。如:日本社会进入了高龄化,治疗各种老年疾病的特殊温泉受到推崇。温泉酒店围绕着老人的生活所需而建造适宜高龄者的房间、温泉池;制造、销售、租赁各种老人的看护设备;提供老年人看护服务；提供一切与老人有关的休闲旅游、健身运动、文化娱乐、美容化妆等。这样一来，老人晚年无后顾之忧，酒店又能在新的服务中获取利润。我国也开始进入老龄化社会，显然"银发"是一个极有潜力的消费群体。总之，酒店必须研究、探索和发现未来，而未来的世界，也必须靠酒店去开拓、去创造。

（资料来源：中国酒店人才网，http://www.hotelhr.cn.）

思考讨论：结合该案例，谈谈你对现代市场营销观念的理解？

【拓展案例2】

将"绿色"进行到底的酒店

风随影动的竹林、潺潺流动的水渠、回收的老墙砖、原生硬木地板、天然亚麻窗帘……走进上海雅悦酒店，一股纯净的绿色气息扑面而来。

与那些大兴土木新建的酒店不同，雅悦脱胎于上海静安区胶州路上的一处工厂旧仓库。作为雅悦的掌门人、也是酒店所属Cathet酒店集团的首席执行官和创始人，亚历山大·莫扎是个"脚踏实地"的环保分子。最让他自豪的是，雅悦作为一家"碳中性"环保酒店，自2008年开张以来备受赞誉。

"碳中性，是指酒店计算能源消耗量，包括员工通勤、饮食输送以及每位宾客使用的能源等，并通过投资中国的绿色环保和减排节能项目，购买碳配额以抵消碳足迹。"莫扎向记者介绍，包括住客在内，雅悦酒店里的每个人都花钱购买了为联合国授权的中介认证组织所承认的碳积分，"所以说，我们每一个人都为自己在此地的碳排放量买了单，躬行环保。"

"酒店从前期规划开始，每一道工序上都力求降低碳排放量。目前雅悦共拥有26个客房，保证每名客人的人均绿地面积达到6平方米。如，酒店进门处的小水渠，主要是为了贮存天然水，以便循环利用；院内的竹子除了美观，夏日可以抵挡强光，冬季则能保证足够的日光照进房间。酒店的建材都取自100%本地回收的材料，地板、房门和电梯上的木头，全是回收的上海老硬木，墙壁上老上海砖头上的编号也都清晰可见。"亚历山大一并介绍了雅悦酒店的无源太阳能天窗、水冷式空调系统、节能灯光系统……环保绿色的设计理念已渗透进这座酒店的每一砖每一瓦。

"集中采用再循环的本土原料，能保护资源，减少污染。虽然'做旧如旧'其实在成本上花销会增加不少，但在我们看来这些投入是非常值得的。"莫扎特地带记者参观了酒店的接待前台，背景墙是由175个旧行李箱拼接而成。"当时我们跑遍了上海古董市场，设计了多套改造方案，也花了不少财力精力，但成果令人满意。"在他看来，这堵墙正是依据"循环再用"的思路，既坚持了环保的理念，又平添了一份老上海的古旧奢华气息，成为一道不可复制的独特风景。

2013年8月，雅悦将进行新一轮的改造，以融入更多的绿色环保概念。作为植根中国的绿色酒店品牌，雅悦一直坚持贯彻Cathet酒店集团的可持续发展理念。"我们集团是成立于今年5月的酒店业新军，旗下拥有三个与众不同的品牌，包括上海雅悦酒店、r.酒店及Cathet。其中，首家Cathet酒店近期将落户泰国曼谷。"亚历山大表示，"我们的目标是成为全球最具创新精神和社会责任感的酒店集团，在绿色环保和社区开发方面成为业内典范。"

（资料来源：中国旅游报·第一旅游网，2013-09-11. www.toptour.cn.）

思考讨论：

1. 举例说明雅悦酒店通过哪些措施实现节能减排环保目的。
2. 雅悦打造碳中性酒店体现了怎样的现代营销理念？

项目二
酒店市场营销环境分析

学习任务书

1. 理解酒店市场营销环境的内涵,举例说明营销环境包含的主要内容。
2. 明确酒店宏观环境的构成要素及学会宏观环境分析。
3. 明确酒店微观环境的构成要素及学会微观环境分析。
4. 学会酒店市场营销环境总体分析——SWOT分析。

【案例导入】

中央"八项规定"促中国酒店行业转型

第六届中国会议经济与会议酒店发展大会于2013年11月12日在重庆举行。随着中共中央关于限制"三公消费"及改进工作作风、密切联系群众的"八项规定"出台,会议市场格局也由原来的政府主导转变为市场、企业主导,会议酒店、会议中心原有客源结构发生了变化。

以往中国会议市场的特点是1月举办的会议数量最多,以政府会议、事业单位会议和企业的年会为主。但是"八项规定"出台后,这些会议大幅度减少,致使许多会议型酒店营业额也大幅度下降。

据统计,国内某会议型酒店原先平均每天收入高达160万元,但2013年第一季度平均每天只有40万元的收入,较以往减少了75%。如北京郊区一家著名的会议型酒店,仅今年1月就减少2000万元收入。

中国旅游饭店业协会副会长王济明介绍称,目前各大酒店纷纷采取应对措施,及时调整客源市场和产品体系,在重点关注企业和社团会议营销的同时,对酒店特有资源产品和非主流产品进行了开发与整合。

酒店行业近年飞速发展,现在确实存在产能过剩的问题。随着"国八条"出台,现在酒店业需要从原来粗放型管理改变为精细化管理,发展"一业为主,多业为辅"的产业形势。中国的酒店业者需要博采众长,朝着更加智能化、数据化的方向发展,以满足未来"科技酒店、智慧旅游"的行业发展趋势。

(资料来源:韩璐.中国新闻网,2013-11-12.)

思考讨论：

1. 了解中共中央关于限制"三公消费"及改进工作作风、密切联系群众的"八项规定"的内涵。

2. 政策环境的变化给高端酒店行业带来了怎样的挑战和机遇？

单元一　旅游酒店市场营销环境概述

一、酒店市场营销环境的概念

菲利普·科特勒认为，市场营销环境是由企业营销管理职能内外部的因素和力量所组成，这些因素和力量影响营销管理者成功地保持和发展同其目标市场顾客交换的能力。从这个意义上说，酒店市场营销环境就是指一切影响和制约企业营销活动的内外部各种因素的总和。

酒店市场营销环境由宏观环境和微观环境构成，宏观环境是指影响酒店企业营销活动的社会性力量与因素，包括人口、经济、政治、自然、社会文化、科技环境因素。微观环境是指与酒店企业的营销活动直接相关的各种参与者，包括企业的供应商、中间商、顾客、竞争者、社会公众以及企业内部环境，如图2-1所示。

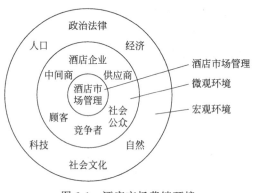

图2-1　酒店市场营销环境

酒店企业所面临的内外部环境不是固定不变的，加上酒店企业对其他行业的依赖性强，对环境变化较敏感。因此，分析酒店营销环境的目的就是为企业寻找更好的营销机会，规避风险，从而更好地适应市场环境的变化。

二、酒店市场营销环境的特点

酒店市场营销环境包含的内容既广泛又复杂，同时，各因素之间又存在着交叉作用，是一个多因素、多层次而且不断变化的综合体。主要有如下几个特点。

1. 客观性

酒店企业的全部营销活动，都不可能脱离它所处的环境而发生，酒店企业只要从事市场营销活动，就要受到各种环境因素的影响和制约，因此酒店企业必须头脑清醒，准备随时应付酒店企业所面临的外部环境的挑战以及把握外部环境变化带来的机遇。

2. 差异性

酒店营销环境的差异性体现在两个方面。其一，不同的酒店企业受不同环境的影响。如不同的国家、民族、地区之间在人口、经济、社会文化、政治、自然环境等方面存在着广泛的差异性，这些差异对酒店企业的影响显然也不相同。其二，即使是同样的一种环境因素对不同酒店企业的影响也不同。如日益高涨的环保要求，一方面限制了塑料包装物的生产，另一方面又促进了生产环保产品的企业的大力发展。由于环境因素的差异性，要求酒店企业必须采取不同的营销策略才能应付和适应这种情况。

3. 相关性

酒店市场营销环境是一个多因素的集合体，各种因素之间存在程度不同的关联性，彼此相互依存、相互作用、相互制约。如一个国家的法律环境影响着该国的科技、经济的发展速度和方向，而科技和经济的发展又会引起政治经济体制的相互变革，进而促进某些法律、政策的相应变革。

4. 动态性

酒店市场营销环境在不断地发生变化，只是变化有快慢大小之分。如科技、经济等因素变化相对大而快，对企业营销活动的影响相对短且跳跃性大；而人口、社会文化、自然因素等变化相对较慢较少，对企业营销的影响则相对长而稳定。从总体上说，变化的速度呈加快趋势。因此，企业的营销活动必须适应环境的变化，不断调整自己的营销策略。

5. 不可控性

酒店企业一般不可能控制环境因素及其变化，如一个国家的政治法律制度、人口增长以及社会文化习俗等，酒店企业不可能随意改变。此外，各环境因素之间也常常存在矛盾，从而影响和制约酒店企业的营销活动。如消费者对家用电器的偏好会促发企业的生产行为，而电力紧张又制约消费者的消费。在此情况下，酒店企业就不得不调整自己的营销策略，在可用的资源条件下开发节能产品。

6. 酒店企业对环境的能动性

强调酒店企业对环境的不可控制，并不意味着企业对于环境无能为力，只能被动地接受环境。企业可以以各种不同的方式增加适应环境的能力，避免来自环境的威胁，在变化的环境中寻找新的机会，并可能在一定条件下改变环境。

相关案例

希尔顿酒店的发展

希尔顿先生是美国希尔顿饭店集团的创始人，20世纪20年代，他以5000美元开始创业，最终把希尔顿饭店发展成庞大的饭店连锁集团。希尔顿先生正是很好地把握了经济危机周期的不同阶段，在危机和萧条时，低价收购有增值潜力的饭店，用自己的模式加以经营管理，再在景气和高涨阶段以高价出售。希尔顿先生正是通过把环境威胁转为环境机会并通过资本运营做大公司的。

单元二　旅游酒店市场营销宏观环境

酒店市场营销宏观环境是指影响酒店企业运营的外部大环境。它作为酒店企业的不可控制和不可影响的因素，对企业营销的成功与否起着重要作用。一般而言，在酒店市场营销中，宏观环境因素主要包括酒店企业所在区域的政治法律、经济、人口、自然、社会文化、科技等因素。

一、政治法律环境

政治法律环境是指那些对企业的经营行为产生强制或制约因素的各种法律、政府结构和压力集团。酒店企业的营销活动总要受到政治和法律的规范、强制和约束。酒店企业的发展不仅与本国政治法律相关，而且与客源国的政治法律密切相关，政治往往通过法律来体现自身，与法律的相对稳定性相比，政治更具有多变性。政治环境指明了企业营销活动的方向，法律环境则规定了企业营销活动的行为准则。二者密切联系，共同作用于酒店企业的市场营销活动。

（一）政治局势

政治局势表明了酒店企业所在国家或地区的政治稳定状况。政局的稳定是关系到酒店企业能否开展营销活动的关键因素。它有利于发展和提高生产力水平，提高人均收入，为酒店企业创造良好的外部营销环境。酒店业受政局的影响比较大，酒店目的地国家如果发生了战争、暴乱、罢工或政权更替等政治事件，就会扰乱酒店业的正常发展，影响旅游者的出游行为。

突发事件会对酒店产生影响。而这一变化是酒店业完全无法控制的。恶性突发事件会使消费者取消预订或影响未来消费者对目的地的信任度，从而影响区域酒店业。如2001年发生在美国的9.11事件，就使得一两年内去美国的游客锐减；2008年3·14西藏拉萨事件，导致该地区旅游业受到很大影响。大多数旅游者都会选择他们认为安全的地方。

受政局动荡拖累，泰国经济增长严重放缓。泰国经济和社会发展局2014年2月17日公布的数据显示，2013年第四季度，泰国国内生产总值（GDP）同比增长0.6%，低于此前一个季度修正后1.4%的增幅。

泰国经济和社会发展局指出，国内政治动荡削弱了消费者的信心并影响到支出，同时令海外投资者产生动摇。统计显示，2013年泰国经济增长了2.9%，增幅远远低于2012年的6.5%。泰国经济和社会发展局指出，示威活动会对今年上半年经济增长产生不利影响。报告认为，2014年泰国旅游业的主要风险因素是国内政局的影响。考虑到当前政局因素，预计2014年泰国将损失200亿泰铢（约合6.08亿美元）至500亿泰铢（约合15.2亿美元）的旅游收入。

政治局势对旅游的影响由上可见。同时事务性的变化也对旅游有深远的影响，例如免入境签证，改变购物时段，调整税收结构等等。例如加拿大增收消费品销售税的决定，促使部分加拿大居民到美国的边界城镇去购物。绝大部分的旅游企业不可能战胜这些政治环境的变化，而只能去调整适应。

（二）国家政策和相关法规

国家在不同的时期所制定的不同方针政策也会影响企业的营销活动。由于旅游消费的需求弹性较大，它不仅对价格敏感，而且对政策法规亦十分敏感。政府的法令条例，特别是有关旅游业的经济立法，对旅游市场需求的形成和实现具有不可忽视的调节作用。而这些法律或规定都是在企业的控制范围之外，其调节变化将对酒店企业营销活动产生很大影响。2008年1月国家对黄金周休假制度进行了调整，调整后的制度对短线游市场会产生积极影响，但短期内对出境游等长线产品无疑会有一定的负面影响，但如果国家能实施强制性的带薪休假，对旅游业持续健康发展将十分有利。交通运输条款的规定也会对旅游酒店需求产生作用。我国铁路客运票价、航空票价对旅游酒店的影响显而易见。此外，旅游娱乐购买税和扣除额的变化对旅游者的购买行为会产生更大的影响，从而影响到酒店企业的营销活动。

政府对出国旅游签证政策的制定直接影响到出境酒店。简单的入关手续可以吸引更多的国外旅游者；反之，复杂的入关手续会使相当多的潜在旅游者望而却步。据了解，为了促进本国的旅游业，许多国家对入境旅游者购物消费采取了退税的优惠政策，以鼓励游客多多购买商品。

国家旅游部门和其他政府部门还会对酒店服务的质量和标准进行一定程度的控制。法律和法规规定企业应怎样做，什么样的产品才算合格等，都直接影响着服务和产品的营销方法。当一项立法变化时，整个行业的营销管理都要根据立法与规则及时调整酒店的营销计划。政府的态度会对酒店企业产生一定的影响，在保护和充分利用自然环境与历史文化酒店资源之间，政府要加以协调。

（三）国际关系

国际关系是指国家在政治、经济、军事、文化等方面的关系，酒店企业尤其是从事国际旅游业务经营的酒店企业对国家之间的关系更应引起高度关注。两国之间的外交关系也明显影响两国互送旅游客源。自尼克松总统访华以后，美国骤然兴起旅华热潮，这一方面是由于名人效应，但更重要的是这次访华预示着中美两国关系的和解，从而激发了美国人民的旅华动机。反之，如果两国之间的关系紧张，则必然导致两国互送旅游客源数量的锐减。因此如果两国之间保持着良好的国际关系，就会为酒店企业的营销活动创造有利的条件。

二、经济环境

经济环境包括那些能够影响旅游者购买力和消费方式的因素。其运行状况及发展趋势会对酒店企业营销活动产生直接或间接影响。如当宏观经济处于衰退期时，购买者的收入水平一般会有不同程度的下降，这就不可避免地限制了人们的外出旅游活动。如果宏观经济中出现了较高水平的通货膨胀，那么购买者的实际收入也会有所下降,最终限制了出游活动。从宏观上分析经济环境时,要着重分析以下经济因素。

(一) 国民生产总值 (GNP)

国民生产总值是反映国民经济发展的综合指标。人均国民生产总值反映出一个国家人民的富裕程度。有研究指出,一般来说,人均GNP达到300美元就会兴起国内旅游;而人均GNP达到1000美元,就会有出境旅游的需求;当人均GNP达到1500美元以上时,旅游增长速度更为迅速,美国就因为较高的人均GNP而成为世界上最大的旅游客源国之一。日本人均国民生产总值也在3万美元以上,成为亚洲最大的旅游客源国之一。随着我国经济水平的不断提高,人均GNP也已获得了成倍的增长,我国的国内旅游有了迅速的发展,出境旅游在近几年也有了很大的发展。

(二) 个人可自由支配收入

消费者对旅游产品的购买力主要取决于消费者的收入。但消费者不会将所有的收入都用来购买旅游产品。因此消费者个人实际可自由支配收入,才是决定旅游购买者购买能力的决定性因素。据统计,在经济发达国家中每个国民的酒店支出约占个人收入的1/4。因此,个人收入是衡量当地市场容量、反映购买力高低的重要尺度。一般来说,高收入的旅游者往往比低收入的旅游者在旅游过程中平均逗留时间长、花费高。不同收入的旅游者在旅游中选择参加的活动类型、购买的旅游产品也有很大的差别。

(三) 通货膨胀和外贸收支

政府在治理国家时,往往要追求四项指标:经济发展,物价稳定,失业减少,国际收支平衡。价格与外贸收支平衡严重影响着人们的购买力。国际间贸易是各国争取外汇收入的主要途径,而外汇的获得又决定一国的国际收支状况。当一国外贸收支出现逆差时,不但会造成本国货币贬值,使出国旅游价格变得昂贵,而且旅游客源国政府还会采取以鼓励国内旅游来代替国际旅游的紧缩政策。相反,当外贸收支大幅度顺差时,则本国货币升值,出国旅游价格就降低,而且旅游客源国还会放松甚至鼓励国民出国旅游并购买外国商品。

相关案例

湘鄂情全年亏损扩大至5个多亿

湘鄂情是国内餐饮行业第一家上市公司,主打高端酒楼业务。

在限制"三公消费"的背景之下,今年上半年湘鄂情出现一定程度的亏损,表示将关闭一些门店扭亏。7月份,3家业绩不佳的北京门店停止营业,其中有湘鄂情西南四环店、万泉河店(去年4月开业,大约营业3个月)和南新仓店。

> 尽管湘鄂情断臂求生,却未能扭转业绩下滑的颓势,亏损进一步加剧。1月24日,湘鄂情发布业绩预告修正公告,公司预计2013年全年净利润由此前预计的亏损3亿~3.8亿元扩大为亏损5亿~5.8亿元。与2012年净利润1.09亿元相比,同比下降559%~632%。
>
> 湘鄂情称,亏损加大主要有三方面原因:首先,酒楼业务市场在报告期内持续低迷,预计经营亏损会增加4000万元~6000万元;其次,因关停部分门店及营业收入下降导致公司商誉减值;第三,公司进一步关停门店及缩减营业面积,年末转销预计损失在8000万元~1亿元。

(四)消费结构

消费结构是指消费者在各种消费支出中的比例及相互关系,居民个人收入与消费间存在着一个函数关系,而且在不同的国家和地区,个人收入与消费之间的函数关系是不同的。在西方经济学中常用恩格尔系数(Engel's coefficient)来反映这种变化。恩格尔系数说明,在一定的条件下,当家庭个人收入增加时,收入中用于食物支出部分的增长速度要小于教育、医疗、享受等方面支出的增长速度。食物开支占消费量的比重越大,恩格尔系数越高,生活水平越低;反之,食物开支占消费量的比重越小,恩格尔系数越低,生活水平越高。只有在生活水平较高的情况下,一般消费者才会产生购买旅游产品的需求。

三、社会文化环境

人类总是生活在社会当中,久而久之,必然会形成某种特定的文化,包括对事物的一定的态度和看法、价值观念、道德规范以及世代相传的风俗习惯等。社会文化包括两个方面:一是比较稳定的持续的价值观念的核心文化,二是容易受外界因素影响而发生改变的亚文化和次文化。总的来说,文化因素影响和支配着人们的生活方式、消费结构、主导需求以及消费方式,继而影响着企业的市场营销活动。

由于核心文化对消费者的影响是持久的,不会轻易发生变化,旅游营销人员应该了解文化主要在哪些方面给消费者行为造成影响。旅游活动会接触到世界各地不同的文化。旅游营销人员在进行旅游产品设计与包装、营销广告创意及营销方案决策时都必须适应当地的文化,避免采取一些为特定文化下的消费者所不能接受的营销方式。此外,旅游营销人员还需通过研究各种亚文化群体的不同的需求和消费行为来选择不同的亚文化群体作为自己的目标市场。

旅游企业除了研究社会文化环境给消费者造成的影响之外,还要研究社会文化环境易受哪些因素影响,并加以引导。并且需要识别具有不同社会文化背景的消费者,了解他们的风俗习惯,避免在开展营销活动的过程中由于不了解这方面的情况造成不必要的冲突和误会,引起旅游消费者的反感。

消费者的价值观念、审美标准、受教育程度等往往会影响消费者社会文化背景的形成。旅游者作为社会集体中的一员，其旅游购买行为自然会受到各种社会因素的影响。影响旅游消费行为的社会因素包括相关群体和社会阶层等。相关群体是能影响一个人的态度、行为和价值观念的群体，如家庭、邻居、亲友、周围同事，或因某种社会风尚的影响而形成的一种社会消费倾向等，对人们的消费行为起着参谋指导作用。社会阶层是按照个人或家庭相似的价值观、生活方式、兴趣以及行为等进行分类的一种稳定的等级制度。同一社会阶层的消费者，选择旅游产品、服务档次有类似性。因此旅游企业的市场营销人员，必须考虑不同社会阶层的不同需求水平，为其提供与其身份地位相适应的旅游产品。

四、科学技术环境

科学技术环境对旅游业的发展有着深刻的影响。在旅游业中，技术的应用主要在办公自动化、通信及数据处理等方面。两大技术发展趋势将促使旅游的发展：一是旅游业中自动化应用的增加。二是越来越多的人可以进行可视化交流。

科学技术直接影响到旅游企业的产品开发、设计、销售和管理，作为旅游企业的营销者，需要考虑针对企业和旅游者两方面的技术因素。

从企业的角度来看，科学技术的发展为旅游企业的市场营销提供了物质手段。近年来因特网（Internet）的推广使得旅游业的销售系统产生了重大变革。旅游销售的渠道变得更为直接、快捷。而运用新的科学技术有利于提高企业竞争优势。许多企业认识到，科学技术在旅游业中的广泛运用，使旅游企业能够提供更多的、满足旅游消费者需求的旅游设施和设备以及旅游产品和服务，不断增强竞争力。如现代酒店的高智能网络与结算体系、现代化的会议同声传译系统等。

从旅游者的角度来看，技术对旅游者的影响是巨大的。先进的室内娱乐系统如 VCR 个人电脑、租赁电影等逐渐成了外出娱乐和旅游的替代品。技术一方面对旅游活动造成危机，另一方面又带来便利。家庭电器设备的发展缩短了家务劳动的必要时间，从而提供了更多的余暇外出旅游，而且，高技术的娱乐项目已经成为旅游者的旅游活动吸引物。闻名遐迩的迪斯尼乐园就是集光、声、电等多种发达技术于一体的产物。这种富于梦幻、惊险刺激的娱乐产品一经产生，就会赢得许多人的青睐。

技术的发展使旅游设施日益现代化，为人们的旅游活动带来了便利，如交通、通信的发展将时空的距离缩短，洲际旅游成为易事。电子问讯机的问世，使旅游者可以方便地在机场、饭店大堂、旅游问讯处等公共场所查询各种旅游信息。旅游饭店设施设备的现代化为旅游者提供了方便。目前，国际上许多饭店在客房设置电脑终端，使客人可以清楚地查询自己的购买情况，商务客人也可以通过电脑联网进行工作。

如，美国芝加哥 Wit 逸林酒店，在这儿客人无需和任何人通话，就可以用触屏手机随时查询航班动态及预订酒店。此外，客房还设有高科技系统，可以根据客人体内的热量来调节室内温度。澳大利亚 QT 悉尼酒店，该酒店彰显着令人惊艳的"数码艺术"：各种高科技灯光设施和高清视频作品一应俱全；里面的智能电梯更是不同凡响，能通过传感器感知电梯里的人数播放应景的歌曲。

五、人口因素

人口是构成市场的基本要素。旅游营销人员首先感兴趣的宏观环境因素便是人口环境。旅游市场就是由具有购买动机且有购买能力的旅游者构成的。旅游者是旅游活动的主体，人口多说明市场具有较大的潜在容量。旅游企业在研究市场营销活动时，必须对人口环境因素进行统计分析，关注人口的特性、人口动态。

（一）人口数量

在收入接近的条件下，人口的多少决定着市场容量，一般来说，人口数量与市场容量、消费需求成正比。在人们有购买力的条件下，人口越多，就意味着对旅游产品的需求越多，旅游市场的容量就越大。在同一经济水平发展的国家，人口的增加对旅游人次的增加起着一定的作用。但人口的数量与具体商品市场的关系还必须视消费群体的特性而定。

（二）人口分布

人口的分布是指人口在不同地区的密集程度。我国人口分布总体格局是东南密，西北疏。城市人口较为集中，一些特大城市人口密度很大，广大农村人口则相对分散。受到自然地理条件和经济发展程度等多方面因素的影响，人口的地理分布不可能平均，不同地区的人口的消费行为呈现出显著的地区差异。如人口集中、密度大的东南沿海和城市一般居民，相较于人口分散的西部地区和农村居民来说具有较强的购买力。

此外，不同地理环境的人的生活经历是建立在该区域自然、社会和文化等因素的基础上的，这方面的生活经历会促使旅游者寻求地理要素上有差异的目的地。地理位置的差异意味着目的地和客源地的距离，而这种距离对目的地的选择既是推动因素也是阻碍因素，远距离给旅游者带来遥远感和吸引力，同时也带来时间与价格上的更多支出。因此旅游企业既要关注不同地区人口的不同购买能力与需求，又要依据人口分布的地理环境实施不同的营销策略。

（三）人口结构

人口结构包括人口的年龄结构、性别结构、职业结构、家庭结构、社会结构以及民族结构等。近年来，随着人口出生率的下降和老龄化的加剧以及传统家庭观念的改变，人口结构也出现了一些新的变化。

1. 年龄结构

岁数本身对旅游购买行为并没有实际意义，但年龄的差别往往意味着生理和心理状况、收入及旅游购买经验的差别。因此，不同年龄的旅游者在旅游产品、购买方式和购买时间等方面的选择上有很大差别。一般来讲，年轻人喜欢时髦的和刺激性、冒险性较强、体力消耗较大的旅游活动；老年人则倾向于节奏舒缓、舒适并且体力消耗较小的旅游活动。但大多数老年人积蓄较多，同积蓄较少的年轻人相比，他们更倾向于选择豪华型的旅游产品。

2. 性别结构

性别对旅游购买行为的影响表现在两个方面：一方面，由于传统文化的影响，不同的性别角色在思想方式、行为方式等方面有不同的表现，并进一步导致了经济收入、处事能力方面的差异，这些因素都是他们选择旅游产品时各有特点的原因。另一方面，不同的性别角色还意味着生理、心理方面的不同。首先，男性和女性的感官如视觉、听觉及触觉等方面有某些差异，女性旅游者在旅游目的地的选择中，往往更注重旅游购物条件和安全条件；其次，男性和女性在体力上也有较大差异，男性往往比女性在体力上更充沛，活动速度更快，但体力恢复却较慢，因此两性在选择旅游项目时也有差别。

3. 职业结构

职业在很大程度上决定了一个人的收入水平，同时，职业也决定了一个人闲暇的多少。收入水平决定了一个人的购买能力，限制了旅游者购买旅游产品的种类、品牌、购买方式及购买数量。闲暇是限制旅游购买的另一客观因素。有些职业具有较长的闲暇，如教师；同时，职业也决定了闲暇的分配，有的职业可能允许职工在冬季才有度假机会，有的就业者则只有夏季才有度假机会。所以，职业在一定程度上影响到旅游购买的时间性和旅游天数。职业本身也意味着购买者的工作性质和生活经历。不同职业的人由于工作性质不同，可能会选择不同的旅游产品。工作复杂程度高、人际交往频繁、工作任务重的就业者倾向于选择放松型的度假旅游。由于职业也代表一种生活经历，在旅游过程中旅游者有可能有意识地接触或回避接触与自己职业相关的当地居民，参加或避免与职业相关的旅游活动。

4. 家庭结构

家庭是购买和消费旅游产品的基本单位。家庭结构包括家庭的数量、家庭人口、家庭生命周期、家庭居住环境等，这些都与旅游产品的数量、结构密切相关。例如，我国家庭规模的小型化是一种趋势，家庭的这种变化，引起旅游市场需要的相应变化，家庭旅游市场的需求呈上升趋势。在西方发达国家，无子女的年轻夫妇所组成的家庭越来越多，给众多的旅游企业如饭店业、航空业等大大提供了获利机会，因为这种家庭一般拥有较为丰厚的收入，而没有子女又使得他们有较多的时间用于旅游和外出餐饮。家庭结构的这些变化给旅游企业的市场营销提供了机会。

5. 其他因素

其他因素包括人口的民族结构、健康状况、社会结构等都会对消费行为产生很大的影响。如健康状况，几乎任何一项旅游活动都需要消耗体力和精力，因此旅游者的身体健康状况成为旅游购买行为的直接影响因素。目前人口环境正在发生重大的变化，表现为：世界人口迅速增长；人口老龄化严重；发达国家的人口出生率下降；家庭结构发生变化；人口流动性大等方面。旅游企业应依据这些变化调整旅游市场的营销方向。

六、自然环境

影响旅游发展的另一个主要因素是全人类越来越关注自然环境的保护。以加拿大为例,近年来的许多调查表明,环境是公众关心的首要问题。环境意识的提高说明了旅游者逐渐不能接受环境遭到严重破坏的旅游点。同时,许多边远地区的脆弱的自然环境和原始文化环境,随着诸如生态旅游、探险旅游和绿色旅游等专项旅游的发展而受到影响。在旅游市场中,自然景观的承载力是脆弱的,须精打细算地充分利用。

不少人认为全球的自然环境正在变化。全球的气候变化导致了气温的升高,海平面的上升。一旦这些情况加重,将会对旅游业产生深远的影响,例如经营期的延长,一些海滨和冬季度假区存留的可能性,以及新度假地的产生。显然这种可能性对于企业的一个星期、一个月或一年的工作计划来说意义并不大,但它会对许多长达几十年的大型娱乐投资决策产生影响。针对这种长远的情况,在产品决策上要有充分的灵活性和弹性。

自然灾害会对旅游业构成巨大威胁,如2008年初发生在我国南方的冰冻灾害;更加严重的是2008年5.12发生在四川汶川8.0级强烈地震,给中国带来巨大灾难,它给各行各业带来了负面影响。

在环境保护方面,各国政府都扮演了积极的角色,随着在自然资源管理方面政府强有力地介入,旅游企业也应严格地遵循政府有关环境的各项法律法规,积极地参与环保事务,求得消费者利益、企业利益和社会利益的统一。

> **热点关注**
>
> #### 哈尔滨发生重度雾霾　吉林、辽宁发布大雾红色预警
>
> 新华网北京2013年10月21日电　21日,中国东北黑龙江、吉林、辽宁多地发生大雾或雾霾天气。受天气影响,哈尔滨全市中小学停课。哈尔滨、长春、沈阳等地多条高速公路被迫关闭,长春龙嘉机场及沈阳仙桃机场航班受到影响。
>
> 哈尔滨市21日发生重度雾霾天气,哈尔滨一些市区能见度已不足50米,哈尔滨市教育行政部门已通知全市中小学停课,部分公交线路已暂时停止运营或加大发车间隔。
>
> 记者早7时从黑龙江省交警总队高速支队了解到,目前黑龙江省内的哈大高速、哈尔滨环城高速及通往吉林省方向的高速路已不具备通车条件,全线封闭。
>
> 21日02时45分,长春市气象台发布大雾红色预警信号,这是大雾预警信号的最高等级。
>
> 在沈阳,大雾从21日凌晨开始加重并持续不断,直至中午浓雾仍然不

散,户外能见度较差。记者从辽宁省交通厅获悉,全省境内沈康、西开、平康、新鲁高速全线,京哈、丹阜、沈环、辽中环线、长深、沈海等多条高速部分路段封闭交通。

京津冀及周边污染加重 重霾面积约81万平方公里

新华网北京2014年2月22日电(记者顾瑞珍)记者22日从中国环保部获悉,受不利气象条件等因素的影响,京津冀及周边地区持续出现空气重污染,部分城市空气质量达到严重污染。

2014年2月21日环保部卫星遥感监测表明,中国中东部地区大部分省份出现灰霾,灰霾影响面积约为143万平方公里,重霾面积约为81万平方公里,主要集中在北京、河北、山西、山东、河南、辽宁等地。受其影响,21日京津冀及周边地区39个地级及以上城市中,有20个城市发生了重度及以上污染。较20日增加了4个城市,污染呈加重趋势。

思考讨论:极端天气产生的主要原因是什么?恶劣的环境问题给中国经济和人们生活会带来怎样的影响?政府、企业和每个公民应承担哪些责任和义务?频繁的极端天气对旅游酒店行业经营会产生怎样的负面影响?

单元三 旅游酒店市场营销微观环境

旅游市场营销微观环境是指存在于旅游企业周围并密切地影响其营销活动的各种因素和条件。它影响着企业为目标市场服务的能力。旅游市场营销工作的成功,不仅取决于能否适应客观环境的变化,而且适应和影响微观环境的变化也是至关重要的。

旅游市场营销的微观环境主要包括:旅游供应商、旅游中间商、顾客群、竞争者、社会公众以及企业(饭店)内部各部门的协作。

一、旅游供应商对旅游营销活动的影响

旅游供应商是向旅游企业及竞争对手提供生产旅游产品所需各种资源的企业或个人。供应商所提供的资源是旅游企业进行正常运行的保障,也是向市场提供旅游产品的基础。旅游市场营销工作很重要的一个方面就是保持与旅游资源供应商的联系,在旅游资源供应的任何一个环节上都不能放松。因为旅游产品的综合性决定了它的脆弱性,一环受损会造成全盘皆散。

把握旅游资源供应环境,不仅有助于保证货源质量,而且有助于降低成本。掌握供应商品的价格变化情况并尽可能加以控制,使综合报价中利润的构成达到最大限度。目前许多旅游企业采用"定点"制,使吃、住、行、游、购、娱形成一条龙服务,相互提供客源,又相互优惠,收效颇佳。

二、旅游中间商对旅游营销活动的影响

旅游中间商是处于旅游生产者和旅游者之间，参与旅游产品或商品的流通业务，促使买卖行为发生和实现的组织和个人。它是生产者与消费者之间的纽带和桥梁，起着调节生产与消费矛盾的重要作用。它包括经销商、代理商、批发商、零售商、交通运输公司、营销服务机构和金融中间商等。旅游中间商的存在对旅游企业开展营销活动起着重要的作用。一方面中间商掌握大量的旅游产品供求信息，能给现实和潜在的旅游者提供最有价值的信息，帮助旅游者选择最理想的旅游产品；另一方面他们能够为旅游生产企业反馈大量信息和改进意见，提高信息效用。

旅游中间商在营销活动中的地位很重要，它会在多个环节中出现。如某旅行社的外联人员出去联系业务，他会从谈成的业务中提成，在旅行社与旅游者之间他扮演的是中间商的角色；旅游者最终确定的目的地是外省的某一景点，此旅行社就会与外省某一旅行社进行联系，最后谈成的情况是此团队到达外省后，由当地那家旅行社提供地陪，全权负责当地游览，此旅行社派一名全陪监督。在这个过程中这家旅行社又充当了中间商的身份。在整个旅游活动过程中，中间商出现了两次。因此旅游营销活动一定要审慎选择好中间商。在选择过程中，要注意中间商的人员素质、劳务费用、履行职责效果和对中间商的可控程度。

相关案例

"国旅假期"成为STA在中国的服务中间商

全球最大的学生青年旅游组织STA利用特许代理进入中国市场，特许代理商是中国广州的"国旅假期"。中国是世界上第49个有STA代理机构的国家。STA的全称是世界学生青年旅行社，它是世界最大的学生青年旅游组织，成立于1997年，现已在全球拥有180多个特许代理机构，每年为200万名旅客服务，服务对象一般是青年或是十分热爱旅游的发烧友。STA和世界上多数航空公司合作，能够自己签发机票，以蓝色机票和国际学生青年旅行卡（ISIC卡）闻名于世。蓝色机票是一种学生机票，因其使用统一的蓝色票而闻名，是通行世界60家大航空公司的廉价机票。而ISIC卡是专供学生和青年旅行时持有的身份证，可在国际上许多消费场所获得折价优惠。STA特许代理商，除了为青年和学生国际旅行提供订票、订房等服务外，还提供设计和安排旅游行程、签证、教育考察、留学交流等服务。

三、顾客群对旅游营销活动的影响

旅游企业的营销活动是以顾客需要为中心而展开的，顾客群是影响旅游营销

活动的最基本、最直接的环境因素。旅游市场顾客群主要包括个体购买者和公司购买者。

(一) 个体购买者

个体购买者是为了满足个人或家庭的物质需要和精神需要而购买旅游产品的购买者，它是旅游产品和服务的直接消费者，包括观光旅游者、度假旅游者、商务旅游者、会议旅游者等。这种顾客一般属于散客。

个体购买者的特点主要是数量小，人多面广，购买商品主要以个人兴趣为动机，购买能力相对有限，大多缺乏对旅游产品的专门知识，购买行为具有很大程度的诱导性。消费者旅游行为的产生与个人特点、社会影响及环境的关联很大。

旅游市场营销活动要根据个体购买者消费行为的特点，把旅游产品设计为各种档次、各种类别、各种特色来适应不同层次消费者的需求。

(二) 公司购买者

公司购买者是指企业或机关团体组织为开展业务或奖励员工而购买旅游产品和服务的购买者。如企业为创建企业文化组织大家假日出游而去购买的旅游产品。

公司购买者应是旅游市场营销的重要目标市场。公司购买者数量虽少，但购买的规模却比较大。如单位在宾馆会议室召集所属下级单位开会用餐，一次性购买量就比散客大很多。另外，公司购买者对旅游产品的需求不像个体购买者那样容易受到价格变动的影响，由于这笔购买费用由公司支出，所以价格变动不会在很大程度上影响公司购买者对旅游产品的需求，其价格弹性一般较小。在这种情况下，旅游企业获利率比较可观。

公司购买是一种专家购买，在公司内部一般都有专门从事旅游产品购买的部门和专业人员，他们具有专业化的旅游知识，对于旅游产品有深刻的了解和认识，不像个体购买者那样易受诱导。经营公司旅游，一定要注重旅游产品的质量，质量的好坏决定了活动组织的成败。营销时要注重对旅游产品质量、档次的强调。

四、竞争者对旅游营销活动的影响

每个企业都面临四种类型的竞争者，即愿望竞争者、一般竞争者、产品形式竞争者和品牌竞争者。对于旅游企业而言，愿望竞争者是指提供不同产品以满足不同需求的竞争者。如消费者有带薪假期，他想游山玩水，或在家休息，他目前的愿望对旅游企业来说，就叫"愿望竞争者"。如何使消费者选择出游而不是在家待着，这就是一种竞争关系。

一般竞争者是指提供能够满足同一种需求但不同产品的竞争者。例如，飞机、火车、汽车都可用做出游工具，这三种交通工具的经营者之间必定存在着一种竞争关系，它们也就相互成为各自的竞争者。

产品形式竞争者是指生产不同规格档次的竞争者。如消费者选择旅游团队的档次是豪华还是标准等。

品牌竞争者是指产品规格、档次相同，但品牌不同的竞争者。如消费者在选择入住宾馆是王府井饭店还是长城饭店。

显然，后两类竞争者是同行业的竞争者。旅游企业必须认清形势，识别竞争对手，关注竞争对手，并设法建立竞争优势，保持消费者对本企业的信赖和忠诚。

五、社会公众对旅游营销活动的影响

社会公众是旅游企业营销微观环境的重要因素，对旅游营销活动的成败产生实际的或潜在的影响。企业的生存和发展依赖于良好的公众关系和社会环境，所谓"得道多助，失道寡助"。

旅游营销活动所面临的社会公众主要包括如下几类。

1. 金融公众

即那些关心和影响企业取得资金能力的集团，包括银行、投资公司、证券公司、保险公司等，它们对企业的融资能力有重要的影响。

2. 媒介公众

主要是报纸、杂志、广播和电视、电台等，它们能帮助企业实现与外界的联系。旅游企业通过与媒介的良好关系能扩大企业和产品的知名度和影响力。

3. 政府公众

即负责管理旅游企业的业务和经营活动的有关政府机构和企业的主管部门。旅游企业在制订营销计划时要考虑政府公众对其的影响，时刻关注政府政策措施的变化。

4. 公民行动公众

包括保护消费者利益的组织、环境保护组织等，他们有权对旅游企业营销活动提出质询，并要求企业采取相应措施。

5. 社区公众

即企业附近居民和社区组织，他们对企业的态度直接影响企业的营销活动。旅游企业要与地方社区公众保持经常的联系，积极参与社区事务，赢得地方公众的好感与合作。

6. 内部公众

即旅游企业内部全体员工。董事长、经理、管理人员和一般员工都属于企业的内部公众。处理好与企业内部公众的关系是企业搞好外部公众关系的前提。

7. 一般公众

即普通公众，他们不购买旅游产品但深刻影响消费者对旅游业及其产品的看法。企业在普通公众中的形象会影响到消费者的行动。

对旅游企业而言，不同类型的公众对其影响是不同的，旅游企业应努力采取

措施，保持同各类公众的合作关系，树立企业的良好形象，以保证旅游企业营销活动的顺利开展。

六、企业内部各部门协作对营销活动的影响

旅游营销是各职能部门、各环节、各岗位之间分工协作、权力分配、责任承担、利益和风险分享的系统运作行为。它需要决策机构、指挥机构、开发机构、执行与反馈机构、监督与保证机构、参谋机构共同参与和协作配合。

为使旅游企业的业务得以顺利开展，不仅营销部门各类专职人员需要尽职尽责，通力合作，更重要的是必须取得其与其他部门、高层管理层的协调一致——这些会影响旅游企业的营销管理决策和营销方案的实施。总之，只有各部门各司其职，各尽其用，整个旅游企业才具有整体性、系统性、互补性。有了各部门齐心协力，加之训练有素的营销人员，旅游营销活动一定能够取得成功。

相关案例

特许经营，美国运通的成功之道

美国运通在选择其合作伙伴时，对合作伙伴的要求是严格的，伙伴必须是旅游界或相关行业的佼佼者，必须是盈利的、专业的、优质服务的，合作伙伴使用运通标志必须征得美国运通的授权和许可。同时美国运通在合作时也有一些灵活性，允许加入网络的旅行社使用原有品牌，在休闲与商务旅游方面保持合作。

中国是全球增长最迅速的旅游热点之一，运通看好中国旅游业的发展前景。根据市场预测，中国将发展成最受旅客欢迎的地方，并在2020年前成为世界上外出旅游人数排名第四的国家。运通希望利用其在全球的网络优势，与中国旅行社合作，共谋发展。

特许经营的好处包括：品牌支持，使用品牌标志将引人注目，在办公用品、对市场的销售、广告等方面使用品牌标志将更加规范；员工培训支持；技术支持，如将在网页上为合作伙伴留出空间；共享优质的旅游产品及服务；定期的网络在线服务和信息交流等。

美国运通是行业内最大的旅行社，运通的战略是不仅要应对旅游行业的变化，而且还要引领旅游行业的未来。

每一位美国运通所选择的网络伙伴都是当地的佼佼者。美国运通与高质量的旅游供应商积极配合，支持整个网络系统向前发展。整个网络既灵活多变，又受人尊敬，其核心承诺就是向顾客提供一种超一流水准的服务。另外，还具有更丰富灵活多变的品牌强强联合的特种效应，通过网络成员对消费者全球化的服务承诺予以实现，使全世界范围内对消费者的照顾通过网络成员而不断延伸。

单元四　旅游酒店市场营销环境分析

一般运用SWOT分析法对旅游市场营销环境进行全面分析。SWOT，即企业的优势（strengths）、企业的劣势（weaknesses）、企业外部的机会（opportunities）、企业面临外部的威胁（threats）。其中，优势-劣势的组合（SW分析）是内部环境分析的重心，机会-威胁的组合分析（OT分析）是外部环境分析的焦点，而旅游市场营销战略的选择则取决于SWOT综合分析的结果。

一、旅游营销环境优势-劣势（SW）分析

旅游营销环境的优势-劣势分析即对旅游营销资源的拥有及相对丰度状况分析。一般来说，旅游企业营销资源可分为有形资源和无形资源两大类。有形资源主要包括企业人力、财力和物力等，是旅游企业开展营销活动、进行营销决策的基础；无形资源则包括技术、时间、信息、企业文化等，是企业营销活动的助推器。

旅游企业进行SW分析的目的是通过对企业市场、财务、运作及人力资源等方面的分析，充分挖掘企业的盈利机会，使企业的优势得以发挥，同时规避阻碍企业运营的不利因素，在内外环境平衡的基础上确定企业营销战略和决策方案，实现企业的经营目标。

热点关注

餐饮食品安全问题整治需要"三位一体"

近几年老百姓关于食品安全问题的谈资可谓相当丰富，从"染色馒头"、"瘦肉精"、"牛肉膏"、"毒豆芽"、"化学火锅"、"地沟油"，到曾经的"三聚氰胺"奶粉、"大头娃娃"奶粉、"假葡萄酒"等事件，接连不断发生的食品安全问题让人们的神经时刻紧绷，更显示出我国食品安全监管现状的无奈。食品安全、卫生问题层出不穷，我们忍不住想问，现在的社会是怎么了？

餐饮和食品行业不自律，可以用"利欲熏心"来解释：以次充好以假乱真，成本降下去，利润升上来，于是顾客不再是"上帝"，变成了"垃圾桶"。宰客技巧成了经营诀窍，"赚快钱"成了主导思想。并不是说所有企业都不明白品牌、口碑、形象的重要性，都不想可持续经营发展乃至永续性经营，但如果经营者素质良莠不齐，在快钱和高利润面前，有多少"店"经得起诱惑？

名牌企业名牌产品具有最大的示范效应，所作所为会带动全行业乃至关联行业竞相效仿。难怪卖快餐的坚决不吃快餐，卖火锅的坚决不吃火锅，

养猪的不吃自己养的猪，养鸡的不吃自己养的鸡。一顿快餐，一锅火锅，里面的元素都出问题的话，涉及的多个行业就都出了问题。

完全指望企业自律既不现实也太软性，国家有很刚性的法律和执法部门在管着这些事。问题来了：监管部门监管不力，还要靠不具备执法权的记者，乔装打扮冒着人身危险去卧底、曝光。既然被赋予了监管执法权，就应该履行职责。餐饮店在利益驱动下昧着良心经营，监管部门如何才能有所作为？

现在我们国家是多个部门组织开展食品监督检查，浪费了国家有限的公共资源，无端增加了纳税人的经济负担，引起社会不满。多头监管的问题解决不好，势必影响食品安全，值得我们进一步关注和反思。当然惩罚不力导致违法成本过低，也是食品安全监管体制广受诟病的一个重要原因。目前，许多生产商和经营商被查出问题后，交了罚款还会继续生产销售不安全食品，这点损失跟巨额利润比起来根本不算什么。如果能普及惩罚性赔偿，罚他个倾家荡产，肯定有利于提高消费者维护自身权益的积极性，加大食品生产经营者的违法成本，让他一次违法就爬不起来。

食品安全、卫生问题出现得太多，只靠舆论三天两天轰炸是没有意义的，关键在于法律制度的完善和相关部门的实际行动，当然还有广大消费者的监督。只有实现三位一体，餐饮和食品行业才会步入正确轨道，人民群众的身体健康和生命安全才能得到保障。

思考讨论： 如果你是企业的管理者，关于餐饮食品安全问题请你谈谈自己的看法，应采取哪些措施避免类似事件发生？

热点关注

公安部要求各地严打黄赌毒

2014年2月16日，记者从公安部获悉，在东莞扫黄风暴进行的同时，公安部日前已要求各地警方严肃查处、严厉打击涉黄、涉赌、涉毒等违法犯罪活动。并建议广东依法依纪严肃追究东莞市公安局主要领导和其他有关负责人、民警的责任。

建议追究相关民警责任

2月9日，央视曝光广东东莞多个娱乐场所存在卖淫嫖娼行为后，广东省在东莞等地迅速展开了大规模的扫黄行动。此次广东扫黄行动由公安部派驻广东的督导组全程督办，督办涉及案件查处、问题整治和责任追究等各个环节。同时，公安部建议广东依法依纪严肃追究东莞市公安局主要领导和其他有关负责人、民警的责任。

2月14日，广东省委常委会决定免去东莞市副市长、市公安局局长严小康的职务。东莞市委决定免去东莞市公安局党委副书记、副局长卢伟琪职务。

在东莞掀起扫黄风暴的同时，据记者不完全统计，除广东省外，全国9省份的至少16个城市陆续对各类娱乐场所开展扫黄行动，媒体公开报道的城市包括浙江杭州、甘肃兰州、山东济南、广西柳州、黑龙江哈尔滨等城市。

民警不作为将一查到底

公安部要求各地警方深刻吸取东莞教训，举一反三、引以为戒，严肃查处、严厉打击涉黄、涉赌、涉毒等违法犯罪活动。

在此次扫黄行动中，公安部要求各地警方坚持从严治警，对不作为、乱作为甚至徇私枉法等侵犯公众利益的违纪违法行为，要发现一起，坚决严肃查处一起。不管涉及谁，不论职务高低，都坚决一查到底，决不姑息、决不手软。

对失职渎职的，要坚决严肃追责；对执法犯法的，要坚决从严惩处；构成犯罪的，坚决依法追究刑事责任。

（资料来源：新京报，2014-02-17.）

思考讨论：了解东莞酒店涉黄真相。俗话说"君子爱财取之有道"，你认为作为酒店的经营管理者应如何依法经营，维护社会公德？

二、旅游营销环境机会-威胁（OT）分析

旅游市场营销机会是指对旅游企业发展产生促进作用的各种条件。旅游企业如果能在特定的市场环境中把握机会，就可能获得较高的成功概率，也可能因此而超越竞争者，获得较大的差别优势。如2008年奥运会在中国北京举办，我国多家旅游企业成为奥运指定接待单位。比较而言，那些没有获得奥运接待机会的企业就在此轮竞争中已经处于被动的局面了。

旅游市场营销威胁则是指对企业发展产生不利影响的因素。这些因素涉及面很广，如国家的重大决策，2008年新修订《劳动法》的实施在规范劳动者与企业之间关系的同时，会给企业带来人力资源成本的增加。另外，如一些不可预知的各种灾害，如2005年的印度洋海啸、2008年西藏暴乱事件等都对相关旅游企业产生了较大的冲击。

旅游企业可以通过"市场机会与环境威胁矩阵图"来分析市场营销环境，如图2-2所示。

（1）理想环境　高机会低威胁的环境。

（2）风险环境　高机会高威胁的环境。

（3）成熟环境　低机会低威胁的环境。

（4）困难环境　低机会高威胁的环境。

图 2-2 机会-威胁矩阵

旅游企业进行 OT 分析的目的是通过正确认识机会和威胁对旅游企业影响程度，作出合理的战略选择，争取在竞争中赢得优势，取得突破性的发展。

三、旅游营销战略选择

综上所述，旅游企业内部和外部优势与劣势是相对的。通过 SWOT 综合分析，即结合旅游企业内部优势与劣势分析和旅游市场营销机会与威胁分析，在此基础上作出正确的市场营销战略选择。

根据 SWOT 分析法，在对旅游企业的内外部环境做出综合分析之后，从内外部环境平衡的角度出发，营销战略可分为增长型战略、扭转型战略、防御型战略和多元化战略四种，如图 2-3 所示。

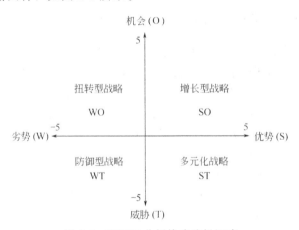

图 2-3 SWOT 分析战略选择矩阵

相关案例

陕西省有餐馆推出 58 元"习连套餐"

2014 年 2 月 18 日，中共中央总书记习近平会见中国国民党荣誉主席连战，在钓鱼台国宾馆养源斋设家宴款待连战伉俪。由于两人是陕西老乡，在席间还用家乡话交谈，习近平家宴的"陕西套餐"一经曝出，引起社会广泛关注。陕西省两家餐馆还立即推出"习连套餐"。

第一家餐馆的套餐由蒜片黄瓜、炝拌莲菜、老陕折骨肉、冻冻肉四样凉菜和肉夹馍、泡馍、biangbiang面组成，套餐价为58元。另一家餐馆推出的套餐组合是肉夹馍（煮馍）、biangbiang面（唨面）和海带丝、炝白菜、酸辣筋、卤汁牛肉四个凉菜，定价也是58元。该店董事长武英杰说，这样的套餐能吃好吃饱。

还有餐馆也在酝酿推出套餐，除了臊子面、肉夹馍外，还准备再加上擀面皮、蜂蜜粽子。

像庆丰包子一样让陕菜也火一把

陕西小吃走向全国不缺实力，缺的只是机遇，习近平用家乡的特色美食把连战当做家人来宴请，充分体现了他的平民情怀和家乡情结，也是对陕西小吃走向全国最好的宣传。陕西小吃也是陕菜重要的组成部分，利用这次契机，陕菜也可以聚集力量，厚积薄发，走向全国。习总书记的家宴"陕西套餐"，绝对有可能成为第二个"庆丰包子"。

思考讨论：通过"习连套餐"和北京庆丰包子事件，谈谈对营销环境机会的理解。

小 结

旅游市场营销环境就是指一切影响和制约企业营销活动的内外部各种因素的总和。分析研究旅游市场环境，应重点把握旅游市场营销环境的客观性、差异性、相关性、动态性、不可控制性等特点。

旅游市场营销环境主要由宏观环境和微观环境构成，宏观环境是指影响旅游企业营销活动的社会性力量与因素，包括人口、经济、政治、自然、社会文化、科技环境因素。微观环境是指与旅游企业的营销活动直接相关的各种参与者，包括企业的供应商、营销中介机构、顾客、竞争者、社会公众以及企业内部环境。

旅游企业内部和外部优势与劣势是相对的。根据SWOT分析法，在对旅游企业的内外部环境做出综合分析之后，从内外部环境平衡的角度出发，营销战略可分为增长型战略、扭转型战略、防御型战略和多元化战略四种。

复习思考题

1. 什么是旅游市场的营销环境？它具有哪些特征？
2. 酒店中间商对酒店企业市场营销活动的影响有哪些？
3. 简述SWOT分析法在市场营销活动中的运用。

模拟训练

请同学们以当地一家酒店为例,进行市场环境分析,了解该酒店经营的优势和面临的困境,并给出相应的建议。

【拓展案例1】

假日酒店集团的成功启示

假日酒店(Holiday Inn)在20世纪70年代成为美国,也是世界上最大的经济型酒店连锁集团,它的成功经历被复制到欧洲,成就了雅高集团;90年代末,其大部分酒店被当时的BASS公司(改名洲际)收购,成为当今世界上最大的酒店集团;1999年,假日集团其余酒店被希尔顿饭店公司收购,将希尔顿一举拉入世界前10强的行列。因此,从某种意义上来看,假日酒店成就了当今的洲际集团、希尔顿集团和雅高集团世界3强。该集团拥有"洲际"、"皇冠"、"假日"、"快捷假日"、"Staybridge Suites"、"Candlewood Suites"和"Hotel Indigo"等多个闻名遐迩的酒店品牌。

假日是从经济型酒店起步,假日的发展或可以给我国的经济型酒店提供一些有益的参考。

1. 假日酒店的起源

假日集团创始人凯蒙斯靠经营房地产起家,在经营过程中他始终坚持负债杠杆原理,让1美元发挥10美元的作用,他认为"杠杆是一切,只要善于利用别人的钱,就能赚钱,不必为负债担心害怕"。他的做法常常是用1000美元买土地,用1700美元建造房屋,然后再以6500美元将房屋抵押出去,以此实现快速的资本积累和快速扩张。

使凯蒙斯产生涉足汽车旅馆业念头的是1951年的一次旅行。在投宿汽车旅馆时,一家人住在同一个房间,但是孩子要另付费。他对此感到恼火,而且认为其他人也会不满。因此,凯蒙斯觉得这是个能够赚大钱的机会,于是开始进行准备:每到一家汽车旅馆都会对房间的每一个角落进行认真的丈量,确切地测出要使客房既能够达到高效率使用,又能符合舒适要求的理想面积。

凯蒙斯的房产知识,使得假日酒店的造价能比已有的旅馆低一半(单位面积的建造成本更低),因此在客房收费上,就能比已有的旅馆便宜15%~20%。而且假日酒店树立了特色服务,譬如儿童跟父母同住一室,免收住宿费;设有游泳池;预订客房不收费,每一间客房内会有电视机和空调,体现了"高级膳宿,中档收费"的经营理念。1952年,凯蒙斯创立的第一家假日酒店十分成功,在后来的20个月之内,又建成了3家同样的旅馆。

2. 假日酒店的成就

自凯蒙斯在20世纪50年代初期创立假日酒店品牌后,在70年代初,即短短的20余年内,假日酒店集团旗下的酒店就超过了1500家,达到如今世界前5

强的规模。假日酒店集团自70年代中期以来就一直是世界上酒店联号中规模最大的一家。到1989年底,假日集团名下就有自己经营和特许经营的旅馆1606家,客房总数达320599间,分布在全球52个国家,相当于排名靠后的喜来登、华美达和希尔顿酒店公司客房数的总和。目前,假日公司员工已经超过了20万。

在20世纪80年代,假日集团就将发展的重点放在了亚洲市场上,从1984年中国北京丽都假日酒店开业之日起,假日集团成为第一家在中国营业的国际性酒店集团,如今,假日酒店在中国的客房数规模,也是国际性酒店集团中最大的一家。今后的5~10年里,假日重点发展的区域是中国、印度、日本及印度尼西亚等国家。

20世纪90年代末,假日被巴斯集团收购后,重新制定了发展战略,大力发展品牌多元化(80年代假日就开始准备,但是,由于缺乏实力,没有形成主打品牌,也未能站稳市场),赋予了既有品牌新的生命力,大力开拓新兴市场,从而巩固了原来的市场份额,并在欧洲、亚洲市场上取得了不俗的成绩。

当然,假日在其发展过程中,遇到了一些危机和困境,有些危机是外部环境变更所带来的,有些是由于假日集团自身能力不足所导致的。如,在20世纪70年代石油经济危机中,中低档顾客出行率下降,直接导致汽车旅馆行业利润下滑;同行竞争者的崛起,如Lamada、万豪等分别抢占了其类似档次的客源;而速8等经济型客栈抢占了其低端客源;假日的泛产业多元化导致了投资亏损,等等。

3. 假日的成功经验总结

总结假日的成功经验,有以下几点。

正确的战略定位:假日集团的战略定位瞄准了当时的经济、社会环境要求,符合了当时出行旅客的需求,进而以低廉的价格、良好的服务、超出预期的硬件获得了一个能够打击当时普通汽车旅馆的定位。当然,当时汽车旅馆行业刚刚兴起,这个良好的时机也推动了假日的快速扩张。

特许的经营方式:假日集团在10年内拥有超过400家饭店;20年内拥有超过1400家饭店;假日集团的超常规发展,归功于威尔逊将"特许经营"模式引入了饭店业,推动了美国饭店业的加速发展。

优秀的组织能力:为了推动特许经营模式的快速扩张,假日集团不仅利用自建酒店经营成功案例的影响力,还借助于对特许加盟者的投资、建造、运营、市场开拓等方面的帮助,以协助特许经营者成功。从加盟者获得特许权开始,假日集团就能按同一标准,对假日酒店进行复制。威尔逊是最早将"复制"概念和产业化概念引入并实施的饭店产业化先驱。

巨大的网络力量:假日集团在发展过程中,充分地利用网络力量,如饭店相互预定、利用网络的规模经济性进行市场营销和促销活动。

持续的企业创新:假日的发展历程,也就是创新的历程,从战略定位构筑差异化竞争,到高出一级的硬件配备和饭店运行,包括预定系统等,都体现了假日的创新。

假日集团的成功可归结于其正确的战略定位——以高出一筹的硬件设施、提供高品质服务、较低的入住价格("两高一低");创新的经营方式——将特许经营方式引入饭店业,实现迅速扩张;优秀的组织能力——支撑特许经营的人才、管理和服务体系;并充分地利用了饭店网络产生的巨大力量——酒店相互预定、战略联盟、规模经济性等;以及持续的企业创新精神——停车场、游泳池、特许经营、预定网络等引导了美国酒店业的发展。

思考讨论:

1. 归纳假日酒店成功的主要原因和经验?
2. 假日的成功经验给中国的经济型酒店发展带来怎样的启示?

【拓展案例2】

新旅游法实施　散客爆棚酒店难求

酝酿多年的《中华人民共和国旅游法》(以下简称《旅游法》)在2013年"十一"黄金周正式实施。由于《旅游法》中明确规定禁止"零负团费"、"增加购物点"、"强迫购物"等行为,绝大多数的旅行团取消了购物点和自费项目。对于游客来说,最直接的结果是旅游团涨价。"十一"期间,传统的观光团队游客大大减少,而散客则出现了前所未有的井喷。

团队遇冷　散客爆棚

《旅游法》禁止"零负团费"、"增加购物点"、"强迫购物"等行为。游客第一反应是,涨价。记者走访了多家旅行社发现,"十一"期间的团队短途游价格上涨了100至250元不等,长线游价格上涨300至800元不等,出境游价格上涨幅度多达上千元。价格的上涨让原本打算报团的游客改为自由行,"十一"期间团队游报团人数急剧下跌,这让不少旅行社的出团率受到影响。

据全国假日办分析,今年"十一"长假期间,自驾出游大幅增加,散客旅游渐成为主体。去哪儿网、携程网、艺龙网搜索数据显示,"十一"期间休闲游游客比去年同期上涨了50%以上。而团队游游客出现了20%左右的下降。如果说传统观光游时代是"保姆"时代,那《旅游法》实施后是个性化、多元化的休闲旅游时代。

多城市出现一房难求现象

不少游客在"十一"期间选择了自由行。然而习惯了"保姆"式的团队游,突然要改为"自力更生"的自由行也让不少游客非常不适应。车票告罄、机票价格飙涨,旅游景点人如潮涌,游客分享最多的莫过于"黄金粥"的"堵"与"稠"。黄金周出外人数激增带来的行路难、住宿难、用餐难、购票难等泛社会性问题更加凸显。

据去哪儿网酒店频道、携程旅游网、艺龙网的搜索数据显示,"十一"黄金周期间,天津、苏州、南京、武汉、重庆、大连、北京怀柔等地酒店满房率非常高,几乎出现一房难求的情况。

去哪儿网酒店事业部相关负责人告诉记者,"十一"期间不少热门城市游客激增,很多酒店在"十一"之前已经全部满房,导致一些没有提前预订酒店的游客到了目的地却找不到有空房的酒店。北京、上海、广州、深圳这样的大城市还好,因为整体酒店容量比较大,反而是一些小的旅游城市如果不提前预订,"十一"期间很难找到可以住的地方。

业内人士提醒广大游客,"十一"、元旦、"五一"、清明节、端午节等小长假一定要至少提前一周在网上预订酒店。如果真的出现临时改变行程需要预订节庆期间当天的房间,可以通过搜索查看"只看有房酒店"或者通过手机客户端搜索身边有房酒店。

(资料来源:新华网,2013-10-14. http://news.xinhuanet.com/travel/2013-10/14/c_125532972.htm.)

思考讨论:了解《旅游法》的相关内容,它的颁布实施给旅游酒店等相关行业带来怎样的变化?请依据相关的市场信息资料,预测一下旅游酒店行业未来发展趋势。

项目三
酒店顾客消费行为分析

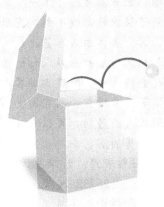

学习任务书

1. 理解马斯洛需求层次论的深刻内涵，酒店企业如何满足顾客的核心需求？
2. 了解顾客购买行为的基本特征？企业应如何适应顾客购买行为的基本规律？
3. 了解旅游者购买行为过程和影响购买行为的因素？
4. 讨论：酒店如何提高顾客满意度、降低投诉？为什么说诚信是金？

【案例导入】

大董中国意境菜

"意境"在《辞海》中的解释为"文艺作品或自然景象中所表现出来的情调和境界"。在大董先生看来，"意境菜"是创作者通过对自然景象的提炼而表现出的一种感受，这种感受形成了菜肴的艺术氛围，使人通过感官、思绪、想象、味道的巧妙对接而产生无限的遐想。大董餐饮公司的大董先生对其意境菜有三个"不动摇"，中国菜的定位不动摇，中国文化的体现不动摇，中国烹饪的核心技艺不动摇。意境菜推进了人们对美食的理解深度，从而对美食的意境有更多的体会，美味与生活由意境串联而成为"幸福的感受"。

意境菜是划时代的，可以讲是在先人奠定的基础上实现的跨越式发展。它使中国菜在世界烹饪舞台上有了新概念并得到广泛认同。意境菜对中国烹饪文化的贡献是它明确了中餐发展的广阔空间和可持续发展的生命。

（资料来源：大董．职业餐饮网，2012-11-13.）

思考讨论：

收集资料了解大董餐饮公司推出的意境菜是如何满足目标顾客多层次需求的？

单元一　需要与旅游需要

在前面的学习中，我们知道旅游企业市场营销观念的核心是不断地满足游客的需要，以游客需要为中心。那么游客都有哪些需要？消费需要，消费行为的基本规律有哪些？掌握游客需要规律是旅游企业适应瞬息万变市场的前提，是企业生存与发展的有力保障。

行为科学认为，人的行为都有一定动机，而动机又产生于人类本身的内在需要，旅游行为也不例外。产生旅游行为的最基本的内在原因是游客需要，正因如此，旅游市场营销活动以游客需要为出发点。只有在对游客需要有充分认识的基础上，才有可能制定出与游客需要相一致的营销策略，使旅游企业的营销活动满足游客需要，并在其满足的过程中取得良好的营销绩效。

一、需要的概念

需要是指人们在个体生活和社会生活中感到某种欠缺而力求获得满足的一种心理状态。人生而有欲，阖棺而后止。在人一生中的不同时期，总会有某种需要或多种需要，如生存、享受、发展的需要。只不过在不同时期需要的强弱各不相同。

二、马斯洛需要层次论

关于需要的著名理论就是美国心理学家马斯洛的需要层次论。马斯洛在其理论中将人类需要从低层次到高层次分为五个层次。

1. 生理需要

衣、食、住、行、婚姻以及水、阳光、空气的需要。现在我国大部分地区已经解决了温饱问题，人们对衣、食、住、行等方面已有了更高层次的追求。

2. 安全需要

治安、稳定、秩序和受保护的需要。旅游企业应在食、宿、行、娱、购、游等方面确保游客的生命、财产安全。做到防患于未然，扎扎实实地做好安全工作包括交通安全、食品安全、娱乐设施安全，注意防火、防盗。旅游企业安全工作要常抓不懈，应急预案也要做得周全，让游客玩得开心，玩得放心。

3. 社会需要

人们对社会交往，彼此之间情感、友谊、关爱、帮助等方面的需要。人们要想生活得有意义就必须参与到社会生活中去，与亲人、朋友、同学、同事友好相处，共同感受生活，共谋事业发展。大家共进晚餐或结伴出游都能够增进彼此的友谊。所以说旅游企业为人们社会交往提供了理想的场所。

4. 尊重需要

自尊、他人的尊敬、羡慕等。旅游企业应在各个方面体现出对客人的尊重。旅游是一项高层次消费，在旅游过程中人们希望得到一次愉快的经历。因此旅游企业在接待的每一个环节中都要为游客提供热情、周到、细致、高效率的服务，以体现对游客的尊重。只有这样游客才会对旅游企业满意或非常满意。

5. 自我实现需要

自我价值实现。体现在自己的言行能够对周围或社会产生某种影响。VIP客人大多事业有成,企业请他们献计献策能够满足客人最高层次的心理需要。

该理论认为,一般来说,只有当较低层次的需要得到相对满足后,人类才会有较高层次的需要;此外,需要强度大小与需要层次高低成反比,即需要层次越低,需要强度就越大;最后,上述需要层次结构不是刚性的,即对于某些特殊类型的人,需要层次多少或顺序先后可能会不同。

除了以上五个基本层次的需要外,马斯洛后来又加入了两个需要:求知需要即获取知识;审美需要即对美的欣赏。

马斯洛的需要层次理论从满足需要的角度解释了人的行为。该理论揭示了人的需要是由低到高,由物质需要到精神需要的过程。从该理论来看,旅游者对饭店食品和饮料的需要可能出于两个原因:一是满足生理需要;二是把在饭店进餐当做是消遣和娱乐活动,这其实就是满足了客人对情感、社交、自我实现等较高层次的需要。另外,娱乐消遣性旅游可以被看做是满足人的最高层次需要的活动。可以说,马斯洛理论为人们理解旅游者需要提供了极好的基础。

三、旅游需要的基本特征

1. 多样性、复杂性

影响消费需要的因素很多,如:年龄、性别、职业、收入、地区等。在我国旅游消费逐渐成熟,有探险游、休闲游、观光游、文化游、生态游、健身游;有高消费、有低消费;有自助游、有包价游等。旅游企业在有能力的条件下应提供丰富多样的系列产品满足不同游客的需要。受企业资源条件限制,旅游企业应进行市场细分,这样可以获得更好的服务效果和经济效益。

2. 发展性、变化性

随着生活水平的提高,人们对旅游产品会有新的要求。当境内游如愿后,人们又会考虑境外游;在不同季节人们对旅游产品的需求也会有不同。因此企业对旅游线路、服务、价格、促销等都需要不断创新以适应游客需要。在旅游黄金周期间有一些家庭开车旅游,针对这一新的市场,企业应积极开展营销活动以满足市场需求。

3. 可诱性

旅游需要的产生和发展,与现实社会的影响有很大的关系。社会政治稳定、经济发展,人们收入水平的提高,旅游企业良好的形象和促销都有可能激起人们旅游的热情,使潜在的旅游需求转变成现实旅游。正是因为消费需求具有可诱性,旅游企业应创名牌、创品牌,做好营销工作去引导和调整旅游消费朝着健康方向发展。

4. 时间性、季节性

在我国的几个黄金周、暑假和寒假都是旅游的高峰期。旅游企业应做好各项准备工作，满足游客需要。而在淡季应积极做好促销工作以及各项培训工作，通过个性化的线路设计以及相应的优惠价格，使得淡季不淡，确保旅游企业的经济收入。

相关案例

酒店开始向时尚方向演化

2013年的中国旅行与旅游市场发生了重大的结构性调整：公务消费和高端商务消费的衰落进一步凸显了国民大众日常需求这一市场的基础地位。经过30多年的培育，特别是最近10年经济型酒店的发展，老百姓对旅游住宿的品牌有了基本的品鉴能力，并希望以有限的支付能力分享属于大众旅游时代的品质服务。主流需求的变迁，加上科技的进步和年轻人的创业团队，让"时尚"成为2013年中国旅游住宿业的关键词。

如家、7天、布丁、汉庭等酒店创始团队，从无到有地创设和推广全新的酒店品牌，团队成员多数也不是传统酒店从业者，而是扎着小辫子的艺术家，还有心理学家、社会学家和统计学家，他们从不同的领域去看目标客户群需要什么样的酒店。这与我们理论上认为的酒店设计应重点思考有多少类型、多少间套的客房、餐厅、多功能厅，大堂朝哪个方向开的套路完全不一样，而是更具商业理念和设计风格。这种情况不独国内有，国际时尚界的奢侈品牌如阿玛尼（Armani）、古琦（Gucci）等也正在用做时装的理念和模式战略性地介入酒店产业。

过去谈到酒店，就是客房、大堂、餐厅、咖啡厅这些要素。现在的酒店，甚至有商业街、大型超市、影院、写字楼、公寓等，整个就是一个旅游综合体。酒店既提供了传统住宿元素，又是城市生活的空间。

在酒店服务方面，过去的感觉是很多穿着制服的人走过来，向客人鞠躬、微笑、贴身服务，还有迎宾小姐、保洁员、客房服务员等典型工种。而前不久，笔者去杭州专门调研了布丁连锁酒店，前台的所有员工都很年轻，90后的就做到主管，管理十几个人，她们的着装不是西装，而是日常的便装。布丁旗下新推的智尚酒店品牌叫做"Z酒店"。客人进入房间之后第一个动作就是用手机扫描显示屏上的二维码，然后客房内的所有电子设施，包括电视、音响、房门、窗帘都可以由手机进行控制，就连客房服务和结账离店都可以通过微信完成。按照传统的酒店运营观念来看，这些场景都不可思议，可是年轻人喜欢！

（资料来源：中国旅游报，2014-01-11.）

思考讨论：深入了解7天、布丁、汉庭等酒店产品设计风格，分析年轻人喜欢这样类型酒店的原因。

单元二　旅游消费动机、消费行为

一、旅游消费动机

(一) 动机的概念及动机的产生

游客的消费行为取决于其消费动机，而动机源于需要。心理学认为，动机是促使人们去行动的直接的、内在驱动力。动机的基础是需要，当人们的某种需要未得到满足时，他就会产生紧张感或不安感，从而就会引发某种愿望，受需要的驱动，在一定目标的诱导下，同时具备一定的客观条件，人们就会产生行为动机，动机付诸行动即引发行为。如某人厌倦了平时紧张单调的生活节奏，他非常想放松一下自己，进行自我调节，产生了外出旅游的愿望，若此时他有闲暇时间和经济支付能力，社会条件又允许的话，他就会产生旅游的动机。如图 3-1 所示，这一动机会支配他进行旅游，发生旅游消费行为。如果他有旅游的愿望，但却无足够的旅游时间或支配不起旅游的必要费用或社会条件不允许，那么，他的旅游就仅仅是愿望而已，是不可能成行的。

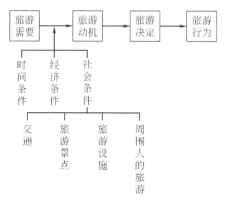

图 3-1　旅游行为的产生

(二) 旅游动机的基本内容

由于人们的旅游需要是复杂的、多变的，因此，导致人们的旅游动机也多种多样。一般来说，一个人同时会有多种需要，产生多种动机，只有最强烈的动机才会引发行为。因此掌握了旅游者的动机结构，也就等于掌握了旅游者的行为导向。旅游动机对旅游行为具有明显的预示作用，常见的旅游动机归纳为以下几种。

1. 身心方面的动机

主要是为了健康或为了寻求精神上的乐趣。长期的紧张工作、城市环境的喧嚣、繁杂的家务不仅造成身体的疲劳，而且精神上也十分疲惫，心理上易产生压抑感，这一切损害了人们的身心健康，妨碍了正常的工作。人们为了解除身体的疲劳、精神的疲惫和心理的压力，调节身心，需要暂时离开工作环境和家庭环境，摆脱俗务，于是产生旅游动机。包括度假、疗养、参加体育活动、参加消遣娱乐活动、观光，等等。在现代，旅游与健身、进而与娱乐越来越多地联系在一起了。

2. 文化方面的动机

文化方面的动机是为了满足认识和了解异国他乡的情况、扩大视野、丰富知识的需要而产生的动机。如了解异国他乡的文化艺术、风俗习惯、政治经济、宗教等状况以及进行学术交流和艺术交流，等等。

3. 运动旅游动机

运动旅游动机是游客希望通过旅游活动来达到锻炼身体，增强体质的一种动机。体育旅游已成为现代旅游体系中的一个重要分支，徒步旅游、骑马或骑骆驼旅游、野营旅游、登山旅游、狩猎旅游、滑雪旅游、自行车旅游、自驾车旅游、探险旅游以及漂流、攀岩等旅游活动，每年都吸引大量体育旅游爱好者。

许多现代人看多了花花草草，享受田园风情也早已成了老调子。新玩法是活动活动筋骨、锻炼锻炼腿脚、响应国家号召，全民去健身。

4. 社会方面的动机

社会方面的动机又叫交际动机。是为了社会交往、保持与社会的经常接触而产生的一种动机。如探亲访友、旧地重游、开展社交活动、宗教朝圣等。

5. 地位和声望方面的动机

这是人们为满足个人成就和个人发展的需要而产生的动机。旅游者希望通过旅游得到别人的承认，引人注意、受人赏识、获得良好的声誉等。属于这类动机的有：事务、会议、考察研究、追求业余癖好以及求学等旅游活动。

6. 商务方面的动机

商务方面的动机是人们为达到一定的经济目的而产生的旅游动机。包括贸易、经商、购物，等等。如我国每年举办的广交会和各地举办的交易会期间，来洽谈贸易的大批客商就是出于经济方面的动机。由于商务游客的动机与度假、观光游客的动机不同，因此表现在对饭店设施、服务等方面的要求也是不同的。如商务客人对会展设施要求尽可能完备，对服务的效率要求比较高等。

二、旅游购买行为

（一）旅游购买行为的概念

指游客为了满足旅游需要，在某种动机的驱使下，用货币去实现旅游并获得旅游服务的活动。游客的购买行为，总是以动机为先导，没有动机就不会产生行为。研究旅游动机，主要是解决游客为何旅游的问题；而研究旅游购买行为，则是要明确影响旅游购买行为的因素、游客的类型、旅游购买行为的过程，目的在于揭示旅游购买行为的规律。

（二）影响旅游购买行为的主要因素

行为科学家科特（Kurt Lewin）认为，人们的购买行为可用下列公式表示。

$$CB = f(p, s, e)$$

式中　CB——消费者的行为；
　　　p——消费者个人特点；
　　　s——社会影响因素；
　　　e——环境因素。

公式表明，旅游者购买行为是旅游者个人特点、社会影响因素及环境因素的函数。其中，旅游者个人特点包括个人特性和心理特性。个人特性又包括旅游者的年龄、职业、收入、生活方式、自我观念和个性等；心理特征又包括动机、感觉、信念、态度。社会影响因素包括旅游企业产品、参考团体、家庭、社会阶层。环境因素包括政治、经济、文化等因素。

（三）游客的购买行为过程

购买行为过程，是指游客为了实现购买行为所进行一系列心理活动和购买活动。对多数人来讲，旅游是一种高消费。因此在购买过程中人们是比较谨慎的。消费心理学在对消费者进行研究中发现消费者在购买过程中的心理变化，一般遵循五个阶段的模式，即唤起需要、寻找信息、比较评价、购买决定和购买感受，如图3-2所示。

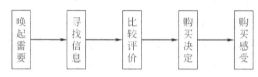

图 3-2　旅游者购买过程

1. 唤起需要

一般而言，当旅游者意识到自己有某种旅游需要时，就是购买决策过程的开始。这种需要可能来自某种生理需要，也可能来自外界某种刺激，或共同作用的结果。这一需要会使旅游者寻找购买对象以使这一需要得到满足。针对这一特点，旅游企业在这一阶段的主要任务是，善于识别和触发旅游者需要，时刻注意能够引起顾客兴趣的各种细节。

2. 寻找信息

由于旅游是一项重要的消费，对此旅游者比较谨慎。他们需要收集与此次旅游相关的信息，以此作为购买决策的依据。旅游者的信息来源主要有以下四个。

（1）个人来源　亲朋好友、同事等。

（2）网络　在互联网上可以非常便捷地查到国内外旅游信息，还可以提前预订客房，网络确实改变了人们的生活方式。

（3）商业来源　广告、推销员、经销商、展销会等。

（4）经验来源　以往的消费经历。

一般来说，旅游者所得到的信息大多来自商业广告，但对旅游者影响力最大的信息大多出自个人来源。营销者应仔细调研顾客的信息源，依据调研结果拟订广告及促销计划，设法扩大对自己有利的传播。

3. 比较评价

根据所得到的信息，旅游者要进行旅游产品及品牌的比较和选择。在比较和选择的过程中，旅游者有五种心理现象应引起营销者重视：

① 产品性能是旅游者考虑的首要问题；
② 旅游者对各种性能的重视程度不同；
③ 旅游者心目中的品牌形象与实际中的品牌形象有差距；
④ 旅游者对产品有各种效用期望；
⑤ 旅游者在选择旅游产品时大多以个人需要作为比较标准。

营销者应根据旅游者以上心理特点，研究使顾客中意本企业旅游产品的对策。要点有三个：一是努力改进本企业产品质量和产品性能，使之尽量接近顾客需要。这称作"实际的重新定位"。二是设法转变旅游者对有关产品及品牌的不切实际的观念和期望，帮助旅游者正确认识产品性能差异。这称作"心理的重新定位"。三是向旅游者宣传本企业产品的相对竞争优势。改变某些旅游者对本企业产品的竞争性误会，这称作"竞争性反定位"。

4. 购买决定

作出购买决定和实现购买，是购买决策过程的关键环节。通过反复比较和选择，购买意图已基本形成。然而从实现购买意图到实际购买，中间还会受两个因素的影响。第一是他人的态度，特别是家人的态度，如果有关键人士反对，则购买意图十有八九会被修改；第二是出现意外情况，购买意图是在预期收入、预期价格和预期效用的基础上形成的，无论这之中哪一方面发生了意外情况，如失业、意外急需、产品涨价、新出现的有关该产品令人失望的信息，等等，都可能导致购买意图的修改。

5. 购后评价

旅游者购回旅游产品后是否感到满意，直接关系到日后重购或向周围扩散怎样的信息。旅游者对其所购产品的满意程度，取决于旅游者预期效果和实际效果之比。实际效果愈好于预期效果，旅游者对所购旅游产品愈感到满意。因此，营销者应与购买者建立购后联系，摸清这些旅游者心思，做好各项售后服务，包括针对购买者心理应做的宣传服务。同时认真研究增加顾客购后满意度和重复购买的各种对策。

相关案例

四季酒店的品牌特色

一、品牌文化

1. 高度定制化服务

四季希望全球九十多家四季酒店成为中国高端宾客在境内外旅游的首选，深入了解宾客，为他们带来定制化的服务体验。

2. 待人如己的法则

四季酒店集团吸纳了大量的优秀人才。几十年前,四季就开始践行"待人如己"的法则。这一法则指导四季与宾客、商业伙伴、投资人以及内部人员之间的所有沟通。

3. 创新精神

作为奢华酒店管理集团,四季在北美地区最先引入各项如今已成为行业标准的设施和服务,比如沐浴设施、浴袍、吹风机以及双线、多线电话等。

四季亦是第一家提供欧式礼宾服务、全天候房内用餐和包括家庭式、素食主义和健康菜单在内的创意菜单的酒店。其他品牌特色包括每日两次的客房整理服务,一小时熨衣服务以及全天二十四小时干洗和干衣服务。

四季最近的创新举措包括以下几项。

15分钟客房服务:为宾客提供在15分钟之内即能享受客房用餐服务的菜单,该服务已被推广至全世界的各家四季酒店中。

当地专家博客:四季在旗下包括比弗利山、布宜诺斯艾利斯以及布拉格在内的多家酒店推出了当地专家博客。

因移动技术及高科技设备的需求日益增长,更多的新创意正计划在全世界的各家四季酒店推广。四季于近期推出了全新四季会议及活动网站,为宾客提供全新的搜索工具,并深入显示细节信息。

二、四季体验

1. 享受完美睡眠

从睡床开始,到隔音、照明、饮食及服务等环节,四季都逐一考量,每间四季客房都经由声学专家精密检测隔音效果,酒店的风扇及供热系统都被安置在天花板内部以减少可能的噪声干扰。夜床服务时,客房服务人员会在睡前时段调暗室内灯光,调整房间温度,拉上窗帘,降低睡床高度,酒店更会以舒缓的音乐营造舒适的睡前氛围。

在床品的选择上,四季为宾客准备了保暖而轻薄的羽绒被。同时,四季可根据宾客的偏好提供泡沫填充、羽毛填充或是专业矫形枕头。

2. 纯正独特的当地体验

(1) 泰国金三角四季帐篷酒店

旅客们可在接受训练后骑行大象穿越泰国热带丛林,在神秘的山间小道中跋山涉水,沿着宽阔的湄公河顺流而下,或探索别具风情的当地文化。

(2) 巴黎乔治五世四季酒店

巴黎乔治五世四季酒店是一栋八层高的地标性建筑,始建于1928年,香榭丽舍大街近在咫尺。而酒店有着悠久历史的酒窖,以及爱马仕风格手工制造的劳斯莱斯幻影,融合了历史与现代。

（3）佛罗伦萨四季酒店

酒店拥有一个35000平方米的私人植物园，融合了15世纪的宫殿和16世纪的修道院建筑物，并设有多个美丽的休憩空间，四周环绕着的则是高大树荫和古色古香的石墙。

（4）杭州西子湖四季酒店

杭州西子湖四季酒店外形设计采用中国传统江南式园林建筑风格，雕梁画栋，楼台亭阁，仿若古代帝皇的避暑山庄，糅合宁静舒适的居庭与现代化的先进科技。

3. 健康生活理念

四季酒店为宾客提供各具特色的水疗服务以及瑜伽课程，让客人能够休养生息。

4. 会议及活动

四季酒店为会议活动筹划者提供多种场地选择，为客人们带来多种体验。四季酒店在全球打造了13个世界级高尔夫球场，为宾客们提供一展身姿的机会。

思考讨论：

1. 全面了解四季酒店的品牌特色及该品牌主要的目标群体。
2. 四季酒店与其他的高星级酒店的区别在哪里？
3. 通过案例分析探讨企业应如何打造知名品牌？

单元三　顾客满意理论

一个企业要想可持续发展就必须逐步扩大自己的目标市场群体。其中最有效的办法之一，就是通过树立企业形象提高顾客满意度，使他们成为企业的忠实顾客；忠实顾客会把他的消费经历传递给其他相关消费者，从而达到市场不断扩大的目的。

一、顾客满意度

是所提供的产品或服务令顾客满意的程度。顾客满意度可以表示为顾客消费过程中获得的总价值与消费中所付出的总成本之比或之差。用公式表示为：

顾客满意度＝顾客购买的总价值－顾客购买的总成本

对这些总价值和总成本的权衡，决定了顾客对消费效用的满意程度。

二、顾客购买的总价值分析

1. 产品价值

旅游线路安排的合理性及住宿、餐饮、交通、游览等方面的条件。

2. 服务价值

这是构成顾客总价值的重要因素。功能性服务是指顾客在服务过程中如何得到技术性服务的,企业为顾客提供性能服务的过程与顾客消费过程同时进行。例如,酒店在为顾客提供客房这样的服务结果的同时还为顾客提供了"热情周到的态度","使顾客有个舒适的睡眠"等功能性服务。随着人们生活观念、生活节奏、消费收入的变化,顾客在消费服务时,不再仅仅停留在对技术性服务价值的变化上进行选择决策,而是对服务的顾客化程度、可靠程度等功能性服务价值给予了越来越多的关注。

企业应注重以下提升功能性服务价值的条件:

① 切实了解不同环境和条件下顾客追求功能性服务价值的差异;
② 树立亲和服务的价值观念;
③ 保持及时服务的时间观点;
④ 健全方便顾客的服务手段。

3. 人员价值

是指服务企业员工的就业理念、业务素养、工作效率、应变能力、态度亲和程度等所产生的价值。从企业决定顾客购买总价值大小的角度来看,员工价值属于技术性服务的附加价值。员工价值的重要性在于:具有专业知识并具有热情、专注和忍受力等个性态度特征的员工会使顾客的整个消费过程轻松愉快,并使顾客产生希望再次交往的消费冲动。员工价值高的企业,其员工往往能为顾客提供超值服务,提高顾客满意度。

4. 形象价值

对于企业来说企业形象价值是宝贵的无形资产,对于顾客来说企业形象价值是顾客购买到的满足感和荣誉感的支撑力量,是企业理念、品牌、标识、技术、质量、包装、服务态度等给社会公众的感官带来的有形评价。

三、顾客购买的总成本分析

1. 货币成本

货币成本直接的表现是服务价格,是构成顾客总成本大小的主要且基本的因素。只有当服务的货币成本低于或等于顾客所预期的货币成本时,顾客才会产生现实的购买行为。传统的服务营销常常把控制价格作为竞争手段,但由于在低价位基础上的顾客忠诚度不稳固以及企业收益下降等原因,低价策略的运用范围日趋缩小,取而代之的是以顾客感知价格为基础的合理货币成本控制。

2. 时间成本

是指顾客消费过程中所耗费的时间量,以及为获取服务赶到服务地点的时间量。一般来说,顾客消费服务的等待时间越长,反映出他所付出的时间成本越高。过长的等待时间会引起顾客消费总价值的损失,使顾客可能放弃消费该服务的意愿。由于时间成本是效率的函数,要使顾客的时间成本下降,就必须在保证顾客价值获得不变的前提下，提高企业的工作效率。

3. 信息成本

是指顾客为作购买决策，获取有关服务的可获性、效用、风险性等信息时所付出的金钱。企业应充分利用广告、产品说明书、员工介绍等沟通服务活动，主动降低顾客消费服务的信息成本，从而增加消费的净价值。

4. 精神成本和体力成本

这两者都是非经济性成本，是在以上各项经济性成本支出的同时伴随发生的精神和体力消耗。企业可通过有形展示的设计，改善经营现场的消费舒适性，以及通过渠道网点分布的再设计等工作为顾客消费服务节省精力与体力，同样对顾客的净价值、顾客满意度产生良好的影响。

综上所述，服务企业向顾客销售的不是服务本身，甚至也不是利益，而是顾客追求的价值，服务企业向顾客提供的净价值是顾客的消费服务的全部意义所在。顾客是以自己的标准来衡量事物的价值的，如果想留住顾客，令顾客满意，企业就必须从顾客的角度来评价服务提供的价值收益和成本付出，以此来决定服务的管理和改进。

四、提高顾客满意度的有效途径

1. 建立"以顾客为中心、保证顾客满意"的理念

"以顾客为中心、保证顾客满意"是旅游企业理念的核心内容。提高员工素质，加强质量管理，全面提高旅游企业服务质量，让宾客高兴而来，满意而归，是"以顾客为中心"的旅游企业理念的根本要求。

在现代旅游企业经营管理中，非常流行"零缺点管理"模式。有一道被公认的质量管理公式：$100-1<0$。意思是指旅游企业接待服务工作要求细致周到、完美无缺，不容许一丝一毫的差错。在接待服务实际工作中，事实上哪怕只是一点点的失误，在一个细微的环节上使客人感到不满意，也会使整个服务前功尽弃，即1%的失误会否定99%的努力。的确不能小看这个1%，它使99%的努力被否定，抹杀还不只是说明单次服务推销的失效，而且会因此失去一批顾客，损害企业形象。例如，对于宾客来说，他若在饭店里有过一次不愉快的经历，很可能的情况是再也不光顾这家饭店了，甚至会将自己不愉快的经历向其他人宣传，这样一来既减少了饭店的目标客源数量，缩小了潜在客户的选择范围，又使饭店的形象等无形资产严重受损。这也就是 $100-1<0$ 的真实含义。

2. 提供恰到好处的个性化服务

向旅游者提供恰到好处的个性化服务是旅游服务质量的最高境界。所谓恰到好处，即多一分则过，少一分不足。换句国外常用的词即是"需要即提供"，"满意适可而止"，如一家好的餐厅看看周围并没有许多服务员，可当宾客想要什么的时候服务员马上就出现了使宾客感到十分舒适；而一家差的餐厅，宾客只有几个，服务员一大堆，向你推荐这个、那个的，而真到宾客需要帮助的时候可能一个服务员都没有及时出现。又如,一个有经验的餐厅服务员只要一看来就餐的客人,就可以大致分辨出谁是主人、谁是客人,大致的职业消费层次、就餐目的,并据此提供有针对性的服务和恰如其分的推销。即使是不透明的饮料杯内所盛装的饮料,经验丰富的服务员只要看客人喝饮料的姿势、端杯子的倾斜度,就可以知道是否需要添加。除了恰到好处的服务,旅游企业还必须根据宾客的特点提供针对性的服务。

旅游者对旅游企业提供的服务既有相同的要求,即要求服务主动热情、周到规范,又各有不同的个性化要求,这是由他们不同的特点决定的。要想超越服务的现有水平,就必须深入了解每位宾客的需求特点,提供具有针对性的服务。旅游企业只有在规范化服务的基础上,根据宾客的特点和需求提供恰到好处的个性化服务,宾客才能得到最大限度的满意。

3. 努力使员工满意

要让顾客满意,企业应首先让员工满意。员工只有以饱满的热情投入到工作中去,他才有可能发挥出最好的工作绩效。旅游业长期以来流行"宾客至上"、"宾客永远是对的"等口号,这些归结到一点,即要求做到"宾客满意"。然而,在实践中,有的旅游企业虽然以高薪聘人,却留不住人;有的旅游企业虽然一再强调"质量第一",实际上却收效甚微。其主要原因是旅游企业对员工缺乏应有的重视,缺乏人情味,使员工不能安心于本职工作,工作积极性不能得到提高,"宾客满意"也就难以得到保证。

宾客满意是旅游企业取得经济效益的前提,许多旅游企业为追求更多的效益不惜牺牲员工的利益,千方百计来提高宾客满意程度,这种"代价"的付出是不适合的。旅游企业在追求宾客满意时,也要注意员工满意。宾客满意和员工满意之间不能替代,要求旅游企业在经营中各有侧重。员工满意的理念以员工为中心,注重感情投资。因此,它的活动重心是旅游企业内部的员工。它要求旅游企业将员工看作"社会人",从各方面予以关心爱护,而不能将员工看做是旅游企业花钱雇佣的劳动工具。人是社会进步的源泉和动力。任何一个旅游企业所提供的产品和服务,都是由人直接或间接创造出来的。管理界有句名言:爱你的员工吧,他会百倍地爱你的企业。旅游企业较之于别的企业,应更加重视感情投资,将员工满意作为一项重要工作来抓。

相关案例

泰国东方饭店赢得顾客满意

泰国的东方饭店堪称亚洲饭店之最,几乎天天客满,不提前一个月预订是很难有入住机会的,而且客人大都来自西方发达国家。泰国在亚洲算不上特别发达,但为什么会有如此诱人的饭店呢?大家往往会以为泰国是一个旅游国家,而且又有世界上独有的人妖表演,是不是他们在这方面下了工夫？错了，他们靠的是真功夫，是非同寻常的客户服务，也就是现在经常提到的客户关系管理。

他们的客户服务到底好到什么程度呢？我们不妨通过一个实例来看一下。

一位朋友因公务经常出差泰国，并下榻在东方饭店，第一次入住时良好的饭店环境和服务就给他留下了深刻的印象，当他第二次入住时几个细节更使他对饭店的好感迅速升级。

那天早上，在他走出房门准备去餐厅的时候，楼层服务生恭敬地问道："于先生是要用早餐吗？"于先生很奇怪，反问："你怎么知道我姓于？"服务生说："我们饭店规定，晚上要背熟所有客人的姓名。"这令于先生大吃一惊，因为他频繁往返于世界各地，入住过无数高级酒店，但这种情况还是第一次碰到。

于先生高兴地乘电梯下到餐厅所在的楼层，刚刚走出电梯门，餐厅的服务生就说："于先生，里面请。"于先生更加疑惑，因为服务生并没有看到他的房卡，就问："你知道我姓于？"服务生答："上面的电话刚刚下来，说您已经下楼了。"如此高的效率让于先生再次大吃一惊。

于先生刚走进餐厅，服务小姐微笑着问："于先生还要老位子吗？"于先生的惊讶再次升级，心想"尽管我不是第一次在这里吃饭，但最近的一次也有一年多了，难道这里的服务小姐记忆力那么好？"看到于先生惊讶的目光，服务小姐主动解释说："我刚刚查过电脑记录，您在去年的6月8日在靠近第二个窗口的位子上用过早餐。"于先生听后兴奋地说："老位子！老位子！"小姐接着问："老菜单？一个三明治，一杯咖啡，一个鸡蛋？"现在于先生已经不再惊讶了，"老菜单，就要老菜单！"于先生已经兴奋到了极点。

上餐时餐厅赠送了于先生一碟小菜，由于这种小菜于先生是第一次看到，就问："这是什么？"服务生后退两步说："这是我们特有的某某小菜。"服务生为什么要先后退两步呢，他是怕自己说话时口水不小心落在客人的食品上，这种细致的服务不要说在一般的酒店，就是在美国最好的饭店里于先生都没有见过。这一次早餐给于先生留下了终生难忘的印象。

后来，由于业务调整的原因，于先生有三年的时间没有再到泰国去，在于先生生日的时候突然收到了一封东方饭店发来的生日贺卡，里面还附了一封短信，内容是：亲爱的于先生，您已经有三年没有来过我们这里了，我们全体人员都非常想念您，希望能再次见到您。今天是您的生日，祝您生日愉快。于先生当时激动得热泪盈眶，发誓如果再去泰国，绝对不会到任何其他的饭店，一定要住在东方，而且要说服所有的朋友也像他一样选择。于先生看了一下信封，上面贴着一枚六元的邮票。六块钱就这样买到了一颗心，这就是客户关系管理的魔力。

东方饭店非常重视培养忠实的客户，并且建立了一套完善的客户关系管理体系，使客户入住后可以得到无微不至的人性化服务，迄今为止，世界各国的约20万人曾经入住过那里，用他们的话说，只要每年有十分之一的老顾客光顾饭店就会永远客满，这就是东方饭店成功的秘诀。

相关案例

南京名人城市酒店员工满意度调查

为广泛、深入了解员工思想动态，听取各方面意见及建议，发现各类实际问题，积极为酒店决策提供可靠的参考依据，使酒店管理制度更加完善，管理环境更加优化，南京名人城市酒店于2006年12月18～22日开展"2006年度员工满意度调查"。

此次调查以2006年12月1日前入职的酒店员工为调查对象，实行实名制，要求员工本着实事求是的原则，认真翔实地填写《2006年度员工满意度调查问卷》，填写完毕签名后装入信封密封。要求各部门对所有调查问卷均不得擅自拆启，总经理室对所有问卷严格保密。此次员工满意度调查得到了酒店全体员工的积极响应，共下发调查问卷527份，上交509份，调查普及率达96.6%。

本次调查内容包括调查员工对酒店经营业绩、服务质量、成本费用管理、各项政策及规章制度的满意度；调查员工对工资收入、福利待遇、工作环境、工作氛围、培训工作、员工餐厅、员工更衣室、员工宿舍的满意度；调查员工的能力是否充分发挥、酒店是否提供个人发展机会等。

酒店要求及时向员工公布2006年员工满意度调查报告，开诚布公，用诚实、公开的态度揭示问题。针对满意度不高的问题，总经理室召开"员工满意度调查改进计划讨论会"，与各部门总监/经理亲自分析根源，讨论各项改进措施，并将实施改进计划，向员工反馈改进情况，让员工实时对管理层工作进行监督，真正做到想员工所想，急员工所急，提高员工参与积极性。

（资料来源：郑凤萍．旅游市场营销．大连：大连理工大学出版社，2008）

小 结

旅游需要是产生旅游行为的最基本的内在原因。正因如此，旅游市场营销活动以游客需要为出发点。只有在对游客需要有充分认识的基础上，才有可能制定出与游客需要相一致的营销策略,使旅游企业的营销活动满足游客需要,并在其满足的过程中取得良好的营销绩效。

游客的旅游行为取决于其消费动机,动机是促使人们去行动的直接的、内在驱动力。动机的基础是需要,当人们的某种需要未得到满足时,他就会产生紧张感或不安感,从而就会引发某种愿望,受需要的驱动,在一定目标的诱导下,同时具备一定的客观条件,人们就会产生行为动机,动机付诸行动即引发行为。

顾客满意度是指顾客对某项产品或服务的消费经验的情感反应状态,或者说,是顾客通过对某项产品或服务的感知效果与他的期望值相比较后所形成的感觉状态。顾客满意度是企业用以评价和增强企业业绩,以顾客为导向的一整套指标。它代表了企业对其所服务的市场中的所有购买和消费经验的实际和预期的总体评价,它是企业经营"质量"的衡量方式。企业营销管理层面上的顾客满意度研究,实际上是对其服务的市场中顾客个人满意度的研究与顾客群体行为满意过程研究的综合。

复习思考题

1. 旅游者的消费需求特征有哪些表现?请你结合某几个特征谈谈旅游企业应做好哪些方面的工作?
2. 人们的旅游动机有哪些?针对年轻人的特点,旅游企业应采取哪些措施去吸引他们消费?
3. 影响人们旅游消费的主要因素有哪些?
4. 结合旅游者购买行为过程,企业应怎样引导旅游者的购买行为?

模拟训练

到当地一家酒店,观察游客购买时的行为表现。结合所学的知识,写一篇关于分析影响游客购买因素的论文。

【拓展案例1】

新加坡航空:服务升级跬步积千里

2013年9月中旬,新加坡航空全新客舱产品在北京三里屯太古里进行了为期约一周的展示活动。据介绍,此次耗资近1.5亿美元推出的全新客舱产品是新航与宝马集团旗下的 DesignworksUSA 等多家全球知名设计公司共同合作逾2年的成果。全新一代客舱产品尤其注重结合人体工程学,集舒适度、便利性和设计感于一身,同时悉心考虑乘客的兴趣、生活方式和习惯。对此,新加坡航空中国区总经理谢昭晖表示,"航空公司的大规模服务升级间隔一般为5~8年,随着行业的不断发展、人们需求的不断进步,大型航空公司的服务升级时间都趋近更短。此次新产品推出是继2009年以来,新航又一次大规模全方位的产品升级。"

航空服务主打定制化

对于一个新产品的研发和推出,谢昭晖表示,"首要任务是在商业性可行的前提下,设计出能够满足广大乘客们不同需求和期望的产品。在这一产品的开发计划中,乘客参与是一个关键的部分。从我们设计过程的一开始,就邀请常旅客参加头脑风暴以及雏形测试会议。其主要目的是为了更多地发现他们未来在空中旅行中的实际需要。对客户而言所有重要的东西,我们都要优先考虑并确保这些都被纳入最终的设计当中。"

谢昭晖进一步举例说明,此次全新客舱产品的每个舱级都有自己的特色,新商务舱座椅达到28英寸(约71.12厘米),堪称业内最宽的座椅。座椅还新增了两个座椅姿势,这是因为综合考虑乘客的反馈信息。休闲的Z型姿势(Lazy Z)设计让乘客能够将椅背向后放倒并调整到更舒适的位置上,同时可以将腿放在搁脚凳上放松;日光浴式的放松姿势(Sundeck)则可以让乘客像躺在躺椅上一样休憩。这两个位置是根据不同的人体工程学原理设计的。这一创新的依据是深入调查研究结果及对乘客舒适性的理解。座椅还能变身为行业最宽的全平睡床,长度为78英寸(约198.12厘米),让乘客能够伸直身体平躺或蜷曲侧躺,座椅上还增添了更舒适的软垫靠背,方便乘客更惬意地躺卧在睡床上。此外,每个座椅还专门配备了一盏阅读灯和一台可控制机上娱乐系统以及按照人体工程学原理安装的触屏手柄。

另外,头等舱的空中大床长度也由80英寸(约203.20厘米)升级到82英寸(约208.28厘米),同时又增添了一些新功能,比如带有软垫的床头靠垫为乘客休息时提供额外的支撑,并新增一层床垫以保证乘客能更舒适地休息。为了提高乘客的私密性,在座位上打造类似于独立隔间的个人空间,新航增加了延伸至座椅侧面的固定背壳设计,为乘客在空中营造一方个人天地。

全新的经济舱座椅则增加了更多腿部空间,根据人体工程学塑造的头枕增加了可调节的高度范围,提供了更好的头颈支撑。经济舱乘客还可以在宽达11.1英寸(约28.20厘米)的屏幕上充分体验银刃世界机上娱乐系统,屏幕带有独一无二的智能触屏图形用户界面(GUI),并配有触屏手柄。

持续性是关键

据了解,新航耗资近1.5亿美元推出的全新客舱产品将首先配备于8架新交付的波音777-300ER客机上。今年9月,开始运营在伦敦航线,随后将拓展至更广泛的航线。谢昭晖表示,近十年来,航空业内的竞争已经日趋激烈,不仅仅是在头等舱和商务舱产品方面,所有的产品和服务皆是如此。所以机舱产品需要不断改进和革新,不足为奇。尤其是新机型引进更是服务升级一个好的契机。"一般我们每隔五六年就会对机舱产品进行一次大型升级。我们上次升级头等舱座椅是在2006年,同年,我们还升级了全新的商务舱和经济舱座椅;2007年,我们在空客A380上引进了独有的空中套房;2009年,我们为空客A330-300型客机配备了全新的针对区域性航班的商务舱。此次升级刚好与全新B777-300ER的交付时间吻合。"

谢昭晖也介绍道，单纯就机舱服务方面来说，包括硬件与软件两个方面，升级服务主要是硬件方面，包括座椅、娱乐系统和餐食等。"产品的研发推出是个庞大的项目，更是一个持续的工程。我们的总部有专门负责产品创新的部门，大家会以为，像这种新产品推出之后的一段时间，这个部门是不是成为最悠闲的部门了，其实不然。往往在新产品推出之后他们就开始了下一轮更新的准备。作为一个领先的航空品牌，尤其是想要做一个服务突出的航空公司，服务升级的持续性至关重要。"

对于软件服务，谢昭晖同样给予重视强调。"尽管我们的座椅、餐食和娱乐选择在提升新航体验方面起了非常重要的作用，但最终让我们忠实的客户继续选择新航的决定性因素还是新航空姐以及每一位新航员工所提供的人性化服务。新航空姐的服务已经成为业界一个品牌，也是新航乘客服务标准的代表，体现了新航热情友好服务和亚洲好客传统。我们希望能继续保持我们在高端市场的领先地位，领导力并不是单指硬件方面，而是包括硬件软件在内的一整套全方位服务。我们的产品仍将不断发展完善，其中产品的舒适度、产品设计、外观和感受、舱内体验及服务是我们关注的重点，也是我们'以客为本'整套全方位服务的核心。我们希望通过这种方式保持竞争力和市场领先地位。"

稳扎稳打每一项

提到领先地位，谢昭晖的自豪之情油然而生。"新航是首推机上娱乐设施的航空公司，也是第一家在经济舱提供免费餐食的航空公司，还是首家运营A380的航空公司……这些第一，为我们赢得了'行业领导者'的美誉。我觉得单纯用资深这个词来形容新航是不准确的，我们资深却不古板，我们充满创新的活力。但是，"谢昭晖话锋一转，"我们也是稳健的，大范围去看，航空服务囊括了很多环节，从预订开始一直到到抵达目的地，包含了许多方面。我们不求在某一项上领先一大块，我们只求在每一项上都领先一点点，这样综合起来，我们整体上才能保证领先。这就像木桶效应一样，某一块是短的或是长的都不好，全都一般大，才能装最多的水。"

（资料来源：环球时报，2013-10-14.）

思考讨论：

1. 新加坡航空公司是如何赢得行业领导者地位的？该公司在世界航空业独有的品牌形象是什么？

2. 新加坡航空公司的持续创新是如何体现以客为本经营理念的？

【拓展案例2】

体验7天"加减法则"与"环保新思维"

"亮丽的黄色楼体和醒目而夸张的数字'7'，俨然成为众多城市里熟悉的一道风景线。只要看到黄楼，就知道快到7天分店了。"诚然，7天连锁酒店大胆创新的酒店外观在全国各地刮起了"黄色7旋风"，不但令消费者迅速记住了这个品牌，而且还为精明的消费者带来了一种"超值享受优质产品和服务"的新理念。

"加减法"带来"超值优质"体验

在经济型酒店行业中，7天一直以高性价比的强劲优势在竞争中获胜。7天的价格与其他品牌酒店相比可谓实惠到家，但实惠价格的后面7天却提供了更多的优质产品与服务，令许多颇有高品质需求的商旅人士获得了超值消费的满足。在7天论坛不乏这样的留言，"初次选择7天，看着与招待所差不多的价格，犹豫了很久，但进到7天的房间里面却发现自己错了。房间虽然不大，但两人住绝对合适。房间内陈设布置极具人性化，睡眠环境干净而舒适，酒店服务贴心而周到。""一进7天的大厅，让人立刻感觉清爽起来呢，淡淡的黄色和翠绿色的格调，让人很放松。前台服务员的热情接待以及高效的工作效率，让我立刻对这家店心生好感。"

"超值优质"服务，7天是如何做到的呢？"我们以保障消费者核心需求为前提，运用了'加减法则'来改变成本的结构，实现了基于企业和消费者的双赢格局。"被喻为"成本杀手"的7天CEO郑南雁貌似简单的一句话，却蕴涵着对消费者核心需求的深刻了解。据悉，7天通过成本上的控制，令消费者既不用花费更多的成本，又得到了"超值优质"的服务。

兼顾到安全、静音和环保功能把窗户改小了；原本要装在每个房间的吹风筒，只在每层楼梯口装一个；房屋里的长型桌子不装抽屉……尽管7天一直以做"减法"著称，但是在消费者关注的核心元素上，7天一直采取的是"加法"。即通过将"减法"节省出来的成本全部再投入到消费者直接得益的"加法"环节，并力求超越同行水平。这样的例子在7天的超值优质服务中随处可见：为了确保客人"天天睡好觉"，7天把大床加宽到1.8米，用上了五星级酒店水准的床垫，配上了高级洁白的床上用品；为了让客人能洗个舒服的热水澡，7天专门研发获得专利的整体卫浴设计，使淋浴间更有品质感，沐浴效果更加舒适；为了改善客人的睡眠环境，7天又在客房的小窗户上增设了双层隔音玻璃，还将推出特殊订做的隔音门，以最大限度地降低噪音，营造更加宁静舒适的客房空间；为了表达对客人的独特关怀，7天还给消费者提供健康新体验，从健康舒睡的睡前牛奶、专业健康的荞麦枕头到健康实惠的营养早餐……这些看似简单的健康关怀服务，却处处体现出7天的细致用心。7天恰到好处的"加减法则"为消费者带来了"超值优质"的舒畅体验。

当然，如果没有认真研究和深度挖掘消费者核心需求，不可能对产品和服务做到"有效地减，适当地加"，并快速、创新地去满足越来越挑剔的消费者。在生活节奏日益快捷的今天，消费者需要的是一种关怀和关爱的产品和服务。消费者需要的，显然7天酒店已经准备好了。

精明环保理念迎来"酒店环保新思维"

伴随着健康理念的风行及现代人环保意识的增强，环保成为了中国经济型酒店的新时尚。然而，在关注消费者核心需求的同时，又能巧妙地把环保概念融入产品品质提升中，7天酒店可谓是当中的佼佼者。

从客房特有的小窗口的设计到楼层自主电吹风；从摈弃一次性用品，在业内率先推行可携带洗漱用品套装——精致旅行包，到成为业内首家应用"空气源热泵技术"环保节能的经济型酒店……7天已把精明的环保理念渗透到产品服务的各个方面。而最为令人啧啧称赞的是7天最新推出的"洁净毛巾封包"服务项目。

这貌似反"禁塑令"推出的全新服务一度引起一些消费者的微词，觉得这是有违环保的做法。然而，业内人士却认为，这正是7天酒店推行精明环保理念的最好佐证。目前国内酒店的毛巾用品大都定期进行洗涤消毒后重复使用。但是，多数消费者出于对裸露毛巾洁净程度的担心，很少使用酒店提供的毛巾用品。由于无法识别毛巾是否已被使用过，大多数酒店只能选择对全部毛巾进行重复洗涤。"洁净毛巾封包"服务的出现改变了这一切。为洁净毛巾穿上一件封闭包装的外衣，不但有效地防止毛巾在运输等过程中有可能出现的二次污染，消除了消费者的疑虑；而且解决了未被使用毛巾反复清洗的问题，从而减少洗涤厂每天使用更多的化学用品进行处理。洗涤处理过程产生的大量化学用品不但有损人体的健康，而且容易污染地表水质，破坏环境。7天酒店推出"洁净毛巾封包"服务，并对使用后的包装袋进行集中回收处理，无一不是从环保、节约、服务客户的角度出发，持续满足消费者核心需求，真正倡导"酒店环保新思维"。

在这个以消费者为导向的时代，谁为消费者想得更多，谁就能够成为市场的赢家，因为消费者越来越追求高品质的产品服务。7天连锁酒店通过精明环保的理念，"超值优质"的产品服务，持续满足消费者核心需求，势必赢得消费者的好感和品牌忠诚度。

（资料来源：7天连锁酒店官网，http://www.7daysinn.cn/news.）

思考讨论：

1. 登陆7天连锁酒店网站了解该企业经营模式。
2. 该企业在经营中体现了怎样的现代营销理念？
3. 结合本案例谈谈7天酒店利用"加减法"为顾客创造了哪些优质服务？

项目四
酒店市场调查与市场预测

学习任务书

1. 明确企业及时准确进行市场调查与市场预测的重要性。
2. 理解市场调查与市场预测的内涵和主要内容。
3. 学会市场调查与市场预测的基本方法。

【案例导入】

向洋葱认输的麦当劳

麦当劳是世界上最大的快餐连锁店,2009年10月31日午夜,麦当劳在冰岛结束这一天营业的同时,也结束了在冰岛长达16年的营业史,全面退出了冰岛市场,甚至没有表示会有重新开张的一天!

麦当劳总部对此发布声明说,在冰岛开展业务是一项非常大的挑战。然而与此同时,麦当劳在冰岛的总经销商欧曼德森却表示,麦当劳在冰岛的生意一直十分兴隆:"每到就餐时,汹涌的人潮是任何一个地方都没有的!"

既然生意这样好,那又是什么原因使麦当劳选择了退出呢?谁也想不到的是,让麦当劳认输的,竟然不是同行业的竞争,而是冰岛的洋葱!

在冰岛这个位于大西洋中的岛国,农业不发达,大部分农作物都来自德国,包括麦当劳里一种必不可少的原料——洋葱!然而,麦当劳于1993年决定在冰岛开设分店时,并没有对此做过仔细的调查,麦当劳总部想当然地认为洋葱只是一种随处可见的便宜货,到开张之后才发现,冰岛的洋葱简直就是贵得出奇,购进一个普通大小的洋葱,需要卖掉十几个巨无霸汉堡包才够本!

既然开张了,麦当劳只能选择坚持。长期以来,麦当劳在冰岛的生意看上去虽然红火,但是所能产生的利润实在是薄之又薄。冰岛的麦当劳特许营运商奥格蒙德森用一句话描述出了这十几年来的经营状况:"我一直在不断亏钱!"

此次的金融风暴使冰岛克朗大幅贬值,欧元逐渐走强,加之进口食品税率提高,成本上升,更加大了麦当劳的经营难度。在冰岛首都雷克雅未克,一个巨无霸的售价为650冰岛克朗,但如果要获得哪怕是必需的利润,就必须让价格上涨到780冰岛克朗（约6.36美元），而这个价钱甚至比瑞士和挪威的5.75美元还要高。如果是这个价格，麦当劳就根本不会成为人们的选择！而购买一只普通的洋葱，按欧曼德森的话来说："要花掉购买一瓶上等威士忌酒的钱。"

因为洋葱的高价，使麦当劳这个几乎是所向披靡的全球快餐巨无霸，在冰岛低头认了输！

（资料来源：陈亦权．羊城晚报，2010-08-02.）

思考讨论：

通过该案例说明全面、细致的市场调查对企业营销决策的影响？

单元一　酒店市场调查概述

酒店市场调查是酒店企业了解市场营销发展状况的基本手段。酒店市场调查的目的在于尽可能收集可靠的信息，为企业发展指明方向。

一、市场调查定义

酒店市场调查是指为某一个特定的酒店市场营销问题的决策，运用科学的方法和手段，所进行的收集、记录、整理、分析各种资料和信息，并得出可靠的、结论性依据的活动。

从定义中可以看出，酒店市场调查是手段而非目的，它是一种管理工具，具有明确的针对性；酒店市场调查又是一项系统工程。市场调查不是片面强调某一方面，而是从总体出发，运用科学方法进行的系统收集、整理和分析的过程。

二、酒店市场调查的分类及内容

（一）酒店市场调查分类

酒店市场调查分类标准有很多，如根据调查对象、特征、方法、时间、产品等进行不同划分。而最基本的分类标准是按照市场调查的目的来划分，可以分为以下三类。

1. 试探性酒店市场调查

试探性调查是指酒店企业对所调查的问题和范围不明确时采取的调查形式。调查目的是掌握调查相关问题，确定调查范围，确定调查的重点。例如，某酒店企业在正常旅游季节旅游者预定人数减少，但又不知道原因何在，就可以采用试探性调查。市场营销人员可以通过咨询专家、经验丰富的工作人员、公司老顾客等途径，取得对目前所面临问题的深入了解。

2. 描述性市场调查

描述性调查是指对市场的客观情况进行如实的描述和反映的调查方式。调查目的是寻找准确的市场信息，为企业正确决策提供参考。如对某酒店企业当前发展状况进行调查。描述性调查首先需要大量收集有关的市场信息，然后对调研的资料进行分类、分析、整理,最后形成调查报告。描述性调查内容翔实、全面、客观,并要做相应的定量分析,比试探性调查要严密得多。

3. 因果性酒店市场调查

因果性调查目的是对市场上出现的各种现象之间或问题之间的因果关系进行的调查。目的是为检验某一理论、发现某一问题而寻找原因。例如,某旅游公司为了在竞争中占据一席之地,决定进军老年旅游市场,推出"夕阳红"产品,为确保此举成功,该旅游公司需要先进行市场调查,分析可能出现的积极与消极影响,这就是由因探果的市场调查。

(二) 酒店市场调查内容

酒店市场调查的内容包括直接或间接影响企业营销活动的各个方面,要做到知己知彼,百战不殆;知天知地,百战不穷。酒店市场调查的主要内容包括如下几项。

1. 酒店营销环境调查

酒店市场环境是酒店企业生存与发展的条件,也是酒店企业不可控制的因素。酒店营销环境主要是指酒店企业的宏观环境。它包括:政治法律环境、经济环境、社会文化环境、科技环境及地理环境等。

2. 酒店市场需求调查

酒店需求调查是酒店市场调查的核心部分。主要包括:酒店市场规模及构成调查、酒店消费者行为调查、消费者购买动机及影响因素调查等。

3. 酒店企业运行状况调查

酒店企业运行状况调查,主要是对企业可控的酒店市场营销组合各要素进行的调查。主要包括:酒店产品调查、酒店价格调查、酒店分销渠道调查、酒店促销调查。

4. 酒店竞争者调查

酒店竞争者调查是企业进行微观环境调查中不可忽视的部分。对竞争者状况的调查主要包括:竞争者的数量和分布情况、主要竞争者实力大小、竞争者的优势与劣势、与竞争者合作的可能性及合作方式、竞争者对企业构成的影响等。

三、酒店市场调查的程序

酒店市场调查活动一般包括三个阶段,即调查准备阶段、调查实施阶段和调查结果处理阶段。

(一) 酒店市场调查准备阶段

在进行调查之前,首先要明确调查要解决什么问题,怎样有计划地开展调查工作。这一阶段任务主要有以下两个方面。

1. 确定酒店调查的目的

不同的调查目的,所涉及的调查内容和范围不同。调查目的决定着调查的对象、内容和方法。调查目的要尽量具体明确,突出一个至两个主题,避免面面俱到。

2. 制订酒店市场调查计划

在明确了调查目的之后，制订酒店市场调查计划显得十分必要。完整的市场调查计划内容包括：调查执行者，即是企业内部执行还是外部调研机构；选择资料来源，即运用第一手资料还是第二手资料，或者其他方式收集资料；选择市场调查工具、确定抽样计划、编制市场调查预算并确定调查人员和时间进度等。

（二）酒店市场调查实施阶段

酒店市场调查实施阶段是整个调查过程的关键环节，直接影响着市场调查的效果。这一阶段主要包括以下三大内容。

1. 安排调查人员

根据调查计划，确定、组织和培训参与调查的人员并实施调查计划。

2. 设计调查表

调查表是收集原始资料的基本工具。调查表设计要求具有科学性、合理性和艺术性，文字表述简单明了、内容安排难易适度。

3. 执行调查

执行调查的目的是获取原始资料（第一手资料）和二手资料。通过现场或实验调查可以获得第一手资料。二手资料是由他人收集整理过的资料，这些资料的收集比较省时、省力、省钱，但不如原始资料准确、及时、可靠。酒店企业在二手资料的基础上，应根据具体调查情况进行原始资料的调查。

（三）酒店市场调查结果处理阶段

通过收集、分析和整理各种资料，最后形成调查报告。

1. 资料的整理与分析

一方面，检查、核对资料的准确性；另一方面，对资料进行评定、分类、编号，以便统计，运用调查的数据和资料，分析并得出结论。

2. 完成调查报告

调查报告包括以下内容：导言，即标题、前言、目录；报告主体，即调查的详细目的、方法说明、结果描述、结论的摘要；建议事项，即有价值的建议；附件，即样本的分配、图表及附录。调查报告要做到突出主题、内容客观、简明扼要、结构严谨、实事求是。

相关资料

Opera 先进的物业管理系统

最全面，最灵活，最完整的物业管理系统

OPERA PMS 物业管理系统是 Opera 企业解决方案的核心。其设计理念是：满足各种规模的酒店及酒店集团的要求，高效率、高收益、高质量地管理及运营酒店及物业。其提供的工具能帮助酒店提高运营效率及盈利。酒店可以根据需求来配置应用，使系统易于操作，使酒店能够快速准确地得到时时更新的信息。

OPERA PMS 的多物业功能设计使多个物业运营只通过单一数据库存取数据。这大大减少了用户在硬件、软件及劳动成本各方面的投入。使用者可以通过一个中心数据库来安装多个物业的管理系统。

集中软件及硬件的设计方式方便了系统支持及升级，因为可以在一个地方解决所有问题。同时，通过分享各部门之间的管理功能，包括预订、财务、销售及电话程控交换系统，酒店还可以实现人员的高工作效率。

通过"客人档案"的功能来获取完整及准确的客人信息

系统通过"客人档案"的功能来收集每个客户（个人、公司、旅行社、团队等）的各方面的资料。这些数据可用来帮助酒店客户关系部改善服务质量；帮助酒店市场部制定具有竞争力的销售策略；帮助酒店高层管理人员分析业务利润来源。

前台入住手续迅捷

前台操作是整个酒店运作的焦点，会给客人留下他对酒店的最初及最后的印象。这个印象往往是客人决定"永不再回来住"或"建立长久关系"的因素之一。OPERA PMS 的前台模块功能极其强大，它的应用大大缩短了办理入住的时间，这就使客人的满意度得到提高，同时便捷的操作也获得了前台员工的满意。

前台模块包括如下特点：自动批房预留；一键操作办理入住；快速散客入住；集成手持电脑功能，远程办理入住；简单的收银功能增加收益，减少账目错误。

OPERA PMS 的收银模块高效安全并适用所有主要的入账操作，包括转账、分账及详细的分转账目的历史记录。其易懂的系统提示可以指导酒店掌握交易全部过程，快速抛账，减少错误。这些功能在简化了入账方式的同时还保证了交易的安全性。

运行夜审无需停机

现在，使用 OPERA PMS 无需停止系统来运行夜审。事实上，整个夜审包括在线备份对员工来说是完全透明的。

另外，酒店可选择不安排夜审人员每晚审核酒店收入。酒店可以在任何时间操作"收入审计"，并随时对某个工作日的营业收入做调整，即使是完成夜审的营业收入账目。当然，一旦完成了某日的收入审计，收入额就被锁定，这保证了报表的准确性。

OPERA PMS 的预订功能使客人立即在本地或全球范围内找到合适的客房

OPERA PMS 提供了强大的预订功能，使客人完全可自我控制预订，包括远期预订。通过这个最大的多物业管理系统，只需几秒钟客人就可以跨地域地查询到所需客房。在酒店出租的旺季，实时的客房可使用率查询保证了客人的预订。

简单、快速的团队计划制订

OPERA PMS 为酒店提供了全系列的工具用于客房管理、团队客房控制及合同管理，结合团队及批房预留功能，使行政管理费用降低。如果与 OPERA 的销售及宴会预订系统集成应用，销售和前台就能共享信息，同时消除由于大量第三方接口产品的需求。

快速全面的通信功能

OPERA PMS 提供全新的通信水平。电话总机接线员和前台职员可以快速定位客人所在，无论客人是住在自己或其他酒店。及时准确的信息留言服务提高了客人的满意度。通过客人信息留言的批处理功能，可以使所有部门的员工收到有关客人的信息，提高效率，迅速满足客人的要求。同时减少酒店的人力费用。

房价管理工具提供非常有效的房价控制

强大的房价管理工具使酒店通过房间的供求量制定最合理的房价，增加营业收入。酒店还可以系统化地控制房价计划表，来提高平均房价。不需要持续不断的手工操作，房价管理功能将帮助酒店执行所制定的收益策略。

功能强大的包价设置

多方面的包价设置功能使酒店可根据运营的特殊需求制定灵活的、详细的包价。对一个复杂的包价中的每一项设置抛账方式可能是唯一的，不再需要复杂的财务操作。包价可以提前设置基于个人或团队价，也可以在做预订或销售时随时根据客人的特殊要求设置。

瞬间即可查询到任何日期的可用客房间数

OPERA PMS 拥有多个快速查询功能，可以提供准确的、实时的可用房信息。这功能带给酒店的市场计划制订工作很大的方便。酒店可以立即进入信息的任何层面，查询某日的信息，如到店客人数、离店客人数及延住客人数等。

客房管理功能使酒店瞬间掌握房态的整体情况

客房管理功能保证酒店了解到实时的房态信息，包括：净房、脏房、在检查的房、已分配客房、需大修的客房、小修客房。这些信息将帮助酒店把房态冲突的可能性降到最低，有效地提高出租率和收入。同时可以有效地安排客房的清洁工作。

应收账管理功能让管理者对酒店运营的财务状况了如指掌

应收账管理模块清楚地展示了 OPERA PMS 的优点。通过账户集成管理功能管理者得到的是真实的情况，使管理者更好地控制各个方面的运作。

同时应收模块给管理者提供了完整的信息,使管理者能够分析出利润账户来源。应收功能支持多币种、多语言设置,并可在全球范围内跨物业地做入账、打印财务报表操作。

报表

OPERA PMS 报表功能由强大的 Oracle Report Writer 提供。OPERA PMS 几乎包含了所有的关键管理报表。考虑到每个酒店及酒店管理集团可能需要特殊报表以适应其运营的特别要求,OPERA 及 Oracle Report Writer 给酒店提供了创建新报表的功能,使酒店能够按照自己的特别需要编写报表。

佣金处理功能使酒店准确及时地支付佣金款项

按照传统方法,佣金是在客人离店后基于其在店期间的房价来计算。这常常导致不准确和有疑问的付款。OPERA PMS 则是通过佣金代码和运营条款给酒店提供快速、准确的佣金状况。

无缝隙的国际间交流

当今,酒店业是真正的国际化生意。酒店因此需要一个功能强大的应用程序,必须可以无缝隙地适用于不同语言、货币及各个国家地区的规定。OPERA PMS 正是满足此需求的应用程序。无论酒店地处何方,无论酒店的客人从哪里与家人电话联络,OPERA PMS 可以提供酒店所需要的语言及交易货币及计算相关税务。

常用键、快捷键和图标使 OPERA PMS 的应用充满乐趣并响应迅速

不用记忆复杂的按键或是公式,没有多屏幕的巡航,OPERA PMS 常用键、快捷键和图标使每一个系统操作步骤非常容易,这大大简化了系统运作,提高了使用效率。图标的价值在于将巨大的数据概括为简单易懂的格式。

单元二 酒店市场调查方法和技术

酒店市场调查是一项实际操作性很强的技术。收集各种酒店市场信息资料所使用的技术和办法,称为酒店市场调查的技术方法。

一、酒店市场调查方法

调查方法的选择和技巧的运用,直接关系到酒店市场调查结果的可信度,因此调查了解酒店市场必须选用科学的方法。按照酒店市场信息资料来源,将酒店市场调查方法归为文案调查法和实地调查法两大类。

(一) 文案调查法

文案调查法又称间接调查法,它是通过收集酒店企业内部和外部各种现有的信息数据和情报资料，从中摘取与市场调查课题有关的内容，进行分析研究的一种调查方法。这种方法常被作为酒店市场调查的首选方法，几乎所有的市场调查都可始于收集现有资料。

热点关注

北京餐饮行业20年来首现负增长

国家统计局近日公布的最新数据显示，2013年全国餐饮业收入累计25392亿元，同比增长9%。其中限额以上企业（单位）餐饮收入累计达到8181亿元，同比下降1.8%。我国餐饮业结束了连续23年来的两位数增长，首次出现个位数增长。

中国烹饪协会副会长、北京市餐饮行业协会会长汤庆顺表示，"2013年，全国餐饮业陷入寒冬，而北京餐饮业则是寒冬中的'三九'，20年来首次出现负增长"。北京统计局数据显示，从2013年1月到11月份的各月份中，北京餐饮企业收入除了10月份同比微涨0.9%以外，其余各月（注：1月与2月合并）都是负增长，其中5月份降幅最高，达到—10.3%，最低的也达—3%。

（资料来源：北京青年报，2014-01-27.）

（二）实地调查法

实地调查法又称直接调查法，是在周密的调查设计和组织下，由调查人员直接向被调查者收集原始资料的一种调查方法。实地调查主要有询问法、观察法和实验法。根据调查项目类型、调查的目的要求、允许的时间、调查资金及其他物质条件，可灵活选择其中某种或几种方式交叉组合运用。

1. 询问法

询问调查就是调查人员采用访谈询问的方式，向被调查者了解酒店市场情况的一种方法，又称访谈法。访谈询问成功与否，取决于被调查者的配合以及调查者的准备工作和对访谈技巧的掌握。询问调查法又可分为：面谈调查法、电话调查法、邮寄调查法、留置问卷调查法等。

（1）面谈调查法　是调查人员通过与被调查者面对面交谈和提问，或者讨论获得有关信息的调查方式。

（2）电话调查法　电话调查就是调查人员通过电话与被调查者交谈获取调查资料的调查方式。

（3）邮寄调查法　邮寄调查是将调查问卷邮寄给被调查者，由被调查者根据调查表的要求填好后寄回，从而获取信息的调查方式。

（4）留置问卷调查法　留置问卷调查是调查者将调查表当面交给被调查者，说明调查意图和要求，由被调查者自行填写回答，再由调查者按约定日期收回以获取资料的一种调查方式。

2. 观察法

观察法是调查者在现场对被调查对象和事物进行直接观察或借助仪器设备进行记录，以获得酒店市场信息资料的调查方法。此方法的最大特点是被调查者并不感到正在被调查，心理干扰较少，能客观地反映被调查对象的实际行为，资料的真实性高。例如，对车站、港口、景点的游客数量调查以及酒店、商场的消费行为调查等，有良好的调查效果。

3. 实验法

实验法是最科学的调查方法。实验法根据调查对象选择影响其变化的几个主要因素，依次改变每个因素的数值来判断因素对调查对象是否影响以及影响程度。例如，在饭店中提高客房小冰箱内商品的价格是否影响客房出租率，可以采用实验的方法得到答案。

二、酒店市场调查的技术设计

酒店市场调查不仅需要有明确的调查目标和科学的调查方法来实现，除此之外，还必须应用一定的调查技术。问卷技术和抽样技术是酒店市场调查最常用的技术。

（一）问卷技术

询问调查法是收集第一手资料的主要方法之一，而问卷是询问调查的最常用工具。了解和设计问卷也就成为酒店调查人员必备的知识技能。一般将所要调查的问题和项目设计成表格形式，并发给调查对象填写，这种方法称为问卷调查，它具有节省人力、物力和时间的特点。

1. 问卷的基本结构

（1）问卷标题。确定标题应简明扼要，易于引起被调查者的兴趣。例如"酒店消费者状况调查"等。

（2）问卷说明 一般在卷首要附上说明，交代调查的原因、对象、目的、填写的方法和注意事项等。旨在向被调查者说明调查的目的意义，以引起被调查者对问卷的重视和兴趣，有些问卷还包括填表方法与要求、调查项目必要的解释说明等事项。在问卷开头附上说明信，目的是提高问卷的可信度，获得调查对象的理解和支持。但是，说明信不是问卷的主体部分，因此，表述要清楚、简洁、开门见山。

例如：武汉市老年人旅游行为调查表

尊敬的女士/先生：

为了了解武汉市老年人的旅游行为特征，促进社会各方面更好地为老年人旅游服务，特开展本次调查。请您协助我们填写这张调查表，在符合您情况的项目内填写或打√。谢谢您的支持与合作！

（3）被调查者的基本情况（需要了解的背景问题） 如性别、年龄、民族、文化程度、职业、单位、收入等主要特征，在资料分类中常用到这些资料。如果调查对象为个人，一般则应了解调查对象的性别、年龄、职业、文化程度、工作单位、经济状况、消费情况、通信地址等基本信息；若调查对象为单位，则应了解单位的地理位置、基本规模、客户构成、促销活动等信息。背景问题一般放在问卷的最前面或最后面，其作用是了解样本的典型性，并可根据其中的收入水平、基本规模等变量对问卷进行分组统计。

（4）调查主体内容　它是问卷的主体和核心部件，通常是以一系列问句形式提供给被调查者，这部分内容设计的好坏直接关系到该项调查所能获得资料的数量与质量。调查问卷上的问题不宜过多或过于分散。一般来说，每份调查问卷围绕2~3个主题，提出10个左右的问题比较恰当。

（5）编码　通常在右上角或者右下角进行编码，以便分类整理和统计分析。

2. 提问的方式

问卷中的措辞方式和提问形式都会影响调查对象的合作兴趣。因此，我们应选择恰当的提问方式，将调查内容准确无误地传递给调查对象，并使调查对象乐于回答、方便回答。

（1）封闭式问题　在调查问卷中已列出可供选择的答案，被调查者只要在相应的答案前作上规定的符号即可。这类问题容易回答，便于统计，但是不易发现新情况。常用的封闭式的问题包括：

① 是非法。给出两个互相排斥的答案，被调查者选取其中的一个即可。

例，您明年还会到本地旅游吗？是（　）　否（　）

② 选择法。给出几个可供选择的答案，被调查者选取其中的一个或几个答案即可。

例，您为什么住进我们酒店？

A. 饭店位置方便　　　B. 饭店服务优良　　　C. 饭店价格便宜

D. 朋友推荐安排　　　E. 饭店安全

③ 排序法。给出不同的答案，被调查者根据自己的喜好对答案作出排序。

例，本地最能吸引您前来的因素有哪些？（请按重要性排序）

A. 景色优美　　　　　B. 价格便宜　　　　　C. 旅行安全

D. 交通便利　　　　　E. 文化独特

④ 语义差别分析法。按照语义的差别给出不同的答案，一般将语义分成五个级别，请被调查者选择。

例如："您认为本饭店的服务态度（　　）"。

A. 很好　　B. 较好　　C. 一般　　D. 较差　　E. 很差

⑤ 利克特量表法。利克特量表法是一种常用的衡量态度的量表，即通过被调查者回答某些问题或填写问卷的自我报告形式，将态度转换为可以度量的数字或等级的测定方法。它可以反映两方面的内容：第一，态度的方向，比如是否满意等的基本倾向；第二，态度的深度，指被调查者所持某种态度的数量程度。通常对每个问题或短语按照肯定-否定的程度分为5个等级，如表4-1所示。

表 4-1 利克特量表

短　语	非常满意	满意	一般	不满意	非常不满意
饭店服务	5	4	3	2	1
饭店设施	5	4	3	2	1
餐饮服务	5	4	3	2	1
旅游车	5	4	3	2	1
司机服务	5	4	3	2	1
地陪服务	5	4	3	2	1
……					

（2）开放式问题　在问卷中只列出问题而没有可供选择的答案。这类问题能深入了解被调查者的基本情况，但因开放性而削弱了被调查者的合作程度。

常用的开放式的问题包括如下三种。

① 自由回答式。不做任何提示，请被调查者自由回答。

如"您认为本饭店还有哪些方面有待改进？"

② 语句完成式。提出一些不完整的句子，请被调查者续写完整。

如"当您入住某一饭店时，你最看重的是＿＿＿＿＿＿＿＿。"

③ 文字联想式。列出有关本饭店或产品的一组词汇，由此及彼，请被调查者写出在他脑海中最先出现或感觉最强烈的几个字或几句话。

如"五星级饭店、国际知名饭店、香港著名品牌饭店、在内地各大都市开有连锁店——香格里拉大饭店"。

（3）半开半闭式问题　问卷中给出部分答案的同时，留有余地，让被调查者自由发挥。这种既方便回答，又容易深入调查研究。

如"您认为饭店最重要的是要做到 A. 清洁　B. 量足　C. 服务热情　D. ＿＿＿＿＿＿＿＿。"

3. 问卷设计要点

① 问卷的开头必须亲切，且容易回答。

② 文字表述清晰，明确。

③ 禁止使用诱导性的提示。

问题中所选用的词最好是中性词，避免诱导对方的回答，如"许多人认为，在餐饮消费中，亲切的服务态度是最重要的，您赞同吗？"这一问题就有明显的诱导性。

④ 问题通俗易懂，尽量使用朴素、口语化的语言。

⑤ 尽量用肯定的语言明确问题的含义。

⑥ 避免过于敏感性的问题。

如在调查购买能力时，常常需要询问调查对象的经济收入。通常采用牺牲一定的精确度来获得相对的准确性，即在问卷中不要直接询问"您的月收入是多少"，而将收入等级划分为几个不同的档次，请被调查者在其中选择一个答案即可。这样既保证了答案的准确性,又方便回答。

⑦ 回避困窘性问题。如"您一般不会外出吃饭,是不是因为经济拮据?"

⑧ 问卷以简短为佳。

⑨ 物质鼓励受访问者。

⑩ 可用不同的色彩增添问卷的可看性。

如一般的问卷都采用白纸,不妨采用黄色、橙色、蓝色等色彩的纸张。

⑪ 以符号、漫画等代替语言。

如用不同表情的脸代表不同的满意程度,用不同装扮的漫画人物代表不同的工作岗位等。

(二) 抽样技术

在现实生活中,大部分市场调查项目的调查对象很多,分布面较广,加上调查费用等限制,非全面调查成为更多的旅游市场调查所选择的形式。抽样调查作为非全面调查的重要方式,为国内外市场调查普遍乐于选用的调查手段。

1. 抽样方法

抽样调查按照调查对象总体中每一个样本单位被抽取的机会是否相等的原则,分为随机抽样方法和非随机抽样方法两大类。

(1) 非随机抽样方法　指根据调查人员的需要和经验,凭借个人主观设定的某个标准抽取样本单位的调查方式。在非随机抽样调查中,通过调查人员有意识地选择具有代表性的个体作为样本,以样本调查达到推测总体状况的目的。

(2) 随机抽样方法　指从调查对象总体中完全按照随机原则抽取一定数目的样本单位进行调查,以样本调查结果推断总体结果的一种调查方式。这种方法对调查总体中每一个样本单位都赋予平等的抽取机会,完全排除了人为的主观因素的影响,这也是它与非随机抽样方法的根本区别。

2. 抽样设计步骤

(1) 确定调查总体　调查总体应包括总体单位、抽样单位、抽样范围和时间。例如调查2007年武汉市海外旅游者的旅游目的,其总体单位是任何赴武汉旅游的海外游客,抽样单位为涉外饭店,抽样范围是武汉市,时间为2007年,对于调查总体的确定就是武汉市2007年任何接待过海外旅游者的涉外饭店。一般来说,调查总体确定越简单,样本越容易得到,花费也越少。

(2) 给调查个体编号　正确确定调查总体范围后,为使挑选出来的样本更具有客观性和代表性,需要采用随机抽样原则抽取样本,那就必须对总体内每一个个体进行编号。

(3) 确定样本　挑选调查样本,其要点在于被选定的调查样本能真实地代表所有的调查对象,调查样本的数量还要符合该项调查项目的要求。样本数目除根据经验决定外,还可查样本数表得到,也能够通过样本数计算公式获得。

(4) 进行样本调查　应用原始资料获取的方法,对抽选出来的样本进行逐个调查。调查中,随机抽样方式不允许轻易改变样本或减少样本数,以保证所得资料的准确性和代表性,至于非随机抽样方式,只要达到样本数量,调查人员是否变更调查样本无关紧要。

(5) 推算调查总体结果　推算总体结果的方法多种多样,常用的有百分比推算法和平均数推算法。

相关案例

米其林星级餐厅

米其林是历史悠久的专门评点餐饮行业的法国权威鉴定机构,1900年米其林轮胎的创办人出版了一本供旅客在旅途中选择餐厅的指南,即《米其林红色宝典》,此后每年翻新推出的《米其林红色宝典》被"美食家"奉为至宝,被誉为欧洲的美食圣经,后来,它开始每年为法国的餐馆评定星级。

1. 机构简介

在法国,厨师属于艺术家的范畴,法国还有一家全球闻名、历史悠久的为这些艺术家及他们的创作场所——餐厅做权威鉴定的机构:米其林。

米其林的评审相当严谨与公正,甚至近乎苛刻,截至2012年全世界也只有106家米其林三星级餐厅,其星级评鉴分三级:一颗星是"值得"去造访的餐厅,是同类饮食风格中特别优秀的餐厅;两颗星餐厅的厨艺非常高明,是"值得绕远路"去造访的餐厅;三颗星是"值得特别安排一趟旅行"去造访的餐厅,有着令人永志不忘的美味,据说值得打"飞的"专程前去用餐。

评上星级,尤其是三星餐厅,对一家餐馆和主厨来说是无限风光、无限荣耀又可带来滚滚财源的事。据业内人士介绍,按国外米其林三星餐厅的价格定位,来这里进餐,人均消费在3000～4000元人民币。

数着米其林的"星星"吃大餐,在欧洲是一种很高级别的享受,即使是米其林一星,在欧美的餐饮界也已经是很高的荣耀。拥有米其林三星是餐饮界人士毕生最高追求。

2. 中国现状

作为吃货的古老国度,中国内地有米其林餐厅,在北京的厉家菜,是米其林认证的二星级餐厅。

随后2012年2月,另一位米其林三星世界大厨 Umberto Bombana,在上海外滩源开设分店 8 Otto e Mezzo BOMBANA 餐厅,但也并没有得到米其林三星的真正认可,只是借用之前的光环而已。好的是,香港和澳门在这方面替中国人扳回了一局。作为香港唯一一家米其林三星餐厅,设于香港四季酒店内部的龙景轩,需要提前3天订位才能享受。澳门唯一的米其林三星餐厅,是国际名厨 Robuchon 开设的法国餐厅 Robuchon a Galera,

人均消费在 3000~4000 元人民币。

3. 评级标准

《米其林红色宝典》对于餐厅的介绍，除了各种"符号"外，只列出地址、电话、主厨姓名、基本消费、两种当地著名的葡萄酒、三种招牌菜、每年餐厅的休息时间，以及接受信用卡的种类。直到 2000 年起，才首次加入简单文字评语。

单元三　酒店市场预测

一、酒店市场预测的含义

酒店市场预测就是在酒店市场调查获取的各种第一手资料和第二手资料以及信息的基础上，运用科学方法，针对酒店企业的需要，对酒店市场未来一段时期内的发展趋势作出的分析与判断。要进行酒店市场预测，首先必须做好酒店市场调查，只有通过调查获得大量可靠的数据并对数据进行加工处理与分析，才能对未来的酒店市场作出比较切合实际的预测。

二、酒店市场预测的内容

（一）酒店市场环境预测

酒店业是受环境因素的变化影响较大的行业。可以采用定性预测的方式对国际、国内乃至地区的政治、经济形势和产业结构变化趋势作出估计与推断，同时预测国际、国内和地区的旅游酒店形势。

（二）旅游行业市场需求预测

1. 旅游市场需求总量预测

旅游市场需求总量主要是指在一定区域和一定时间范围内，旅游者可能的购买力及购买力投向的总量。旅游需求总量可以标志酒店企业在一定时期和营销费用条件下，可能达到的最大销售额。通常测量旅游市场需求总量的公式为：

$$Q = \sum_{n=1}^{N} q_n \times p \, (n=1,2,3\cdots,N)$$

式中　Q——市场需求总量；

　　　N——特定产品的可能购买人数；

　　　q_n——旅游者平均购买数量；

　　　p——特定产品的平均单价。

2. 旅游客源预测

预测客源地旅游者变动情况，包括旅游者数量变化、旅游者季节变化、旅游者地区分布状况、旅游构成变化和旅行浏览时间长短变动等。

（三）酒店价格预测

酒店价格是旅游市场波动的主要标志和信息载体，一般情况下，价格下降，需求量增加，价格上涨，需求量减少。各种旅游产品对价格的需求弹性不同，酒店企业必须预测酒店市场价格变化给酒店市场需求带来的影响，以便确定酒店企业在可控制范围内的最优价格和供给水平的变动趋势。

（四）酒店效益预测

1. 市场占有率预测

市场占有率是酒店企业的产品的销售量占该产品市场总销售量的比重。对它的预测，一方面可以预测本企业的销售量，另一方面可以预测竞争对手的实力以及本企业在酒店行业中的竞争力量和所处的地位，以便掌握市场竞争的动态状况，采取相应的市场竞争策略。

2. 酒店收益预测

酒店企业通过对营销成本和利润的预测，可以了解酒店收入的数量、构成与收入水平，反映旅游经济活动的成果，包括经济效益、社会效益和生态效益，有助于提高企业经营管理，并为投资决策和营销决策提供依据。

（五）竞争情况预测

竞争情况的预测包括竞争的程度、本酒店竞争优势和地位、竞争对手有可能采取的竞争策略、酒店行业竞争趋势的预测等。

三、酒店市场预测的程序

酒店市场预测的程序如图 4-1 所示。

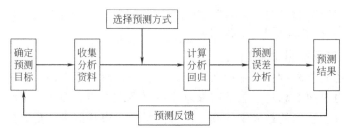

图 4-1　酒店市场预测的程序

从图 4-1 中，可以看出，酒店市场预测过程分为以下步骤。

① 确定预测目标，拟订预测计划。
② 收集、整理和分析资料。
③ 选择预测方法，建立预测模型。
④ 预测。
⑤ 预测误差分析。
⑥ 确定预测值，提交预测报告。

四、酒店市场预测的方法

酒店市场预测的方法多种多样，归纳起来可分为定性预测方法和定量预测方法两大类。

（一）定性预测法

定性分析是对预测目标的性质以及可能估计到的发展趋势做出的分析。常用的定性预测方法有如下几种。

1. 旅游者意见法

旅游者意见法是通过对旅游者进行调查或征询，来进行旅游市场预测的一种方法。其具体做法是：当面询问、电话征询、写信、要求填写调查表、设立意见簿、召开座谈会等。

2. 经理人员判断法

经理人员判断法是指酒店企业邀请企业内部各职能部门的主管人员根据各自的经验，对预测期的营业收入做出分析和估计，然后取其平均数作为预测估计数。此法简便易行，节省费用，对新企业是唯一可供选择的预测方法。

3. 营销人员估计法

营销人员估计法是由企业内外的营销人员对市场做出预测。使用这种方法的企业，要求每个推销员对今后的销售做出估计，营销经理再与各个推销员一起复审估计数字，并逐级上报预测数字和汇总。

4. 专家预测法（又称德尔菲法）

专家预测法是向一组专家征询意见，将专家们对过去历史资料的解释和对未来的分析判断汇总整理，以取得统一意见，对未来经济现象发展变化前景进行预测的方法。这种方法最初是由美国兰德公司在20世纪50年代初首创的。其预测的基本步骤是：首先成立预测领导小组，选定专家；其次，拟定征询表，准备背景材料；然后进行多轮征询；最后做出预测结论。

（二）定量预测法

定量分析是用数学的方法来研究、推测未来事件的变化及发展趋势。用定量分析法预测酒店市场需求一般要使用多种统计方法和计量经济学方法。常用的方法有时间序列分析和回归分析法。时间序列分析包括简单平均法、加权平均法、季节分析法、变动趋势预测法等；回归分析法包括一元线性回归法和二元线性回归分析法等。这里主要介绍几种常用的简单预测方法。

1. 简单平均法

简单平均法又叫算术平均法，是指使用预测对象过去时期的算数平均值预测未来变化趋势的一种方法。计算公式为：

$$X_t = \frac{\sum_{i=1}^{n} x_i}{n}$$

其中，X_t 为第 t 期的旅游预测值，x_i 为第 i 期的旅游预测对象的实际值；n 为资料期数。

例：某旅游企业 2007 年 1 月至 6 月份销售额分别为 25 万元、26 万元、23 万元、22 万元、27 万元、28 万元，以 6 个月的销售额的平均数作为下一个月的预测值，计算过程如下：

$$X_t = \frac{25+26+23+22+27+28}{6} = 25.17 \text{ 万元}$$

2. 加权平均法

为了使预测更加准确，对各期数据给予一定的权数，所得的加权平均数作为下一期的预测值。其计算公式为：

$$Y = \frac{\sum w_i x_i}{\sum w_i}$$

其中，w_i 是指与 i 相对的权数。

上例中，如果把 2007 年 1 月至 6 月的数据分别给予权值 1、2、3、4、5、6，使用加权平均法计算，则 2007 年 7 月的销售额预测值为：

$$Y = \frac{\sum w_i x_i}{\sum w_i} = \frac{25 \times 1 + 26 \times 2 + 23 \times 3 + 22 \times 4 + 27 \times 5 + 28 \times 6}{1+2+3+4+5+6} = 25.57 \text{ 万元}$$

3. 季节分析法

酒店市场受季节因素影响较大。季节分析法就是季节指数的比较、分析。使用季节分析法的目的是要将季节波动从趋势波动中分离出来，以增加企业经营的计划性。进行季节分析，一般需要至少三年以上的统计资料。比较简单的方法是同期平均法，计算公式为：

$$\text{月（季）季节指数（\%）} = \frac{\text{各年同月（季）平均数}}{\text{全期数值的月（季）平均数}} \times 100\%$$

4. 一元回归预测法

回归分析法是酒店市场预测中使用比较普遍的一种方法。回归分析主要是找出预测对象和影响因素之间的线性和非线性关系。一元回归主要是解决两个具有线性变化关系的变量之间变动关系的一种方法。

一元线性回归的方程式为：

$$y = a + bx$$

式中　y ——因变量；

　　　x ——自变量；

　　　a、b ——回归系数。

在回归预测中，常用最小二乘法，a 和 b 可以由下列公式求得：

$$\begin{cases} b = \dfrac{n\sum xy - \sum x \sum y}{n\sum x^2 - (\sum x)^2} \\ a = \dfrac{\sum y - b\sum x}{n} \end{cases}$$

酒店市场定性和定量预测属于两种不同的预测方法，但在实际预测工作中，这两种方法联系紧密。一般情况下，定性预测与定量预测两种方式相结合预测出的结果更具科学性。

> **热点关注**
>
> ### 中国酒店业营销的趋势预测
>
> 旅游业作为"朝阳产业"，在21世纪必将有更大的发展；中国作为世界旅游者的一个重要目的地，更为各国旅游界所看重。"世界旅游组织"已经预测，到2020年，中国将成为世界第一位的旅游接待国。因此，对酒店业目前存在的一些问题和困难，我们从业者既要认真总结经验，也要登高望远，着眼于未来的发展，发挥好其作为主要旅游生产力的作用。
>
> 交广传媒旅游策划营销机构提出以下九点营销趋势的预测和把握，供同业参考。
>
> 1. 竞合营销趋势
>
> 即酒店竞争不再是以击败竞争对手为目的，而是通过酒店联盟广泛集合共同力量创造新的优势。比如连成新的酒店城区，错开星级和价格层次，形成优势互补，互不竞争，协同揽客；又如通过共同采购，降低运营成本，提高竞争能力等。
>
> 2. 分众营销趋势
>
> 即酒店不再千篇一律，随着消费需求的日趋多样化、差异化，针对某一细分群体进行酒店产品的策划、包装、定位和分销，创造新的需求。比如全套房酒店、精品酒店等。
>
> 3. 品牌营销趋势
>
> 即酒店通过避开惨烈的产品竞争，重视品牌塑造，制定独特的品牌形象，提供品牌承诺，用良性、健康的竞争代替价格战，进入品牌竞争。比如锦江推出的24小时免费电话服务，以及最低价格保证承诺等。
>
> 4. 网络营销趋势
>
> 即酒店解决供需双方的信息对称问题，提高价格透明度，减轻劳动强度，提高工作效率，腾出更多的精力和时间来服务于客户。比如，越来越多的酒店开始重视网上直销和分销，酒店品牌网站有订房功能的比例快速提高。
>
> 5. 服务营销趋势
>
> 根据80%的收益来自于20%的忠诚消费者的理论，酒店越来越重视对客户的服务。比如创建实时动态的客户数据库，跟踪客户的喜好和预订习惯，采取针对性服务措施，维系和扩大忠诚顾客。
>
> 6. 体验营销趋势
>
> 即酒店的服务不再始于酒店，结束于酒店，而是从咨询、预订之初，

直至退房以后的全程服务,让消费者能够获得完满的酒店服务体验。

7. 营销网络的普遍化

现在酒店行业在内部管理中计算机应用得比较普遍,但是现在所形成的基本还是一个内部管理型的网络,下一步所形成的应该是一个开放营销型的网络,开放营销型的网络也包含了内部管理型的网络,进一步的必然趋势则是集团式的网络化营销。

8. 客人档案的普遍建立

就是对应客人个性化的需求,对应成熟有经验的消费者,普遍建立客人档案和信息沟通系统。一方面,消费者在某种程度上成为产品的设计者、生产者,可促进产品的更新换代和服务质量的提高。另一方面,利用客人档案本身就是很好的促销手段,可以以各种形式加强与客人之间的沟通,增加回头客的数量。

9. 弹性供给的普遍化和产出效益的科学管理

即使现在的固定供给产品和刚性供给方式弹性化并普遍化,充分利用现有的库存和生产力,为企业谋求最大的经济效益。比如钟点房、分时销售、饭店的分类销售。

总之,我国旅游饭店业发展的关键是要大力增加客源。有充足稳定的客源,酒店才有长远发展的基础。

(资料来源:中国行业研究报告网,http://www.chinahyyj.com.)

热点关注

未来餐饮市场的特征

1. 家庭消费比例继续攀升,经济型消费群体占主导

随着人民生活水平的提高,经济收入的增长,加上交通、科技的发展进步,家庭消费、个体消费群体会成为主要群体,这类型的顾客群体,非常经济、务实,"物美价廉、经济实惠、物有超值"将会是他们的饮食选择导向。

2. 个性化服务日趋明显,品牌优势提升竞争力

个性化服务是提升餐饮附加值、品牌美誉度的最佳途径,"想顾客之所想,急顾客之所急","顾客是我们的衣食父母",是从事餐饮业的每一个人必须认真思考、坚持不懈的工作目标。了解顾客的饮食需求、根据顾客的饮食需求,提供个性化的餐饮服务,狠抓卫生、出品、服务,让顾客在享受健康美食、温馨的就餐环境、亲情式服务等基础上,感受到我们的企业文化和饮食文化,通过品牌策划、营销策划等组织活动,缩短与顾客之间的距离,使顾客通过"口碑"来传播企业的品牌知名度。

3. 菜品交融快速发展，地方菜系和特色风味纷纷崛起

随着国内交通业、旅游业的快速发展，区域性的菜品风格已发生改变，在菜品设置和新品研发时，已突破了原料的区域性的制约，北菜南用，南特北采，很多的菜品在烹制时，味型和特色要符合更多的顾客群体的喜好，各大菜系、特色风味、中西餐的烹饪技术和饮食文化，已完全融合在一起，特别是餐饮连锁企业，中央厨房、配送中心，菜品的量化和标准，简化菜品烹饪技术，缩短店面出品速度，已成为餐饮连锁企业的营运基础。

4. 连锁经营占主导群体，企业多元化经营

随着市场竞争的激烈，餐饮市场已在走向"微利时代"，构建连锁体系，是降低经营成本、提升品牌的杀手锏，"四连、二锁、十统一"是餐饮连锁的基本特性，如何把品牌、质量、服务、创新连成一线？如何将企业标识、经营理念、管理模式、店面装潢、员工服装、技术配方、新品开发与推广、营销广告宣传、餐具用具、操作规范与服务标准等进行规范统一的整合？"四连、二锁、十统一"是构建连锁体系的经纬线；同时，越来越多的连锁企业，采用多元化经营的模式，一个管理总部，可以策划、管理下属的几个餐饮品牌，这样，有利于利润的最大化和多元化，也可以满足不同顾客的饮食喜好，从而进一步提升品牌的知名度，也可以全面提升管理的绩效和经营业绩，避免单一品牌在受到竞争对手的恶性竞争时，所遭受的困境和被动。

小 结

酒店市场调查，是指为某一个特定的酒店市场营销问题的决策，运用科学的方法和手段，所进行的收集、记录、整理、分析各种资料和信息，并得出可靠的、结论性依据的活动。酒店市场调查可分为试探性调查、描述性调查和因果调查三种类型。在确定了酒店市场调查的目的和内容之后，通过科学的方法和系统的调查程序，收集可靠的信息，为酒店企业的发展指明方向。

调查方法的选择和技巧的运用，直接关系到酒店市场调查结果的可信度。按照酒店市场信息资料来源将酒店市场调查方法归为文案调查法和实地调查法两大类。问卷技术和抽样技术是所有调查方法中技术性最强的，也是酒店市场调查最常用的技术。

酒店市场预测，就是在酒店市场调查获取的各种第一手资料和第二手资料以及信息的基础上，运用科学方法，针对酒店企业的需要，对旅游酒店市场未来一段时期内的发展趋势做出的分析与判断。旅游市场预测的内容包括旅游环境、容量、需求、价格及效益等方面的预测。定性预测和定量预测两种方法是旅游市场预测中常用的方法。

复习思考题

1. 市场调查的主要类型和内容有哪些？
2. 简述市场调查的程序。
3. 酒店市场调查的方法有哪些？
4. 设计调查问卷的注意事项有哪些？
5. 如何撰写调研报告？
6. 试述酒店市场预测的一般程序。

模拟训练

结合当地著名酒店的实际情况，为其设计一份调查问卷并对调查问卷所得到的信息进行分析。

【拓展案例1】

万豪国际酒店管理集团

万豪第一个庭院酒店于1980年创建，1983年在亚特兰大开幕，花费了几十万美元用于调查和选择中心组，判断住宿服务中存在的缺陷。亚特兰大庭院酒店开工之前，万豪建造了一间有可拆墙体的样板房，为选定的游客展示不同的外形，然后调查他们对不同型号的观点。调研过程持续到第一家亚特兰大庭院酒店开业，这期间被用于测试庭院这种酒店概念的市场。

万豪在开发庭院酒店时使用了二手调研（主要是竞争者分析）和原始调研。另外，使用了所有四种原始信息收集方法：实验、观察、调查和模拟。开发小组经过多年的调研和分析后，得出的主要结论是新型的接待设施有良好的增长空间。同时，万豪在庭院酒店设计上进行改进，庭院酒店相对较小（大约150个客房），有一个90座的餐厅和休息室，酒店围绕着一个中心水池建造，水池周围是庭院。每个庭院酒店房间包括一个工作台和单独的座次供座谈使用。

万豪还对其他的接待概念也开发了调研—测试—导入的方法，包括万豪套房酒店和仙境酒店的经济实用性等概念。同时，万豪也很重视推销基于全国范围调查结果之上的周末全包服务。调查显示美国娱乐旅游大约73%在三天以内，有60%发生在周末。根据这些结果，公司首先在1986年到1987年之间的冬季导入双人早餐式全包服务，从此以后每年都执行这项计划。

思考讨论：

1. 万豪使用了哪种调查方法？使用了哪种特定的营销调查技术？
2. 万豪开展和应用调查的方法有何优势？
3. 万豪调查方法对旅游服务业其他行业有什么借鉴意义？

【拓展案例2】

餐饮企业如何在大洗牌中生存

2013年中国餐饮业经历了廉政风暴的第一轮洗礼,以"土豪"消费为经营定位的企业开始大面积瘦身,政宴市场中的畸形儿们为此发出了一片哀声,从中心城市到地方一批依赖政宴市场生存,曾经被崇拜、仰望、奉为榜样的餐饮品牌,将纷纷走下神坛,逐步退出领军行列,成为餐饮历史舞台上的匆匆过客。2014年是中国餐饮行业进入35年持续稳定发展后第一次遭遇大洗牌的一年,一个新的概念随之而出:"政宴走了,中国餐饮市场回归理性",元旦、春节黄金季节过后,餐饮业一场激烈的价格争夺拉锯战全面开战将不可避免,大洗牌的高峰浪潮,伴随着马年即将席卷而来。

顾名思义,政宴就是政要举办的各类宴会,商宴是企业举办庆典与操办的各种业务洽谈宴会,民宴是指民众操办婚、寿、乔迁、白喜等各种宴会,三者的消费虽都属团餐,形式却有着本质上的区别,政宴里充满着奢侈浪费的饮食陋习,是一个时代的畸形产物,属非理性消费群体,商宴是在新形势下商务与政务交往中的一个新型产物,属有理性、非理性消费并存的群体,民宴大部分属理性消费群体(官员以收敛为目的而举行的各种民宴除外)。一线城市高档定位的酒店、会所2013年崩溃面积达到40%以上,而三线城市高档酒店倒闭的数量目前却不明显。

政宴、商宴、官办民宴三大块团餐消费群体,支撑着餐饮业、娱乐业、酒水业、烟草业等服务行业产值的半壁江山,政宴走了,商宴中50%高档消费的业务没有了,官员为家属举办的各种宴会规模缩小了,豪宴绝迹了,支撑着餐饮业每年近2万个亿产值一半来源的支柱轰然垮塌,政府官员当前在高压的形势下均开始逐渐退出在餐企中的股份,造成原官商联合创建的酒店业绩大幅度缩水,导致这部分企业处在严重亏损的经营状态。但二、三线城市的餐饮业、娱乐业、酒水业、烟草业等配套的服务业的销售网点数量,目前却没有因公款消费下降而同步减少,这确实是一个耐人寻味的话题,马年上半年是大洗牌的最后期限,不管多么地不情愿、不认同这个关乎企业生死存亡的预测,企业都必须要接受中央新一届领导人5年惩治腐败常抓不懈的决心这个现实。

非理性消费逐渐减少以至绝迹,餐饮业经过大洗牌回归自然进入理性消费时代,这是社会进步市场成熟的表现,时代更新公平、公正的市场竞争秩序,优胜劣汰的自然规律随之凸显,改革年代会有阵痛,转型升级必然会有牺牲,马年有一大批"土豪"酒店倒闭已成不争的事实,中高档酒店靠签单过日子的企业必然首当其冲,社会餐饮和经营设施、安全设施较差的酒店也会受到一定的影响,坚持走大众消费之路的品牌企业,尽管企业经营没有高利润高回报,由于不受反腐倡廉影响,经过这一轮大洗牌必定会笑到最后成为最大的赢家。

思考讨论:餐饮行业怎样进行结构调整?如何成功转型升级?就此话题,请同学们谈谈对未来餐饮行业发展的看法。

项目五
酒店企业目标市场策略

学习任务书

1. 通过案例理解酒店市场细分的概念、意义、细分市场的方法等。
2. 认识酒店目标市场策略在不同酒店企业中的应用及选择的原则。
3. 掌握酒店市场定位内涵、方法及在实际营销中的应用;学会CIS在酒店企业中的运用。

【案例导入】

红事会企业的市场定位

让顾客享受顶级豪华、优质、宽阔的酒店环境,专业、优良、标准化的管理与服务素质,同时,贴近大众百姓的消费习惯,中档与普通的市场价位。

哈尔滨各酒店能办喜宴、够规模的有:香格里拉、报业大厦、华旗、福顺天天、华融、花园邨、和平邨、天鹅、友谊宫、日月潭、满汉楼、源盛东、金春、三棵等几十家。红事会餐饮有限公司成立于2008年,在承办喜宴方面具有独特的优势。

从规模比较,以上酒店规模最大的可以摆放宴席60桌,而红事会4100米的超大型多功能组合大厅足足能设置120余桌宴席,在全国酒店中也属极为罕见,绝对空前的豪阔。加之举架高达7米的梦幻大厅、金碧辉煌的现场效果,足足比哈尔滨两家最大的喜宴酒店大出两倍之多,堪称真正意义上的豪门盛宴!经营所容纳的人群数量、营业额均同等翻倍。

从喜宴定位来看,香格里拉、华旗、福顺天天等酒店,虽然环境豪华,但价位很高,而且不是专业餐饮+庆典的酒店。而金春、三棵等酒店,虽然普通价格、菜品实惠,但环境一般。在红事会之前,哈尔滨没有一家特别理想的、价格适中、豪华气派、能容纳众多人数的大型婚宴、生日宴、容纳各类餐饮庆典的酒店。红事会的出现,以其规模及餐饮+专业婚庆的定位,优越豪华的环境,面向大众的餐饮标准,成为哈尔滨婚庆市场业界的顶级巨鳄!

思考讨论：

红事会是如何做到与众不同的，其精准的市场定位为企业赢得了怎样的竞争优势？

单元一　酒店市场细分

酒店市场营销，面对的是一个十分复杂且瞬息万变的市场。在这个市场上，需求具有多样性和无限性。任何一个酒店企业都不可能满足所有游客的需求，而只能选择其中某一部分加以满足，为此酒店企业必须进行市场细分。市场细分是发现潜在市场机会的重要手段。通过市场细分，企业可以充分挖掘细分市场潜力，根据自身条件选择最有利可图的市场；在此基础上，找准顾客群体，找到本企业和产品在市场上正确的位置。

一、酒店市场细分的概念

所谓酒店市场细分，是指企业根据顾客特点及其需求的差异性，将一个整体市场划分为若干个具有相类似需求特点的顾客群体的活动过程。经过市场细分后，每一个具有相似需求特点的顾客群体就是一个细分市场。

市场细分的原理和概念是美国市场营销学家温德尔·史密斯（Wendell R Smith）于1956年最先提出来的。市场细分这一原理的提出，其主要根据是：由于顾客所处的地理环境、文化、社会、个人行为和心理特征的不同，决定了顾客之间的需求存在着广泛的差异。因此，企业可以根据顾客特点及其需求的差异性把一个整体市场加以细分，即可以划分为具有不同需求、不同购买行为的购买者群体。然后在这些不同的细分市场中选择目标市场，从产品计划、销售渠道、价格策略直至推销宣传，采取相应的一套市场营销策略，使企业生产和经营的产品，更符合各个不同目标市场的顾客的需要，从而在各个细分市场上提高企业自身的竞争能力，增加销售量，获取较大的市场份额。

市场细分概念从根本上改变了人们对市场的看法。过去人们把市场看作一个整体，认为所有的顾客对产品的需求是大致相同的，只需要单一品种、单一性能和单一包装的产品；认为企业占领市场的主要办法是保证产品质量、降低成本和价格。实际上，企业还可以通过有针对性地提供不同的产品去满足不同顾客的需求来达到占领市场、提高市场占有率的目的。因此，市场细分概念一经提出，便受到企业界的重视，并迅速得到推广使用。

二、市场细分的客观基础

在实际经营过程中，企业并不是在任何情况下都有必要或都可以进行市场细分。企业进行市场细分必须具备以下两个前提条件。

（一）市场需求存在差异性

这是企业进行市场细分的依据。如果市场需求不存在差异性，即当市场是同质市场时，顾客对商品的需求及企业的经营策略的反应相同或相似，则企业不必进行市场细分，只需向整体市场提供统一的标准化产品和服务就能满足所有顾客的需求。例如，人们对食盐的需求基本上是相同的，食盐市场就属于同质市场，企业不需要对这个市场进行细分。大多数旅游景点也不需要对市场进行细分。

随着社会的进步，人们生活水平的提高，不同顾客对同类产品需求的差异性越来越明显。因此，同质市场只局限于极少数产品。对绝大多数的产品而言，都属于异质市场，都需要进行市场细分。

（二）市场竞争日趋激烈

这是企业进行市场细分的动力，决定了企业是否应该进行市场细分。如果市场竞争不激烈，产品供不应求，则企业只需向整体市场提供单一的标准化的产品，通过增加产量、降低成本就可以获取最大的经济效益。在这种情况下，企业进行市场细分就没有必要。

三、市场细分的重要性

（一）目标市场营销

由于顾客需求的差异很大，酒店企业通常不可能为市场上的所有顾客服务。例如，任何一家饭店或旅行社，不可能有足够的精力和实力面向整个国际、国内市场，满足所有顾客的需要。因此，为了充分利用自己的有限资源，充分发挥自己的优势，提供适合顾客需要的产品和服务，大多数企业都实行目标市场营销，即选择与本企业营销宗旨最相适应、销售潜力最大、获利最丰厚的那一部分作为自己争取的目标，然后采取相应的市场营销手段，打入或占领这个市场。有效地实行目标市场营销，经营者必须相应地采取五个重要的步骤。

1. 企业情况分析

即弄清企业目前的地位、能力、目标和制约因素，以作为市场细分、选择目标市场和市场定位三大后续行动的根据。

2. 市场细分

即将整体酒店市场划分为若干个不同的顾客群体，针对他们的不同需求，采用不同的市场营销手段。这一步骤的主要任务是：企业必须确定各种细分市场的方法，进行市场细分并了解这些有实际意义的细分市场的情况，最后衡量每个细分市场对企业的吸引力。

3. 选择目标市场

即筛选出一个或几个细分市场，作为企业经营的目标。

4. 市场定位

即为本企业及其产品确定一个有利的市场竞争位置。

5. 制定相应的市场营销组合策略

即针对产品的市场定位，在产品、价格、销售渠道和促销等方面制定相应的策略，以突出产品的差异性，强化产品的独特形象，满足特定市场需求。

在这五个步骤中，目标市场营销的核心是市场细分、选择目标市场和市场定位，第一和第五个步骤只是这些核心活动的必要前提和支持。因此，一些西方市场营销专家把目标市场营销称之为策略性营销的灵魂。

（二）市场细分的意义

进行市场细分、选择目标市场对酒店企业和顾客都是有利的。对企业的好处至少有以下几个方面。

1. 有利于企业发展最佳的市场机会

通过市场细分，可以发现尚未满足的要求，从而找到对本企业最有利的市场营销机会。一个未被竞争者注意的较小的细分市场，可能比有众多竞争者激烈争夺的大市场能带来更多的效益，特别是对知名度不高或实力不强的小企业，更有价值。因为这些小企业通过市场细分，使它们有可能找到营销机会，在大企业的空隙中求得生存和发展。

2. 有利于按目标市场的需要改良现有产品和开发新产品

通过市场细分，酒店企业往往会发现顾客需求有新的变化，现有产品已难以满足其需要，必须对现有产品进行改良或开发新产品才能适销对路。例如，假日集团在市场细分的基础上，又推出了高档商务旅馆及低档的经济型旅馆，很好地满足了不同顾客的需求。因此假日集团生意兴隆，发展神速。

3. 有利于酒店企业集中使用资源

正像在战场上全面出击往往不如集中优势兵力打歼灭战一样，酒店企业在整体市场上到处开花，不如集中力量投入目标市场，发展特色产品，这样更能提高企业知名度和市场占有率，从而使企业得到发展和壮大。

在酒店市场上，一方面总会有一些尚未满足的需求无人关注，另一方面大家却又争相经营某些热门货。殊不知热门会变冷，而冷门有时却可能变热。其实每个企业都应根据自身的条件，选择合适的目标市场，不应一哄而起"赶浪潮"。20世纪80年代末至90年代初，国内一些地方不顾市场条件盲目兴建高档宾馆而损失惨重的深刻教训值得记取。近年来也有不少企业在运用市场细分策略和目标市场理论方面，取得了显著成效。例如，北京永安宾馆把目标市场定位于长住客市场，针对长住客的需要把宾馆建设成公寓式宾馆，很好地满足了长住客的需求，创造了良好的经济效益。

四、酒店市场细分的方法

市场细分的依据是顾客需求的差异性。从旅游业的具体情况来看，顾客需求的差异性可以表现在很多方面。根据市场营销学的一般原理，可按照顾客的特点、地理区域、消费心理及购买行为四个方面对顾客市场进行细分。

（一）按顾客的特点进行市场细分

顾客的特点可以表现在很多方面，如年龄、性别、职业、受教育程度、社会阶层、种族、宗教、收入、国籍、血缘关系等。这种细分方法较为常用，因为这些指标与顾客的欲望、偏好、出游频率等直接相关，而且顾客的特点比其他因素更容易测量。因此，对酒店企业而言，这些指标是非常重要的细分依据。

1. 按年龄细分

人们在不同年龄阶段，由于生理、性格、爱好的变化，对酒店产品的需求往往有很大的差别。因此，可按年龄范围细分出许多各具特色的顾客市场，如儿童市场、青年市场、中年市场、老年市场等。

2. 按性别细分

在对产品的需求、购买行为、购买动机、购买角色方面，两性之间有很大的差别。如参加探险旅游的多为男性，而女性外出旅游时则更注重人身财产安全。公务旅游以男性为主，家庭旅游时间和旅游目的地的选择也一般由男性决定，在购物方面女性通常有较大的发言权。在购买酒店产品时，男性通常对价格反应较迟钝，而女性则较敏感。

3. 按收入细分

人们收入水平的不同，不仅将决定其购买酒店产品的性质，还会影响其购买行为和购买习惯。如收入高的人往往喜欢到高档饭店消费，往往愿意选择豪华型旅游；收入低的人往往在普通饭店消费，更愿意选择经济型旅游。

4. 按民族细分

不同的民族有不同的传统习俗、生活方式，从而呈现出对酒店产品的不同需求。按民族进行细分，可以更好地满足不同民族的不同需求，从而进一步扩大酒店企业的产品市场。

5. 按职业及受教育程度细分

从事不同职业的人由于职业特点及收入的不同，其消费需求差异很大。顾客受教育程度的不同，其兴趣、生活方式、文化素养、价值观念、审美偏好等方面都会有所不同，会引起对酒店产品的需求、购买行为及购买习惯的差异。

> **相关案例**
>
> ### 重庆酒店首推"女性房"
>
> 位于杨家坪的佳宇英皇酒店里，服务员正向前来咨询的女客人介绍酒店。记者昨日获悉，在激烈的行业竞争下，一酒店首次抛出了"女性酒店"概念。据了解，该酒店锁定女性为主要目标客户群，但男性仍可入住。
>
> 该酒店在服务上显得很"女性化"。在酒店入住的女顾客，每天可获酒店的"粉红礼包"，包括每天的鲜花、芦荟排毒养颜汁等小礼品。该酒店公关部负责人向记者透露，正在打造两套特色房，在设计上采用了粉红、粉紫等色调，还特意加入了绒毛熊、抱枕等家居化物品。连睡衣、拖鞋都是卡通系列。这种房间比普通房间要贵100元左右，价格是388元/天。该人

> 士称，酒店还将聘用一名美容师为入住的女性顾客指导化妆技巧、服饰搭配。
>
> 业内人士分析，目前，中国的女性消费市场的引导和细分还处于萌芽阶段，而且，重庆的酒店客人以男性居多，市场前景还很难预料。

（二）按地理区域进行市场细分

所谓按地理区域进行市场细分，是指企业按照顾客所在的地理位置来细分酒店市场，以便企业从地域的角度研究各细分市场的特征。如按区域、国家、地区、城市、乡村、气候、空间距离等，将酒店市场分为不同的细分市场。其主要理论依据是：处于不同地理位置的顾客，对企业的产品各有不同的需要和偏好，对企业所采取的市场营销战略、市场营销策略也各有不同的反应。如，我国北方人饮食口味偏重，而南方人口味偏清淡，餐饮企业应"因地而异"提供不同口味的产品。按地理区域进行市场细分又有以下三种具体形式。

1. 按主要地区细分

世界旅游组织将国际酒店市场划分为六大区域，即：欧洲区、美洲区、东亚及太平洋区、南亚区、中东区、非洲区。据有关统计，欧洲和北美出国顾客及所接待的国际顾客最多，国际旅游收入也最高。而近20年来，旅游业发展和增长最快的地区则是东亚及太平洋地区。

2. 按国家、地区细分

这是旅游业最常用的一个细分标准。通过把顾客按其国别划分，有利于旅游地或旅游业了解主要客源国市场情况，从而针对特定客源国市场的需求特性，制定相应的市场营销策略，以收到良好的市场营销效果。

3. 按气候细分

各地气候不同会影响酒店产品的消费，影响顾客的流向。如在冬季对于我国的国内酒店市场，南方游客外出旅游的热点常常是北京、哈尔滨等地，而许多北方游客则把海南、桂林、云南等地作为外出旅游的首选。从国际酒店市场看，凡气候寒冷，缺少阳光地区的顾客一般趋向于到阳光充足的温暖地区旅游。这也是地中海地区、加勒比海地区旅游业发达的主要原因。

根据气候特点的不同，企业可以把酒店市场细分为热带旅游区、亚热带旅游区、温带旅游区、寒带旅游区等。

（三）按心理因素细分市场

所谓按心理细分，就是按照顾客的生活方式、态度、个性等心理因素来细分酒店市场。顾客的欲望、需要和购买行为，不仅受人口的社会特征影响，而且受心理因素影响。企业可根据此将酒店市场细分为不同的子市场。其细分方法主要有以下两种。

1. 按生活方式细分

生活方式是人们生活和花费时间及金钱的模式，是影响顾客的欲望和需要的一个重要因素。目前，越来越多的企业按照顾客的不同生活方式来细分酒店市场，并且针对生活方式不同的顾客群体来设计不同的产品和安排市场营销组合。例如，家庭观念强的顾客，外出旅行时更多是家庭旅游；事业心强的游客外出旅游则以公务旅游、修学旅游为主。

对于生活方式不同的顾客群，不仅设计的产品不同，而且产品价格、经销方式、广告宣传等也有所不同。许多企业从生活方式细分中发现了更多、更有吸引力的市场机会。

为进行生活方式细分，企业可以通过"AIO 尺度"来测量顾客的生活方式，即：

活动（activities），如顾客的工作、业余消遣、休假、购物、体育、款待客人等活动；

兴趣（interests），如顾客对食品、娱乐、服装的式样等的兴趣；

意见（opinions），如顾客对自己、对社会问题的意见，及对相关政治、经济、产品、文化、教育、将来等问题的意见。

2. 按态度细分

它是指根据顾客对企业及其商品的态度进行分类并采取相应的营销措施。如对待"我曾听说过某品牌，但我并不真正了解它"之类持中间态度的顾客，应提供详细资料，大力开展有说服力的促销活动；对待"某品牌是市场上最好的产品"之类持积极态度的顾客，应利用持续的促销活动和与顾客签订合同的办法加以巩固；对"某品牌比另外某品牌差"之类持消极态度的顾客，要改变其态度是较困难的，应把促销工作做细，并改进产品质量，提高企业形象。一般说来，企业放弃"消极态度"的细分市场是合适的，因为企业进行市场细分并不是要企业利用一种营销努力来满足所有顾客群体的要求。

（四）按购买行为细分市场

根据顾客对产品的理解、态度、购买过程及方式等方面的不同，把整体酒店市场细分成不同的群体，具体来说包括下列各种细分方法。

1. 按购买目的细分市场

按一般顾客外出旅游的目的来细分市场，大体上可划分为以下几种：度假旅游、观光旅游、公务会议旅游、奖励旅游、探亲访友、购物旅游、美食旅游、探险旅游、体育保健旅游等细分市场。这些细分市场，由于顾客购买目的不同，对酒店产品的需求特点也有差异。

2. 按顾客寻求的利益细分市场

一般来说，顾客购买某种产品，都是在寻求某种特殊的利益，因此企业可以根据顾客对所购产品追求的不同利益来细分市场。酒店企业在采用这种方法时，首先要断定顾客对酒店产品所追求的主要利益是什么，追求各种利益的人是什么类型的人，各种酒店产品提供了什么利益，然后根据这些信息来采取相应的市场营销策略。例如，一部分商务顾客往往把豪华舒适的设备设施、周到完美的服务作为追求的利益标准；而另一部分商务顾客则把快捷高效的服务作为利益标准；还有一部分商务顾客利用从出差包干费中赚取"节余归己"的报销差额作为利益标准。只有了解顾客寻求的利益，企业才能通过为顾客提供最大的利益来实现营销目标。

3. 按使用情况细分市场

使用情况是指顾客从前是否有使用过某种产品或服务的经历。按这种标准，酒店市场可细分为潜在使用者、初次使用者和经常使用者市场。如从未光顾的客人、初次光顾的客人、饭店的回头客等。对潜在使用者、初次使用者和经常使用者应分别采用不同的营销方法。

4. 按购买过程及方式细分市场

即根据顾客购买、使用产品的过程及方式的不同来细分市场。例如酒店企业往往根据顾客外出旅游的过程和方式把顾客划分为团体客人和散客。在旅游接待中，团体客人和散客对旅游方式、酒店产品与服务等方面的要求有很大的差别。

5. 按购买时机细分市场

是指按顾客购买和使用产品的特定时机细分市场。例如，某些产品和服务项目主要适用于某个特定时机，诸如五一节、国庆节、春节、寒暑假等。企业可以把特定时机的市场需求作为服务目标，如旅行社可以专为某种时机提供某些旅游服务，餐厅可在某个特定时机推出特定的菜肴和服务，诸如春节年宵夜饭等。

6. 按顾客忠诚程度细分市场

顾客忠诚程度是指一个顾客不得不购买某一品牌商品的一种持续信仰和约束的程度。例如通过调查顾客外出时对特定的航空公司、特定的旅行社、特定品牌酒店的忠诚程度，辨别出本企业的忠诚顾客。酒店企业发现并保持这类顾客是十分重要的，企业应该为他们提供更好的服务。酒店企业通过给坚定的顾客某种形式的回报来鼓励培养顾客对本企业的忠诚。不少饭店管理集团如凯悦国际集团、假日酒店集团、喜来登国际集团纷纷报出各种奖励项目，较为典型的一种形式是吸收那些多次购买本企业产品并忠实于本企业的顾客为会员，按购买数量的多少给予不同程度的奖励，以增加客源的稳定性。

酒店市场细分的目的，就是要寻找那些忠实于本企业产品、购买频率及规模程度都很高的顾客作为本企业的目标市场。

五、酒店市场细分的原则

如上所述，酒店市场细分的方法很多，细分的因素、标准不一，企业在进行市场细分时不是随便根据什么标准都可以进行的。为保证酒店市场细分工作的有效性，企业必须对市场细分的方法及细分后的市场进行评估，确保各细分市场具有以下特点。

1. 可衡量性

它是指市场细分的标准和细分后的市场是可以衡量的。如果某些细分标准或顾客的特点和需求很难衡量，那么这个细分市场的大小就很难测定。一些带客观性的细分标准如年龄、性别、收入、受教育程度、地理位置、民族和种族等，往往易于确定，并且有关它们的信息和统计数据，通过统计部门是比较容易获得的。但是一些带主观性的细分标准，如心理因素，则较难以断定。同时，经过细分后的市场的范围、容量、潜力等也必须是可以衡量的，这样才有利于确定企业的目标市场，这样的细分方法对企业才有实际价值。

2. 规模性

它是指细分市场的大小必须具备一定的规模，达到值得单独营销的程度，即划分出来的细分市场必须是值得采取单独营销方案的最小单位。它的规模必须是能使企业从中获取一定的销售额，不但保证企业的短期利润还要有一定的发展潜力，以保持较长时期的经济效益。例如在内地一个普通的县城，如果要满足少数人喜欢西餐的要求而专门开设一个西餐厅，可能由于这个细分市场太小而得不偿失。

3. 可接近性

它是指对细分出来的市场，酒店企业可以利用现有的人力、物力和财力去占领能进行有效促销和分销的程度。这些细分市场中的顾客，必须在易于接触和沟通方面具有充分的相似之处，以便企业能较经济而有效地与这些潜在顾客接触沟通。这些顾客可能在地理上是比较集中的，也可能经常接触相同的广告媒体，这样企业便可通过采用相应的促销手段，经济而有效地向他们推销。

4. 独特性

它是指市场细分的结果应能凸显出各细分市场需求方面的特点。这些特点的差异将使细分出来的市场对企业市场营销组合有独特的反应。即通过某种特定方法细分出来的各个细分市场，其成员对企业市场营销组合的反应必须是不同的。如果各个细分市场在需求方面不存在差异，它们对某种市场营销组合的反应都是相同的，那就没有必要、也不存在要在不同的细分市场中实施不同的市场营销组合，只要采用大量营销方法就可以了。如我国早期的餐饮业，由于当时人们对食品的需求基本相同，因此当时没有必要进行市场细分。后来，随着人们生活水平的提高。人们外出用餐有了较大的差异，这时才有必要和可能将餐饮客源市场细分为高档餐饮、中档餐饮和大众餐饮等细分市场。

单元二　酒店目标市场的选择

一、目标市场策略

市场细分是酒店企业选择目标市场的依据。所谓目标市场是指企业作为服务目标的顾客群体。目标市场策略则是指企业在市场细分化的基础上，决定和选择目标市场的方法和策略。酒店企业经过环境分析，发现了适合自身发展的市场机会和不利于自身发展的市场威胁以后就应该具体研究进入什么样的市场问题，即选择目标市场。酒店企业在选择目标市场时可应用的策略一般有三种：无差异性市场策略、差异性市场策略、密集性市场策略。

（一）无差异性市场策略

无差异性市场策略是指酒店企业将整体酒店市场看作一个大的目标市场，以一种产品组合、一种营销组合去满足所有顾客的需求的策略。该策略的优点在于产品标准统一，易于管理，便于规模化生产，能降低成本。而事实上，顾客的需求是不可能完全统一的，所以，酒店企业提供酒店产品时应该给顾客以更多的选择空间。在企业经营过程中任何产品都不可能在市场上长期地为所有顾客所接受，而且旅游需求的差异性相对于其他产品更为明显。例如，20世纪70年代末在我国一些旅游城市兴建的第一批合资饭店中，所有的房间基本上都是一种没有差异的统一标准间，较为适应当时以团队客人为主的入境游市场；当入境游散客市场日渐兴旺，且游客越来越倾向于选择单人房时，这种统一标准房就不再符合市场潮流。

运用这种策略最成功的例子是早期的美国可口可乐公司。在相当长的时间里，可口可乐公司拥有世界性的专利。该公司仅生产一种口味、一种大小瓶装的可口可乐，连广告字句也仅有一种。这种无差异市场策略，在新产品处于产品市场寿命期中的导入期与成长期阶段，或者在产品供不应求，市场上还无竞争对手时，或者在竞争不激烈的时期，是一种经常采用的策略。无差异市场策略，有利于运用各种媒体统一宣传广告内容，节省广告费用开支，并能迅速提高消费者对产品的知名度，达到创牌目标。但是，这一策略由于针对性不强，不能针对不同的目标市场开发产品，因而采用此策略也越来越少。

（二）差异性市场策略

差异性市场策略是指酒店企业在市场细分的基础上，针对每一个细分市场的需求特点和环境形势，进行不同的市场经营组合，以差异性的产品分别满足差异性市场需求的策略。例如，饭店向客人提供从单人间、标准间、普通套房、豪华套房以至总统套房等不同规格、设施、价格的客房体系；旅行社向市场推出同一线路的三日游、五日游、七日游，适应假期长短不一、支付能力不同、兴趣各异的顾客群。由于满足了各个不同市场面的需求，整个企业的销售额必然增大，而且会提高企业的知名度，增强顾客对本企业的信任感。但实行差异性策略必然要增加产品的品种、型号和规格，导致生产费用、推销费用、研究开发费用及行政管理费用的增加，要求相当规模的人、财、物等资源力量的投入。许多企业由于资源有限，是无法办到的。

可口可乐是世界上最畅销的软饮料之一，自1886年问世以来，一直奉行无差异市场策略，其广告语"请喝可口可乐"使用至今。百事可乐公司的创建比可口可乐公司晚 12 年，为了争夺市场份额，百事可乐公司进行了激烈的挑战。除了强调便宜（其广告语是"一样的价格，可饮两倍量"），争取年轻人（广告歌"今天生龙活虎的人们一致同意，年轻人就喝百事可乐"）外，还执行了差异化战略，即推出七喜汽水，争取"非可乐"细分市场，开展一场"无咖啡因"广告运动，对可口可乐造成巨大冲击。可口可乐在此打击下，不得不放弃无差异市场策略，也推出雪碧、芬达、雪菲力等各种风格和口味的饮料，以满足不同市场需要。

（三）密集性市场策略

密集性市场策略是指酒店企业把其全部资源力量集中投入在某一个或少数几个细分市场上，实行专业化的生产和经营的策略。无差异性市场策略和差异性市场策略都是以整体市场为目标，而密集性市场策略只是以某一个或少数几个市场面为目标市场，在有限范围的目标市场上集中力量以求拥有尽可能大的市场占有率。实施该策略的优势在于：一方面可以使酒店企业充分运用其有限的资源，"集中优势兵力打歼灭战"，使资源发挥尽可能大的作用；另一方面也是避实就虚、扬长避短、充分发挥自己优势的有效方法。在适当时机该策略还有可能创造出意想不到的超额效益。正是由于具有上述明显的优点，该策略使许多新企业战胜了老企业，小企业战胜了大企业。

例如，上海的海港宾馆在市场细分的基础上，把目标市场定位于商务顾客，针对商务顾客的需求巧妙设计客房，并与上海旅游协会合作，开办了上海第一个商务信息电脑库，较好地满足了商务顾客的需求。在高档宾馆林立、饭店业竞争极其激烈的情况下，常年保持很高的住房率，实现了良好的经济效益。又如"锦江之星"和"如家快捷"是目前国内排名第一、第二的经济型酒店品牌。由于消费水平在 100～260 元的顾客群规模庞大，使得经济型酒店近几年在我国发展异常迅猛。

然而，密集性市场策略如果市场范围过窄其风险就较大。由于目标市场比较单一和窄小，一旦市场出现不利于企业的情况，企业有可能会立即陷入困境。为了减少密集性市场策略的风险，许多酒店企业尽量把目标市场分散到不同的市场面。

二、影响目标市场策略选择的因素

目标市场策略的选择，是在对内外环境周密、审慎、准确分析和预测的基础上，并考虑到市场需求、自身实力、产品特点及竞争者等诸多因素后进行的。由于无差异性营销策略、差异性营销策略和集中性营销策略各有利弊，各有其适应性，酒店在选择目标市场营销策略时就不能随心所欲，必须考虑酒店本身的特点及产品和市场状况等因素，在对主客观条件全面衡量后才能加以确定。具体来说，酒店在选择目标市场营销策略时，通常应考虑以下几个因素：酒店资源；市场同质性；产品同质性；产品生命周期；竞争对手数目；竞争对手营销策略。

1. 酒店资源

酒店资源包括酒店的人力、物力、财力及酒店形象等。如果酒店规模较大，实力雄厚，有能力占领更大的市场，可采用差异性营销策略或无差异性营销策略；如果酒店资源有限，实力不强，无力兼顾整体市场或几个细分市场，可采用集中性营销策略。

2. 市场同质性

市场同质性是指市场上消费者需求和偏好所具有的类似性。如果消费者的需求和偏好十分相近，购买数量和方式也大体相同，说明市场同质性较高，可采用无差异性营销策略。如果市场需求的差别较大，就宜采用差异性营销策略或集中性营销策略。

3. 产品同质性

产品同质性是指本酒店产品与其他酒店产品的类似性。如果本酒店产品同其他酒店产品相似，说明产品同质性高，适宜采用无差异性营销策略；反之适宜采用差异性营销策略或集中性营销策略。

4. 产品生命周期

一般而言，酒店产品所处市场生命周期的不同阶段，采用的营销策略也有规律可循。若产品处于导入期或成长期，竞争者少，宜采用无差异性营销策略，以便探测市场的需求。产品进入成熟期，适于采取差异性营销策略，以开拓市场。产品进入衰退期，应采取集中性营销策略，集中力量于最有利的细分市场，以延长产品的市场寿命。

5. 竞争者数目

当竞争者数目少时，一般采用无差异性营销策略；当竞争者数目多、竞争激烈时，宜采用差异性或集中性营销策略。

6. 竞争者的营销策略

酒店在选择目标市场的营销策略时，必须考虑到竞争对手所采取的营销策略。一般来说，酒店应采取与竞争对手相反的营销策略，以避免与竞争者直接抗衡。当然，究竟采用什么样的营销策略，在实践中要根据不同时期双方的具体情况作出抉择。如遇到强有力的竞争者实施无差异性营销策略时，因可能有较次要的市场被冷落，酒店可乘虚而入，应采用差异性营销策略予以占领；如果实力较强的竞争对手已经采用了差异性营销策略，本酒店难以与之抗衡，则应进行更有效的市场细分，实行集中性营销策略；如果竞争对手的力量较弱，而自己的力量较强，则可完全根据自己的情况确定营销策略。

三、酒店企业选择目标市场的一般过程

选择目标市场就是要确定企业要选择多少类细分市场以及要选择哪些细分市场作为自己重点营销的目标市场。酒店企业往往要根据自身的条件确定一个或几个细分市场作为自己的目标市场，以便将自己有限的资源集中在招徕最能增加经

济效益的顾客群体上。

因此，对酒店企业而言，选择目标市场就必须在市场细分的基础上，对各个细分市场进行充分的评估，了解哪些细分市场值得花大力气去招徕，哪些细分市场的经营条件尚不成熟，企业应该考虑放弃；同时，对那些值得大力招徕的细分市场，企业是否有足够的招徕能力，是否有足够的竞争优势。围绕这些问题，酒店企业选择目标市场一般要经过以下步骤。

（一）评估各类细分市场的销售量及其发展趋势

值得企业大力招徕的细分市场必须具有足够的销售量。酒店企业对各类细分市场销售量的评估可包括两个方面。

1. 本地区各类细分市场的销售量及其发展趋势

这就要求酒店企业注意收集历年来本地区的各类细分市场的销售情况，如接待人数、天数、住房间天数、销售额等。然后，以历史统计数据为依据预测各细分市场未来的需求量及发展趋势，以区分哪些是增长型的细分市场，哪些是衰落型的细分市场。由于利用现有需求比创造需求往往更为有效，企业的目标市场一般应选择增长型的细分市场。

2. 本企业各类细分市场的销售量及其发展趋势

企业根据自己过去积累的经营资料，对过去的销售情况进行统计，分析了解各类细分市场的接待人数、天数、住房间天数、客房利用率、该细分市场接待数占接待总数的百分比等。为保证企业经营的平稳性，企业一般会考虑把目前业务量比例最高的细分市场作为短期内优先开发的重点。

（二）评估各细分市场的盈利能力

企业应该选择能给自己带来最大利润的细分市场作为目标市场。能为企业带来较大利润的细分市场一般需求量比较大，比如说接待人数较多、入住率较高等。但是有些细分市场，虽然需求量很大，但如果价格偏低时，就不会给企业带来很大的销售额。如果细分市场的经营费用较高，也不会给企业带来理想的利润。因此，酒店企业在选择目标市场时，还要分析各类细分市场的平均价格和销售额，分析各类细分市场所需要的经营费用。重点分析在企业产品生产中，哪些费用是变动费用，哪些费用是固定费用。通过分析各类细分市场的变动成本率、固定费用率、利润率，确定哪些细分市场能获取最大利润，应该花费较大的精力去争取；哪些细分市场招徕费用及接待过程中的变动成本不算太大，当企业接待能力有剩余时，应该努力争取，以支付酒店企业庞大的固定成本。

（三）评估各类细分市场需求的季节变化模式

旅游活动具有很强的季节性，在酒店市场上，各个细分市场在不同的季节和时间里，需求的季节变化模式不同。绝大多数的酒店企业在一年中有旺季、平季和淡季之分。旺季的需求量很大，企业不需要作大量的市场营销和推销工作，接待顾客的人数很多，企业的接待能力可以较充分地利用；平季需求量比旺季小，但能达到一定规模；淡季需求量则很小。因此，企业要分析顾客需求的旺季、平季、淡季，把营销精力放在能充分利用酒店企业接待能力的细分市场上。

企业市场营销的主要精力，重点应放在不经努力，需求量容易下降或经过努力需求量容易增加的那些细分市场上。如果在旺季对细分市场投入很大的精力，由于受企业接待能力的限制，销售额不会有很大的提高，在平季时，各竞争者的接待能力都有剩余，如果企业对细分市场不下大精力去招徕，这些细分市场将会被竞争对手夺去。对于淡季应作具体分析，当此时的某一细分市场需求的绝对数量很小，即使企业下很大精力招徕、推销也不会使销售量有很大的提高时，企业就不值得过多地花财力和精力；但是，此时若某些细分市场具有一定的需求量，或者是企业通过市场细分可以开发新的细分市场，则应考虑投入一定的精力去招徕。例如饭店在淡季组织各种特殊活动来吸引本地居民使用饭店设施，以提高设施的利用率。

评估各类细分市场需求的季节变化模式，其重点是分析哪些细分市场可以充分利用平季和淡季的接待能力。首先应列出在没有经过积极推销的情况下本企业在这段时间主要接待了哪些类型的顾客，他们购买本企业产品的目的是什么，对产品和服务有什么要求和需要。这些细分市场在淡、平季各月份需求量有多少，经过积极推销能否增加销售量。同时，还要分析有哪些新的细分市场经过特殊推销能被企业用来在平季及淡季招徕游客。

从外部分析，要密切注意竞争者在这些季节吸引哪些细分市场，为什么一些客人愿意选择竞争者的产品，本企业是否有能力去争取这些细分市场。

（四）分析本企业对各类细分市场的招徕能力

企业选择目标市场时，除了考虑各细分市场是否值得招徕外，还必须分析自己是否具有足够的招徕能力。因此，酒店企业必须分析自己的产品特色、设备设施情况及服务质量等。以明确本企业是否有条件招徕各类细分市场上的游客。首先要详细地研究各细分市场的具体需求，研究顾客对同类产品和服务要求的最重要的因素是什么。例如对饭店产品，顾客最关心的是地理位置、清洁卫生或是豪华舒适；对旅行社产品，顾客最关心的是导游服务、方便舒适、价格公道合理等等。分析本企业现有产品和服务在这些因素方面能否满足顾客的需要和要求，有哪些没得到满足，能否改变产品和服务去适应这些需求。

（五）分析竞争对手对细分市场的招徕能力

除了企业自身的条件外，竞争对手的情况也是影响企业对各类细分市场招徕能力的一个重要因素。因此，在选择目标市场时，还必须分析在各细分市场上企业有哪些竞争对手；在满足各类细分市场的需要和要求方面，竞争对手与本企业相比有哪些优势和弱点，竞争对手在哪些方面强于本企业，在这些方面能否赶上甚至超越他们，竞争对手是否在大力招徕这些细分市场，竞争对手的产品能否满足这些细分市场的各种需求。

如果某些细分市场虽然有一定的潜力，但各企业都在大力招徕这些细分市场，而且接待能力已经超过这些细分市场的需求量，若此时企业还进入该细分市场就会造成很大的浪费,甚至会导致企业间的恶性竞争。这是企业经营应该注意避免的。

同时,企业还应该分析本地区旅游业是否存在一些没有得到满足的新市场或新需求。例如某些地区饭店的设备和服务质量不够好,不能满足商务顾客的需求;有些地区饭店客房价格太高,不能满足度假顾客的需求;而有些地区以观光旅游为主,不能满足顾客多样化的要求。对这些细分市场,企业应分析是否有能力去满足。

相关案例

关于如家酒店

如家酒店集团创立于2002年,2006年10月在美国纳斯达克上市(股票代码:HMIN)。作为中国酒店业海外上市第一股,如家始终以顾客满意为基础,以成为"大众住宿业的卓越领导者"为愿景,向全世界展示着中华民族宾至如归的"家"文化服务理念和民族品牌形象。

如家酒店集团旗下拥有如家酒店、和颐酒店、莫泰酒店三大品牌,截至2013年底已在全国250多座城市拥有连锁酒店1772家,形成了遥遥领先业内的国内最大的连锁酒店网络体系。在最新的《财富》杂志评选出的全球最具成长性公司100强榜单中,如家酒店集团凭借良好的业绩进入十强,名列第九。

经济型连锁酒店品牌——如家酒店,提供标准化、干净、温馨、简洁、贴心的酒店住宿产品,为海内外八方来客提供安心、便捷的旅行住宿服务,传递着适度生活的简约生活理念。

时尚新概念连锁酒店品牌——莫泰酒店,以设计时尚、设备齐全、舒适方便而深度契合消费者个性化的住宿需求,莫泰旨在贯彻时尚理念,同时追求健康、品位的生活品质,提供与众不同的全新酒店住宿感受。

中高端商务酒店品牌——和颐酒店,旨在满足境内外中高级商务及休闲旅游人士的需要,以精致时尚的环境设计、舒适人性的客房设施、便捷高效的商务配套、恰到好处的热情款待,带领宾客体验前所未有的旅行新乐趣。自信而不张扬,和气但不平庸,环境与人融为一体,平衡之道,尽在魅力和颐。

如家成立至今,更以敏锐的市场洞察力、完善的人力资源体系、有力的管理执行力和强大的资金优势迅速建立起了品牌、系统、技术、客源等多个核心竞争力。作为国内最大的综合性酒店集团,如家正用实际行动引领着中国大众住宿业市场走向成熟和完善,带领民族品牌走向世界。

(资料来源:如家酒店官网。)

案例分析:认真阅读本案例分析,如家酒店集团将其下属酒店细分为几个品牌,每个品牌针对哪类客人,如此进行的市场细分其营销优势何在?

单元三　酒店市场定位

一、酒店市场定位的定义

当企业选定某一细分市场作为目标市场后，便应考虑为本企业的产品在目标市场上进行有效定位的问题。因为在这个市场中往往都会有一些捷足先登的竞争对手，甚至有的竞争企业在这个市场中已占据了"地盘"，树立了独特的形象。这样新来的企业便有一个如何使自己的产品与现存的竞争对手产品在市场形象上相区别的问题，这就是市场定位问题。

所谓市场定位，是指企业为其产品即品牌确定市场地位，即塑造特定品牌在目标市场（目标顾客）心目中的形象，使产品具有一定特色，适合一定顾客的需求和偏好，并与竞争对手的产品有所区别。因此，市场定位的实质就是差异化，就是有计划地树立本企业产品具有某种与竞争者产品不同的理想形象，以便国际和国内市场了解和接受本企业所宣称的与竞争对手不同的特点。

我国酒店业目前尚处于发展的阶段，这表现在档次梯度结构不合理、产品形式单调缺乏个性等方面，无论是经营者还是消费者都不同程度地存在对酒店行业的一些误解。近年来各类专业型平价旅馆蓬勃发展的势头从另一个侧面为我们展示了酒店业发展的本来面目。

二、酒店企业市场定位的作用

（一）便于企业建立竞争优势并方便顾客选择购买

在知识经济已经到来的当今社会，同类产品的竞争越来越激烈，酒店市场的产品信息日新月异、目不暇接，过量的信息会干扰顾客的购买决策，顾客不可能在每次购买前都对产品作重新评价。为了简化购买决策，顾客往往会将产品加以归类，即将产品和服务在他们心目中"定个位置"，这种产品位置就是顾客将某种产品与竞争产品相比较后得出的一组复杂的感觉、印象。企业为了使自己的品牌获得有利的认知和普遍的认同，使品牌形象深入人心、持久不忘，就需要准确地为自己的产品即品牌定位。产品进行了有效的定位，会使顾客产生深刻、独特的印象和好感，对该产品和品牌形成习惯性购买，从而使企业的市场不断巩固和发展。

因此，企业进行市场定位，通过确定产品或品牌的竞争优势，着重推出与竞争产品和其他品牌不同的产品以满足顾客利益，可以更有效地吸引该细分市场中的游客，增强顾客的购买信心，有利于他们迅速作出购买决策，重复购买本企业的产品。

（二）避免企业间的恶性竞争

如果企业不愿意或不能进行有效的市场定位，不搞差异化，不仅不利于顾客充分行使选择权，不能满足顾客多样化的需求，而且还会由于众多企业都以同样的产品和服务角逐同一市场的有限顾客，使得各级企业的市场严重分流，达不到理想的规模经济效益。同时，由于大家都想争夺有限的客源，必然会进一步加剧市场竞争，甚至会出现恶性竞争的局面。由于没有进行有效的市场定位，企业产品雷同，在产品品种、服务、人员、形象等方面没有明显的差异，企业间的竞争就会更多地反映在价格上。价格竞争又会进一步降低企业的利润使企业缺乏技术改造和扩大生产的资金，最终影响到企业和整个行业的发展。

三、市场定位的方法

一种新酒店产品或新品牌在目标市场上如何定位，如何塑造形象，即根据什么标准来定位，是市场定位工作中首先遇到的问题。市场定位的方法很多，大致可概括为以下两种主要类型。

（一）与竞争对手定位相同市场以争取更多的市场份额

这一策略又称迎头定位。这是一种与在市场上占据支配地位的竞争对手"对着干"的定位方法，即酒店企业选择与竞争对手重合的市场位置，争取同样的目标游客，彼此在产品、价格、分销、供销等方面少有区别。采用迎头定位，企业必须做到知己知彼，自己是否拥有比竞争者更多的资源和能力，是不是可以比竞争对手做得更好。否则，迎头定位可能会成为一种非常危险的战术，会将企业引入歧途。

旅游业是一种容易进入的富有竞争性的产业。大多数企业产品之间的差别都很小，吸引的是同一细分市场的游客，因此它们在许多情况下采用的是与竞争对手定位相同市场，争取更多的市场份额的方法。这一方法的要点是：拥有每一家竞争对手企业的优势，再加上自己的优势，如企业在产品（服务）质量、价格、功能等方面的特色，从而使自己处于领先地位。

（二）定位需求尚未被满足的新市场去获得创新利润

这一策略又称避强定位。这是一种避开强有力的竞争对手市场定位的模式。饭店不与对手直接对抗，将自己定位于某个市场"空隙"，发展目前市场上没有的特色产品，开拓新的市场领域。这种定位的优点是：能够迅速地在市场上站稳脚跟，并在消费者心目中尽快树立起一定形象。这种定位方式市场风险小，成功率较高。

在国际上，这种定位成功的例子是美国 20 世纪 60 年代的经济型汽车旅馆（budget motels）。这种旅馆为公众旅行提供了回到基本需要去，又可以节约钱的选择。它不需要有会议室、宴会厅和娱乐设施，这对只想有一个舒适夜晚休息的宾客来说是满意的。这种细分市场的空当，首先被一些汽车旅馆发现了，他们很快获得了这类旅馆的领导权。

美国温迪快餐公司进入快餐则是一个在快餐定位方面成功的例子。许多人认为，由于麦克唐纳和伯格金快餐公司实力强大，因此没有一家新的快餐公司可能来分割这一市场,可是温迪快餐公司做到了。

温迪快餐公司识别了一个新的细分市场。他们不是麦克唐纳和伯格金汉堡包经营的儿童市场,而是老年市场。老年人寻求不同的汉堡包,这种汉堡包提供不同的调味品,也具有不同的外表装饰,它的广告强调汉堡包馅饼新鲜这一特点,同时帮助宾客与麦克唐纳和伯格金用冰冻肉做的汉堡包馅饼相区别。显然,温迪快餐公司创造了一种新鲜的、可根据顾客要求而定制的更适合老年人的汉堡包。

实际上,以上两种定位方法往往被结合起来使用。

四、酒店市场定位的过程

1. 明确企业的竞争对手

酒店企业的竞争对手,也就是本企业产品的替代者,包括企业面对的现实的竞争对手,以及潜在的竞争对手。一般来说,企业的竞争对手应符合以下几个条件。

① 地理位置相近;
② 目标市场一致;
③ 产品和服务相同,产品档次相同或类似;
④ 价格相差一般不超过20%。

2. 对竞争对手产品进行分析

在确定竞争对手后,企业必须从静态和动态两个方面了解、分析和比较竞争对手的情况,特别是竞争对手的产品种类、设备设施状况、服务质量及价格等情况,以了解本企业产品的优势及不足。

3. 确立产品特色

确立产品特色是市场定位的出发点。首先,要了解市场上竞争对手的定位情况,了解其产品有何特色。其次,要研究顾客对产品属性的重视程度,并在市场定位时突出强调顾客所关心的产品属性。最后要考虑企业自身的条件。有些产品属性,虽然是顾客比较重视的,但如果企业力所不及,也不应成为市场定位的目标。综合考虑这几方面因素,企业可以明确自己所要确立的产品特色。

4. 树立市场形象

企业确立的产品特色是其有效参与市场竞争的优势,但这些优势不会自动地在市场上显示出来。要使这些优势发挥作用,影响顾客的购买决策,需要以产品特色为基础,树立鲜明的市场形象,通过积极主动而又巧妙地与顾客沟通,引起顾客的注意和兴趣,求得顾客的认同。有效的市场定位并不取决于企业是怎么想的,关键在于顾客是怎么看的。市场定位的成功直接反映在顾客对企业及其产品所持的态度和看法上。

5. 巩固市场形象

顾客对企业的认识不是一成不变的。由于竞争者的干扰或沟通不畅,会导致市场形象模糊,顾客对企业的理解出现偏差,态度发生反转等。所以,建立市场形象后，企业还应不断向顾客提供新的论据和观点，及时矫正与市场定位不一致的行为以巩固市场形象，维持和强化顾客对企业的看法和认识。

五、CIS定位在酒店企业市场营销中的应用

（一）CIS的概念及其内容构成

CIS（corporate identity system）可以理解为企业识别系统，作为一种功能，CIS可以被理解为企业形象定位战略。

具体地说，CIS是对酒店企业本身的经营理念、行为方式及视觉识别进行一种系统的设计，并向社会统一传播，更直接一点说，CIS就是企业的"脸"和"身份证"。其目的是要在宾客和公众中间树立企业的完美形象，从而获得宾客和公众的认可。

为了在众多的酒店企业中让公众准确地认知并与竞争者相区分，酒店企业不仅要塑造自己独特的企业形象，并且要建立统一的识别系统，正确地传达酒店企业信息。这一策略就是酒店企业的识别系统——CIS。CIS的最终目的是为塑造良好的酒店企业形象服务的。CIS的作用在于确立并明确酒店企业的主体性，把本企业与其他酒店企业区别开来，保持本企业的一贯风格特点，塑造统一良好的企业形象。

酒店企业的企业识别系统（CIS）由理念识别、行为识别、视觉识别三个部分组成。

1. 理念识别（MI）

理念识别（mind identity）是企业识别的核心和精神所在，是酒店企业识别系统的原动力，也是酒店企业文化的重要组成部分。它包括酒店企业的价值观念、经营方针与路线、精神与道德风尚、规章制度等。

在酒店企业理念的开发中，一个重要的环节就是将理念条文化，将抽象的理念变成可以把握、便于理解的条文。无论是为了规范员工的行为，还是向社会大众传递酒店企业需要传递的理念信息，都必须容易阅读和理解，要简明扼要。除了做成宣言、行为规则、酒店企业公告外，还可成为精神标语、歌曲等。很多酒店企业还制定了表达企业理念的广告口号。例如，波音航空公司的"让人们走到一起"，南方航空公司的"您的空中之家"，等等。

由于酒店企业提供给顾客的是人对人的服务，在经营接待与服务的过程中，酒店企业管理、服务人员与顾客之间有更多的思想、情感的交流与对话，顾客对管理、服务人员的经营理念的感受比对其他企业更为直接和强烈。同时，顾客在消费过程中最为重视的是在接受服务时所获得的精神、文化方面的享受。因此，酒店企业在理念识别上更具有自身的特殊性。在向顾客传递酒店企业理念和表明酒店企业的社会意义的广告口号中，应特别注重对顾客的尊重与服务，语言充满情感。例如，假日酒店集团的"一切为顾客着想，质优价廉"；希尔顿的"高效、诚实、守信、承担责任"；地中海管理集团的"娴熟的技巧、开朗的性格、面向

世界"，等等。而在酒店企业内部则应强调发挥人在经营中的主体作用，创造良好的人际环境。如，一些饭店推出"你选择了一家旅游饭店，你同时也选择了一种生活方式"、"我们是为女士们和绅士们服务的女士和绅士"之类的口号就可以促进群体意识和心理的培养；提出"如果你不是直接为客人服务的，那么你的职责就是为那些为客人服务的人服务"的口号来创造管理者与一般员工之间的和谐关系。

2. 行为识别（BI）

行为识别（behavior identity）指的是在酒店企业理念指导下的全体员工自觉遵循的工作与行为方式，是酒店企业识别系统中的动态系统，它把理念化为有生命的行为。行为识别必须与理念保持一致性，而不能与之相违背。酒店企业的一切行为都应当做到上下、内外一致，都要围绕塑造良好的酒店企业形象这一中心。酒店企业的行为识别包含着酒店企业的经营管理、业务活动的一切领域。有对内、对外两个部分：一是酒店企业内部行为识别，包括酒店企业内部的传达与沟通、员工教育培训及行为规范化管理，等等；二是酒店企业对外行为识别，包括市场调查、产品开发、公共关系、服务活动、广告活动、人员推销活动，等等。

酒店企业给顾客提供的主要是面对面、劳务性强的服务。员工的言行、态度、处事方式、敬业精神、专业水平等几乎都毫无保留地展现在顾客面前，成为酒店企业形象的窗口。酒店企业在行为识别上形成自身的个性与特色，以使自身的服务既能满足顾客的需要，又应超越通常的规范化、标准化服务的约束，才能给顾客留下难忘的印象。行为识别要达到预期的效果，员工审美修养的提高有着特别的意义。具有较高审美修养的酒店企业员工才能在接待服务中，与顾客建立起一种美好、和谐的人际关系，给顾客提供主动、热情、真诚、细心、周到的服务。这种服务超越了一般的规范化、标准化服务，是主动寻找、发现顾客需求的个性化服务，是没有或极少交际障碍的服务，体现了服务者与服务对象在服务行为过程中的统一，在服务行为中显现出特有的酒店企业形象风采。

3. 视觉识别（VI）

视觉识别（visional identity）是通过组织化、系统化、统一化的视觉传播设计，将酒店企业的经营理念和各项信息有计划地传达给社会，塑造酒店企业良好的独特形象。它是理念识别的具体化和视觉化。

视觉是人们获得信息的最主要渠道之一，视觉传达无疑是酒店企业形象传播的主要途径。视觉识别的设计与传播不仅要与理念识别和行为识别相统一，而且视觉识别自身系统内的各部分也应具有相统一的风貌、个性和特色。有统一的设计思想，才能够产生最大的社会影响，给人留下难以忘怀的印象。

酒店企业视觉识别的主要内容是企业的标志、旗帜、招牌和基色以及酒店企业的企业字体、印刷品、事务用品、交通工具和员工的服饰，等等。

4. CIS 三部分内容之间的关系

理念识别、行为识别、视觉识别三部分有机结合、协调运行和相互作用，他们的整合性成果就是 CIS。

企业理念属于思想、文化的意识层面，它是属于抽象思考的精神领域。所以，它对企业的经营管理活动、企业的形象传达具有一种统摄作用。没有理念的企业只是一盘散沙、一个空壳、一种装饰；没有理念识别的CIS系统也不会构成一种完整的体系。

然而，理念识别必须借助于行为识别和视觉识别方能具体显现其自身的内涵。酒店企业CIS的三个构成要素分别处于不同的层面，如果以人来做比拟，企业理念识别（MI）相当于人的脑；行为识别（BI）相当于人的行为，有人称之为"手"；视觉识别（VI）则相当于人的表情，有人称之为"脸"。只有三者之间协调一致、均衡发展，才能构筑一个完整、良好的酒店企业形象。

（二）CIS在酒店企业市场营销中的作用

酒店企业的企业形象（corporate image）是社会公众对酒店企业的总体评价，它是一个综合的、系统的整体。酒店企业形象是由多方面组成的，一般认为酒店企业形象包括酒店企业的市场形象、外观形象、技术形象、未来形象、经营者形象、公司风气形象、综合形象七个方面。此外，也可以将酒店企业形象归纳为酒店企业内部形象和酒店企业外部形象。

酒店企业形象包含着两个层面：一是被社会大众知晓、了解的程度——知名度，这是酒店企业"名气"大小的指标；二是获得大众信任赞美的程度——美誉度，这是酒店企业口碑好坏的社会尺度。酒店企业的知名度高未必美誉度也高，反之亦然。

1. 酒店企业在确定自己企业形象时必须考虑的两个因素

（1）旅游行业的特征　每一行业都有自己的行业特征及消费者普遍持有的期望值与消费心态。酒店企业形象要与本行业特征相吻合。据日经广告研究所进行的大范围的企业形象调查得知，人们对服务业所希望的良好的企业形象评分较高的内容依次为：稳定性、信赖感、对顾客服务周到、企业规模大、有传统性、良好的风气等。我国的酒店企业在确定自己拟塑造的企业形象之时，也可参照此标准。

（2）本企业的特征　即本企业的现有规模、历史状况、本企业的特点、现有市场竞争力、员工素质、目标市场、顾客的行为特征等。只有准确地分析和确定自己的企业形象，形象塑造工作才能有的放矢。

酒店企业开展市场营销活动，必须重视树立和传播良好的企业形象。CIS的导入，通过统一的经营理念铸造、行为方式表达和视觉识别设计，在顾客心目中和社会上确立自己的形象，有利于市场竞争。同时通过有效的系统的传播行为，可以进一步增进顾客和社会对企业的识别和认同。

2. 酒店企业导入CIS，树立和传播良好企业形象的作用

（1）良好的形象有助于企业产品和服务赢得顾客的信赖

① 它树立了消费者的消费信心。随着经济的日益进步，社会产品大大丰富了人们的生活，消费者对产品的要求已不仅仅局限于"求廉"、"求好"。现在是

一个"感性"消费的时代,人们更注重"牌子"的硬度。正如美国周刊中的一篇文章所写的:在一个富足的社会里,人们已不太斤斤计较价格,产品的相似之处又多于不同之处,因此,商标和企业的形象变得比产品和价格更为重要。良好的形象有助于增强消费者的购买欲望,心理上产生自豪感,以拥有此"牌子"为荣,以拥有其服务为自豪。

② 良好的形象,为企业推出新产品做准备。所谓"一荣俱荣"、爱屋及乌。有了一个好牌子,推出新产品时,可以以此为资本吸引消费者,迅速打开销售局面,节省广告开支。目前连锁经营已成为一种良好的经营方式。而连锁经营的发展资本和根基就是依靠一个良好的形象。像假日、喜来登、希尔顿等集团,其分店遍布全球各地,依靠的就是一个良好的集团形象。

(2) 良好的企业形象,有助于增强企业的凝聚力和吸引力　栽下梧桐树,引得凤凰来。牌子树立起来了,就能像吸铁石一样,吸引各种人才,改善企业的智能结构。试想,一个拥有良好形象的企业,在招工的时候,肯定能吸引大量的人才。这样,能确保企业人力资本的持续。对内部职工而言,一个企业的发展目标、企业精神、道德规范等软件系统对员工的职业观、价值观、道德观的形成有重要作用,它可以感染每一位员工,使大家在认同价值的基础上"凝聚"起来,形成一种上下、内外一致的行为准则,并使员工由心理上的认同转化为行动上的参与。而这种优良的凝聚力所产生出来的精神力量不亚于高技术本身所拥有的物质力量。良好的形象,可使职工产生"我是其中一员"的满足感和自信心,从而更加尽心地维护和推动这种让自己自豪的形象,从而避免因频繁的人事变动而大伤企业的元气。

(3) 良好的形象,有助于获得社会各界的支持和政府的帮助

① 有利于获得贷款,不仅银行愿意贷款,公众也乐意购买该企业的股票和债券。可口可乐公司的总裁曾经自豪地说,如果世界上的可口可乐公司在一夜之间化为灰烬,第二天报纸的最大新闻是各个银行巨头争向可口可乐公司贷款。这种自信从何而来,从自己雄厚的形象价值而来。

② 能获得可靠的原材料和能源供应,建立稳固的销售渠道和销售网络。良好的形象,本身就能产生两大奇迹。一是扩散。形象好,消费者会争先交口称赞该企业的产品如何好,服务如何周到,这比企业花钱做广告宣传自己要来得可信。二是延续。良好的形象,在消费者心中留下深刻的印象后,就不会轻易改变,长时间地影响人们的消费心理和消费行为。

③ 良好的形象,容易赢得社区的欢迎。形象良好的企业,一定具有较强的社会责任感,关心社会的建设,社会关系融洽,社区也更乐意为企业的发展提供劳动力、水、电等重要资源,为企业的繁荣创造一个良好的外部环境。

④ 形象良好的企业,能得到政府的支持。政府总是乐意帮助、乐意扶持经营作风端正,形象良好的企业。好的形象是企业发展的"通行证"。

(4) 良好的形象,有助于企业在竞争中赢得优势,站稳脚跟　企业的发展总是伴随着竞争。现代社会,企业的产品在质量、性能等硬件上日趋雷同,产品的

替代品也日益增多，社会大众很难从日趋雷同的产品中感受到独特的印象，酒香也怕巷子深，皇帝女儿也愁嫁。企业间的竞争已不再是单一层次上的局部竞争，而是在理念与价值取向，传统与未来发展，决策与经营哲学，规模与设备投入，人才与技术储备，产品与市场拓展，服务质量保证，公益与社会责任等各层次上展开的全方位的整体实力的竞争，也就是企业形象力的竞争。谁能够将优良鲜明的企业形象呈现在公众面前，谁就能在激烈的竞争中脱颖而出，稳操胜券。

相关案例

国际青年旅馆的市场定位

在西方国家历史悠久、深受欢迎的"青年旅馆"就是一种极为重要的酒店形态。所谓青年旅馆，旨在为年轻人尤其是青年学生提供价格低廉而又卫生的住宿处所。

由于准确定位，时至今日，青年旅馆已风靡全球，目前世界各国和地区已经有5000多家成员酒店，从大洋洲的澳大利亚到美国，从英伦三岛到保加利亚，从中国香港地区到非洲的苏丹，青年旅馆无处不在。

青年旅馆的标准是清洁、舒适、经济实惠、友好方便。其设施设备都是最最基本的，有许多地方使用公共卫生间，住上下双层床，甚至还要使用或租用睡袋。有的青年旅馆条件稍好一些，带有一定的娱乐设施。

青年旅馆的宗旨是为青年人了解社会、了解自然、旅行游览提供住宿方便。为了保证青年人的身心健康，对作息时间、吸烟、酗酒等事宜都有严格的规定。对青年旅馆协会的成员予以优先安排，实行优惠价格，最低能做到每夜30元人民币。青年旅馆的明确的市场定位受到了青年人的普遍欢迎，成为青年人欲了解世界，"身背睡袋走天下"时最好的住所。

小 结

酒店市场细分，是指企业根据顾客特点及其需求的差异性，将一个整体市场划分为若干个具有相类似需求特点的顾客群体的活动过程。酒店市场细分有利于企业发展最佳的市场机会，有利于按目标市场的需要改良现有产品和开发新产品，有利于酒店企业集中使用资源。酒店企业通过科学的市场细分程序，才能划分出合适的细分市场。

酒店企业选择的目标市场必须具有适当规模和发展潜力、有较强的吸引力和竞争力，与企业战略和能力一致。企业的资源条件不同，所采取的目标市场策略也不同。目标市场策略归纳起来有三种：无差异目标市场策略、差异目标市场策略和密集性目标市场策略，每一种策略各有其适用的范围和优缺点。

市场定位，是指企业为其产品即品牌确定市场地位，即塑造特定品牌在目标市场（目标顾客）心目中的形象，使产品具有一定特色，适合一定顾客的需求和偏好，并与竞争对手的产品有所区别。酒店企业可根据产品特色、顾客利益及有别于竞争者的属性进行定位。

CIS 是对酒店企业本身的经营理念、行为方式及视觉识别进行一种系统的设计，并向社会统一传播；其目的是要在宾客和公众中间树立企业的完美形象，从而获得宾客和公众的认可。

复习思考题

1. 酒店市场细分对酒店企业有何重要意义？
2. 女性宾客对酒店产品有哪些特别的需求？
3. 举例说明酒店企业目标市场选择的方法，三种目标市场策略各有何优缺点？
4. 简述酒店市场细分的方法。
5. 结合酒店企业实际谈谈 CIS 定位理论在企业营销中的作用。

模拟训练

请同学们深入酒店市场，了解一下当地经济型酒店状况，有哪些品牌？它们经营的状况如何？

【拓展案例 1】

酒店市场细分永不停息——来自万豪酒店的启示

万豪酒店（Marriott）是与希尔顿、香格里拉等齐名的酒店巨子之一，总部位于美国。现在，其业务已经遍及世界各地。

八仙过海，各显神通，不同的企业有不同的成功之道。就酒店业而言，上述企业在品牌及市场细分上就各有特色：希尔顿、香格里拉等这样单一品牌公司通常将内部质量和服务标准延伸到许多细分市场上；而万豪则偏向于使用多品牌策略来满足不同细分市场的需求，人们（尤其是美国人）熟知的万豪旗下的品牌有"Courtyard（庭院旅馆）"、"Ritz-Carlton（波特曼·丽嘉）"等。

1. 万豪酒店概况

万豪国际集团（纽约证券交易所代号：MAR）是全球首屈一指的马哥孛罗国际酒店管理公司，拥有遍布全球 74 个国家和地区的接近 3700 家酒店和 17 个品牌。万豪国际集团的总部位于美国马里兰州贝塞斯达，雇用约 300000 名员工。其 2011 财年的财报收入超过 120 亿美元。

在美国，许多市场营销专业的学生最熟悉的市场细分案例之一就是"万豪酒店"。这家著名的酒店针对不同的细分市场成功推出了一系列品牌：Fairfield（公平）、Courtyard（庭院）、Marriott（万豪）以及 Marriott Marquis（万豪伯爵）等。在早期，Fairfield 是服务于销售人员的，Courtyard 是服务于销售经理的，Marriott 是为业务经理准备的，Marriott Marquis 则是为公司高级经理人员提供的。后来，万豪酒店对市场进行了进一步的细分，推出了更多的旅馆品牌。

在"市场细分"这一营销行为上，万豪可以被称为超级细分专家。在原有的四个品牌都在各自的细分市场上成为主导品牌之后，万豪又开发了一些新的品牌。在高端市场上，Ritz-Carlton 酒店在为高档次的顾客提供服务方面赢得了很高的赞誉并倍受赞赏；Renaissance（新生）作为间接商务和休闲品牌与 Marriott 在价格上基本相同，但它面对的是不同消费心态的顾客群体——Marriott 吸引的是已经成家立业的人士，而"新生"的目标顾客则是那些职业年轻人；在低端酒店市场上，万豪酒店由 Fairfield Inn（公平客栈）衍生出 Fairfield Suite（公平套房），从而丰富了自己的产品线；位于高端和低端之间的酒店品牌是 TownePlace Suites（城镇套房）、Courtyard 和 Residence Inn（居民客栈）等，他们分别代表着不同的价格水准，并在各自的娱乐和风格上有效进行了区分。

伴随着市场细分的持续进行，万豪又推出了 Springfield Suites（弹性套房）——比 Fairfield Inn 的档次稍高一点，主要面对一晚 75 至 95 美元的顾客市场。为了获取较高的价格和收益，酒店使 Fairfield Suite 品牌逐步向 Springfield Suites（弹性套房）品牌转化。

经过多年的发展和演化，万豪酒店现在一共管理着 17 个品牌。

2. 万豪酒店的品牌战略

通过市场细分来发现市场空白是万豪的一贯做法，正是这些市场空白成了万豪酒店成长的动力和源泉。万豪一旦发现有某个价格点的市场还没有被占领，或者现有价位的某些顾客还没有被很好地服务，它就会马上填补这个"空白"。位于亚特兰大市的 Ritz-Carlton（波特曼·丽嘉酒店，现在已经被引入上海等国内城市）经营得非常好而且发展得很快，现在，该酒店甚至根本不用提自己是 Marriott 麾下的品牌。

万豪的品牌战略基本介于"宝洁"和"米其林"（轮胎）之间——"宝洁"这个字眼相对少见，而"米其林"却随处可见。"米其林"在提升其下属的 B. F. Goodrich（固锐）和 Uniroyal（尤尼鲁尔）两个品牌时曾经碰到过一些困难和挫折，万豪酒店在旅馆、公寓、饭店以及度假地等业务的次级品牌中使用主品牌的名字时遇到了类似的困惑。与万豪相反，希尔顿饭店采用的是单一品牌战略，并且在其所有次级品牌中都能见到它的名字，如"希尔顿花园旅馆"等。万豪也曾经使用过这种策略，这两种不同的方式反映了他们各自不同的营销文化：一种是关注内部质量标准，一种是关注顾客需求。像希尔顿这样单一品牌企业的信心是建立在其"质量承诺"之上的，公司可以创造不同用途的次级品牌，但主品牌会受到影响。

一个多品牌的公司则有完全不同的理念——公司的信心建立在对目标顾客需求的了解之上，并有能力创造一种产品或服务来满足这种需求。顾客的信心并不是建立在"万豪"这个名字或者其服务质量上，其信心基础是"旅馆是为满足顾客的需求而设计的"。比如说，顾客想找一个可以承受得起的旅馆住上3、4个星期，"城镇套房"可能就是其最好的选择，他（或她）并不需要为万豪额外的品质付费，他可能并不需要这样的品质，而且这种品质对他而言可能也没有任何价值。

（资料来源：职业餐饮网，http://www.canyin168.com/glyy/jcgl/jdglzs/200903/14888_2.html.）

思考讨论：

1. 通过万豪酒店的市场细分，谈谈你对市场细分的认识和理解。
2. 万豪酒店的品牌战略与希尔顿酒店品牌战略有何不同，各自有何优势和劣势？

【拓展案例2】

简·卡尔森是如何"营销"斯堪的纳维亚航空公司的

简·卡尔森接任斯堪的纳维亚航空公司总经理时，公司正陷入亏本经营之中。前几年管理当局曾面临削减费用的问题。卡尔森认为这是错误的解决方法。他认为公司必须寻找新的方法去竞争，并建立收入增长点。斯堪的纳维亚公司过去一直无重点地追求所有旅客，没有给任何旅客提供优惠。事实上，该公司被看做是欧洲不守时的运输公司。卡尔森需要解决竞争引起的许多问题。

谁是我们的顾客？

他们需要什么？

我们必须做什么来赢得他们的喜爱？

卡尔森决定，把斯堪的纳维亚公司的服务重点放在经常搭乘飞机的商人和他们的需要上。但他意识到，其他航空公司也是这样想的，他们也会采取商务航班和提供免费饮食及其他娱乐的方法。斯堪的纳维亚公司必须找出做得更好的方法，才能成为经常来往的商务旅客偏爱的航空公司。其出发点是从市场调研开始，找出在航运服务中经常往来的商务旅客需要和希望什么样的服务方式。他们的目标是在100个服务细节做到百分之百的优秀，而不是在一个细节上做到百分之百。

市场调研表明，商务旅客首先要求的是准时到达，同时也要求能快捷地办理乘机手续和取回行李。卡尔森指定许多任务，迫使下属提出改进这些和其他服务的设想。于是他们考虑数百个方案，卡尔森从中选择了159个方案，共花了4000万美元费用付诸实施。

方案关键之一是训练公司全体员工树立完全的顾客导向思想。卡尔森推算出平均每一航程中每一旅客平均与该公司五位员工接触，两者的互相接触便产生出一个该公司的"关键时刻"。假如每年有500万乘客搭该公司的飞机，则一年有2500万个或使顾客满意或不满意的"关键时刻"。为了在公司内养成正确对待顾客的态度，该公司送10000名第一线员工参加服务讲习班并送25000管理人员进行为期三个星期的课程学习。卡尔森认为第一线人员是公司接待顾客的最重要人员。公司经理的作用是帮助第一线人员做好自己的工作,而他作为总经理的作用则是帮助经理支持第一线的工作人员。

结果是在四个月内,公司就成为欧洲最准时的航空公司,而且继续保持这个纪录。起飞前的登记系统也非常快,包括在该公司旅馆的旅客服务,可直接把旅客的行李送到机场和飞机上装载,在飞机着陆时,该公司也同样很快就把行李卸下来。其他创新是该公司将全部客票作为商务级客票发售,除非乘客想乘较经济的航班。公司在商务空运业中的声誉的改善,使其在欧洲的满员客运量增长8%,洲际满员客运量增长16%。在空运市场纷纷降价而客源没有增长的情况下,这是很不容易的。

卡尔森在斯堪的纳维亚航空公司的影响,说明了当公司的领导创立了公司的远景和使命,就会激励全体员工向共同的方向前进——向着满足目标顾客的方向前进,就能满足顾客的要求和取得利润。

思考讨论:

1. 卡尔森上任之初向全员提出的三个问题,说明卡尔森引导全员确立公司的什么问题?

2. 卡尔森的目标市场策略是如何确立的?他之所以成功的主要原因有哪些?

项目六
酒店市场营销战略与营销组合策略

学习任务书

1. 理解企业市场营销战略内涵、特征及企业制定营销战略的意义。
2. 企业如何参与激烈的市场竞争并在竞争中求发展？企业一般竞争战略类型有哪些？
3. 探讨酒店市场营销组合策略的应用及实现的目标。

【案例导入】

百胜餐饮集团收购小肥羊

成立于内蒙古包头市的内蒙古小肥羊餐饮连锁有限公司自1999年8月起以经营特色火锅及特许经营为主业，兼营调味品研发及销售。2008年6月小肥羊集团有限公司（"小肥羊"）在香港上市，是中国首家在香港上市的品牌餐饮企业。2012年2月，百胜餐饮集团以协议计划方式私有化小肥羊的交易顺利完成。小肥羊从2月2日起正式在香港联交所除牌，并成为百胜餐饮集团旗下一个新的餐饮品牌。

百胜集团中国事业部主席兼首席执行官苏敬轼称，小肥羊通过前期在海外市场的探索，证明火锅有一定的海外需求，具有在国际市场发展的潜力；百胜具有全球业务网络和品牌建设的成功经验，有能力与小肥羊一起把火锅引入海外市场。苏敬轼在接受记者采访时表示，完成收购后，短期内不会改变小肥羊现有业务模式。

中国烹饪协会秘书长冯恩援说，百胜收购小肥羊无疑巩固了百胜在中国餐饮业老大的地位，甚至在一个阶段内不可跨越。中投顾问酒店餐饮行业研究员康建华则认为，此次收购将加快国内餐饮业内部整合。

截至2012年12月底，百胜集团在中国大陆800多个城市和乡镇成功开出超过4200家肯德基餐厅，在中国200个城市开出800多家必胜客餐厅，此外，百胜还拥有150余家必胜宅急送、近30家东方既白和近450家小肥羊餐厅，员工人数超过46万。2012年中国百胜创纪录地开出889家新店，营业额达到522亿元人民币,是百胜在全球业务发展最快、增长最迅速的市场。

思考讨论:

百胜集团旗下拥有哪些餐饮品牌?了解小肥羊在市场中的竞争优势,百胜收购小肥羊基于怎样的战略思考?

单元一 酒店市场营销战略

一、酒店市场营销战略的内涵

"战略"一词,源于军事学,是与"战术"一词相对而言的。从广义上讲,战略是指有关全局性或决定性的谋划。一个国家(或地区)的旅游业为了实现其发展目标,一个酒店企业为了实现其经营目标,首先必须在现代市场营销观念的指导下,针对内外部环境及目标市场的要求,全面分析影响市场营销的各种因素,制定科学有效的市场营销战略,提高竞争实力,以便在激烈的市场竞争中立于不败之地。

酒店市场营销领域的战略概念,并不仅仅是企业营销战略在酒店企业的延伸,因为旅游行业的特殊性,酒店市场营销战略有着更为广泛的内涵,有宏观、微观两个层次。

从宏观上讲,酒店市场营销战略是指一个国家(或地区)在现代市场营销观念的指导下,为了实现该国家(或地区)发展旅游业的目标,为旅游业内各行业制定的在一个相当长的时期内市场营销发展的总体设想和规划。其目的是使该国家(或地区)旅游业的产业结构与资源规划和发展目标,在可以接受的风险限度内,与市场环境所提供的各种机会取得动态平衡。

从微观上讲,酒店市场营销战略是指一个酒店企业的领导人在现代市场营销观念的指导下,为了实现企业的经营目标,为企业制定的在一个相当长的时期内市场营销发展的总体设想和规划。其目的是使酒店企业的经营结构、资源特长和经营目标,在可以接受的风险限度内,与市场环境所提供的各种机会取得动态平衡。

对涉及企业的产品方向或市场发展方向的选择,多种经营的发展,企业规模等问题,这一类有关企业全局性发展问题的设计、谋划、抉择和实施,直到实现企业预期的总体经营目标,这一过程叫做战略管理。酒店企业的战略管理为日常业务管理指明方向和内容,并为后者的行为准则作出总体的框架性规定。日常业务管理是战略管理实施的具体体现,是完成战略管理每一重大举措的构成"细胞"。战略管理决策是旅游业高层领导者工作中最核心最重要的一部分,又称为战略决策。

二、酒店市场营销战略的特点

酒店市场营销战略是旅游战略管理的一个重要组成部分。酒店市场营销战略具有以下几个方面的特点。

1. 全局性

酒店市场营销战略应体现旅游业的整体利益和国家与地区的整体宏观效益。例如，旅游营销政策的制定，一定时期内酒店市场需求趋势与变化，扩大原有市场和开拓新市场，开发新资源和编组新的线路产品等，都是关系到旅游业兴衰的大事。对这些问题的决策具有全局性的特点，属战略决策。针对某酒店企业而言，战略决策是研究指导企业经营发展方向的大问题，而不是某个部门的具体的经营管理事务。但全局是由它的局部组合构成的，每个局部决策及其执行效果对全局产生决定性影响。因此，做好局部工作，照顾各个局部之间的关系，进行有机的协调、配合及统一工作，也是保证战略决策落实的一项重要工作。

2. 系统性

旅游业是由各个具有一定功能的相互作用的酒店企业组成的综合体，形成一个由各企业彼此紧密配合且有机联系的整体系统。若把酒店企业作为一个整体，则是由具有一定功能的并相互作用的各个业务部门组成的综合体，形成一个由各个业务部门紧密配合与有机联系的系统。系统有层次、主次和大小之分，对应于各不同层次和部门的战略，只能是整体系统战略的一个局部。局部应该服从全局，部分应该服从整体。就一个酒店企业而言，应该把整体企业的战略作为一个整体系统工程来统筹制定，各部门的工作服从于企业战略要求，追求企业发展的最大效益。同样，酒店企业的战略管理工作只有服从于旅游业整体的发展战略，追求旅游业整体发展的最大效益，才能保证企业的发展。

3. 长期性

战略着眼于未来，其指导作用将影响未来相当长的一段时期。因此，市场营销战略具有长期性的特点。作为领导者必须具有战略眼光和战略头脑，不能只关注眼前的近期利益，而是要加倍重视长远的利益。当然，未来源于现在，任何未来的发展都不是凭空的，而是以当前的发展为基础。因此，立足当前，放眼未来，协调当前和未来发展的关系，是酒店市场营销决策的关键所在。

4. 适应性

旅游经营管理活动均受到外部环境和内部条件的共同作用和综合影响。对旅游产业而言，当外部环境（如社会政治经济形势和时尚等）发生变化时，旅游营销战略应具有调整自身的灵敏机制，以适应变化了的外部环境。当产业内部条件（资源供给情况等）发生变化时，也需要调整战略决策。对于酒店企业，企业内部条件（如资金流转、人力资源、领导者素质与领导风格、设备设施情况等）发生变化时，需要进行创造性的战略决策调整。当外部条件发生变化时，也需要战略决策作出相应的变化。可以说，战略决策是以当前为基础而对未来作出的整体性的决策，是积极地、有准备地、有灵变性地迎接未来挑战的决策。

5. 风险性

任何战略决策都是对未来发展的预测性决策，与未来发展是息息相关的长期性决策。对未来信息的估计永远不可能达到绝对充分的程度，因此战略决策具有一定的风险性。此外，由于环境的多变性和复杂性，以及企业自身条件的动态变化，使得任何战略都是时间的函数。随着时间的变化，情况可能发生很大变化，所以，战略决策还具有不确定性和瞬时性的特点。机会与威胁常处于相互转化中，能否正确把握机遇，往往取决于决策者的地位、实力、素质条件。

企业的战略管理过程，首先体现为战略行销计划过程，企业的管理当局通过制订企业的任务、目标、业务（或产品）投资组合计划和新业务计划，在企业的目标和资源（或能力）与迅速变化的环境之间保持一种切实可行的"战略适应"，以求得企业生存和发展。

三、酒店企业制定营销战略的意义

商场如战场，酒店企业要在激烈的市场竞争中争得一席之地，并逐渐扩大市场占有率，仅靠一时一地的搏杀是不行的，必须有一个通盘的考虑。自 20 世纪 70 年代中期始，西方发达国家大中型企业之所以越来越重视企业战略管理，就是因为它有以下意义。

一是降低风险。由于企业经营战略是站在一定的高度制定出来的，因此可以使企业在实际营销活动中克服近视症，避免判断错误，降低企业经营风险。

二是增强竞争能力。酒店企业制定经营战略可以使企业认清形势，把握大局，让企业处于市场有利地位，增强企业在竞争中的制胜能力。

三是有利于发挥企业整体利益。企业经营战略的制定，等于给企业的各个部门树立了方向标，制定了运转程序。企业上下、各项规划和每个人的意志都要符合企业的经营战略。这样，企业各部门的努力才会形成合力，可以最大限度地发挥企业的整体效益。

四、酒店市场营销战略的制定与实施

（一）战略分析

酒店企业营销战略是在对营销环境分析的基础上建立的。酒店企业环境包括内部环境条件和外部环境条件。企业内部环境条件是指：经营目标、经营观念、经营项目、资金状况、产品市场、管理系统、职工素质、设备、设施、企业形象。企业外部环境条件又分为外部宏观环境条件和外部微观环境条件。外部宏观环境条件是指：政治和经济形势、科技发展、交通、人口、旅游形势、旅游资源开发、政策扶持。外部微观环境条件是指：市场发展、市场占有率、供应商、中间商、竞争对手、人力资源市场、公关。酒店企业营销战略分析就是对酒店企业内外各种条件进行综合分析。SWOT 分析是广为应用的战略分析方法，SW（strengths and weaknesses）指企业内部的优势与劣势，OT（opportunities and threats）指企业外部的机会与威胁。

所谓优势通常指本单位（旅游目的地或酒店企业）的市场产品组合结构以及

在市场竞争中所具备的内在优势。这些优势中,有些属于本单位在经营实践中有意识地造就出来的,有些则属于历史遗产。例如,就饭店而言,其地点可能会成为一项主要优势。旅游目的地或酒店企业的优势也可存在于独具特色的历史遗产或建筑风格之中,或存在于能够向顾客提供优质服务的员工队伍之中。但必须注意的一点是,所有这些方面都应该是可以辨认的因素,而且必须是已经得到或者经过努力能够得到客观反映的因素。这些因素之所以能构成一个旅游目的地或酒店企业的优势,是因为该旅游目的地或酒店企业在这些方面比其竞争对手拥有更多的数量或更好的质量。一旦认清这些优势之后,便可在更大的范围内向潜在市场宣传,并需考虑在计划期内如何巩固和进一步发展这些优势。

劣势通常是指不如竞争对手的那些方面。在制订营销计划时,对自己的劣势也必须识别清楚。例如,设备设施陈旧、员工业务素质低下等。一旦识别这些劣势之后,便应考虑在计划期内采取管理行动,尽量减小其影响或者在可能条件下根除。

机会一般指有利于本目的地或本企业快速发展的因素。从市场营销的意义上讲,机会既可能产生于旅游目的地或酒店企业直接控制下的某些因素,如开发出某一独特的产品或服务程序,也可能产生于外部环境的变化,如北京"申奥"成功,使旅游目的地或酒店企业可对这些有利的情况加以利用。不论机会产生于旅游目的地或酒店企业可直接控制下的某些因素,还是产生于外部环境的变化,在制订营销计划时,最重要的是要能够发现和识别机会,并对能否利用这些机会以及如何利用作出决策。

威胁一般指不利于本目的地或本企业发展的因素。无论是旅游目的地或酒店企业控制之下的内部因素还是不可控制的外部因素,其不利于旅游经营的变化都可能会给旅游目的地或酒店企业带来威胁。例如,经济的下滑、航空油料价格的上涨、犯罪率上升和恐怖主义活动、竞争对手强有力的竞争、出入境限制增加等等。在制订营销计划时,能够认识和预测威胁之所在是最重要的,因为,只有能够知其所在,才能有针对性地考虑如何去避开这些威胁或尽量减小其影响的程度。

(二) 战略制定

制定企业战略的过程,是一个复杂的决策过程。企业的管理当局通过制订企业的任务、目标、业务(或产品)投资组合计划和新业务计划,在企业的目标和资源(或能力)与迅速变化的环境之间保持一种切实可行的"战略适应",以求得企业生存和发展。

制定企业战略的主要步骤有:第一,确定企业的任务。第二,确定企业的目标。第三,制订企业的业务(或产品)投资组合计划。第四,制订企业的新业务计划。

(三) 战略的实施

酒店市场营销战略的实施是一个系统工程。要想使营销战略得以实施,首先，必须使企业营销系统中的各级人员保持协调一致；其次，营销部门还必须与财务、人事、采购等部门密切配合。此外，企业外部有关的个人和组织（如供应商、零售商、广告代理商、广告媒体以及调研公司等）对企业战略的实施也有重要影响。

五、企业竞争战略的类型

1. 成本领先战略

也称低成本战略。丰田、7天、沃尔玛、春秋航空等企业采取了该竞争战略。

2. 差异化战略

称别具一格战略、差别化战略，是将公司提供的产品或服务差异化，形成一些在经营范围中具有独特性的东西。斗牛犬餐厅、大董餐饮、桔子酒店等企业采用这种战略。

3. 集中战略

是指把经营战略的重点放在一个特定的目标市场上，为特定的地区或特定的购买者集团提供特殊的产品或服务。该战略包括：产品线集中；顾客集中；地区集中。

相关案例

湘鄂情翻新改造快餐门店，利润有望提升

市场对湘鄂情的餐饮业转型情况予以关注，该公司董事长孟凯周四下午在业绩说明会上回应表示，公司去年至今，对无法转型的高端门店进行关停转让，努力拓展团餐市场，翻新改造快餐门店，今年将会有大幅的利润提升。

孟凯表示，餐饮业务的转型，主要是酒楼业务向大众市场转型，公司去年已经关闭了13家亏损酒楼，目前的酒楼经营政策也在去年初进行了调整，人均消费已大幅下降，"当然还需要加强市场营销推广工作"。该公司的团餐和快餐本身则是大众餐饮业务。

另据该公司董事会秘书李强称，公司2013年在菜品上剔除了海鲜等高端菜，专注于湖鲜、河鲜；采取了不收包房费、开瓶费等费用，降低菜品单价等具体措施，并且通过新的一些营销模式进行转型的宣传。

此外，该公司餐饮业务已拓展至海外。孟凯称，目前公司已经在澳大利亚悉尼市开店营业，并且也在美国等国家寻求较为理想的市场机会，以在国内酒楼业务遇到困难的情况下，可以在国外市场利用好此部分资源，创造较好的经济效益。

对于该公司今年扭亏的可能性有多大，李强表示，若实际控制人回购

> 相关亏损门店，加上新并购的环保业务，这样的措施将保障公司2014年的扭亏。
>
> 　　据湘鄂情方面表示，该公司目前在全国共有酒楼20家；"味之都"共有近40家；龙德华经营团餐项目，其前五大客户均是大型企业和单位组织的员工食堂。
>
> 　　湘鄂情原主营餐饮业，去年餐饮业务遭遇转型阵痛，于下半年开始通过收购涉足环保业，近期又加速影视传媒业务的收购。因酒楼方面业绩下滑，该公司去年亏损5.64亿；另预计今年一季度盈利6000万～7000万元。
>
> ［资料来源：大智慧财经（上海），2014-03-14.］

单元二　酒店市场营销组合策略

　　酒店市场营销战略解决的是酒店企业的前瞻性、方向性和"远虑"问题，酒店市场营销策略及其组合所要解决的则是实现企业营销战略的具体战术问题。酒店市场营销要取得成功，既需要正确的营销战略，又需要营销策略的配合；既需要单个策略作用的良好发挥，又需要整体战略作用的良好发挥。

　　市场营销组合是现代市场营销中一个十分重要的概念，这一概念是由美国哈佛大学教授鲍敦（Bordon）于1964年提出来的。市场营销组合是指企业对可控制的各种营销因素的综合运用。美国密执安州立大学教授麦卡锡（E. J. Mccarthy）将各种营销因素归纳为四大类：产品（product）、价格（price）、渠道（place）和促销（promotion），因为这4个英文词的第一个字母都是P，所以简称"4P"。酒店市场营销组合是市场营销组合的理论在酒店市场营销中的运用。

一、酒店市场营销组合内涵分析

　　酒店市场营销组合是指酒店企业为增强竞争力，在选定的旅游目标市场上，综合运用酒店企业可以控制的各种因素（酒店产品、酒店价格、旅游分销、酒店促销等）并进行优化组合，以满足旅游目标市场的需求，实现酒店企业的经营目标。酒店市场营销组合就是酒店市场竞争策略的组合，实质是酒店企业综合发挥整体优势，从多方面满足顾客的需求，从而提高酒店企业的经济效益和社会效益。

1. 产品策略（product strategy）

　　酒店产品策略是指与酒店企业向酒店市场提供的酒店产品有关的策略。酒店企业向酒店市场提供的酒店产品，不能从酒店企业本身的角度出发，而应该站在顾客的角度，了解顾客需求，酒店企业针对顾客的需求提供酒店产品。酒店产品策略是酒店市场营销组合中的一个重要的策略，是酒店企业制定相关营销策略的基础。酒店产品策略主要包括酒店产品生命周期策略、酒店产品组合策略、酒店新产品开发和旅游品牌策略等。

2. 定价策略（price strategy）

酒店产品定价，一要符合顾客愿望，二要满足酒店企业利润需要。顾客非常关心酒店产品的价格，往往用价格衡量酒店产品的价值，从而影响顾客的购买决定。酒店产品价格是否适当，影响该产品在旅游目标市场中的竞争地位和市场占有率，对酒店企业的销售收入和利润的影响也很大。因此，酒店企业应根据旅游目标市场和竞争者的情况以及酒店企业的人力、物力、财力资源，对酒店产品进行定价。酒店产品定价策略主要包括酒店产品定价目标、酒店产品定价方法、酒店产品定价策略等。

3. 渠道策略（place strategy）

酒店产品分销渠道策略涉及一个酒店企业如何以最低的成本，通过最佳的途径，将自己的酒店产品及时送到顾客手中的过程。对一个酒店企业来说，酒店产品分销渠道选择是否正确，直接关系到其经营的成败。因此，酒店企业必须十分重视对酒店产品分销渠道的研究。酒店产品分销渠道策略包括酒店产品分销渠道的选择、酒店产品分销渠道的管理等。

4. 促销策略（promotion strategy）

酒店促销是指酒店企业利用信息传播手段将酒店产品的信息有效地传递给潜在的顾客。酒店促销的目的在于树立酒店企业的形象，提高酒店企业及产品的知名度，扩大酒店产品的销售，提高酒店企业的经济效益和社会效益。酒店促销策略包括酒店广告策略、酒店营业推广策略、酒店公共关系策略、酒店人员推销策略等。

酒店市场营销组合策略是酒店产品策略、酒店产品定价策略、酒店产品分销渠道策略、酒店促销策略的综合运用，虽然各自都有重要的地位和作用，但相互之间又是紧密联系的。酒店企业应根据旅游目标市场的需求和外部环境的变化，有效地利用酒店企业的各种资源，使酒店市场营销组合策略在动态的、复杂的运行过程中互相协调配合，产生最大的综合效用。

二、酒店市场营销组合的特点

1. 酒店市场营销组合的可控性

酒店市场营销组合的因素是酒店企业可以控制的因素，酒店企业可以根据所选定的旅游目标市场的需要制定相应的酒店市场营销组合策略，即酒店产品策略、酒店产品价格策略、酒店产品分销策略、酒店促销策略等。但是，这种可控性并不是绝对的，因为酒店企业还会受到外部不可控制因素的影响，所以酒店企业制定市场营销组合策略时，既要有效地利用可控制因素，又要灵活地适应外部不可控制因素的变化。

2. 酒店市场营销组合的动态性

酒店市场营销组合的各种营销因素是不断发展变化的，同时相互作用、相互影响，因此酒店市场营销组合是一个动态组合。只要其中的一个因素发生变化，就会出现一个新的组合，产生不同的效果。因此，酒店企业应根据可控因素和外部不可控因素的变化，调整酒店市场营销组合策略。

3. 酒店市场营销组合的整体性

酒店市场营销组合是由各种营销因素组合而成的。酒店市场营销组合的作用，不是其中每一个组成因素所发生作用简单相加的结果，而是由于各个因素的相互配合和相互协调作用产生整体效能的结果。因此，酒店企业为了充分发挥酒店市场营销组合的整体作用，必须对各种营销因素进行有效的综合运用。

4. 酒店市场营销组合的多层次性

酒店市场营销组合的每一个营销因素中又包括若干个因素，形成每个营销因素的次组合。如酒店促销是酒店市场营销组合的一个可控因素，但酒店促销因素本身又可形成酒店促销组合，它包含酒店广告、酒店营业推广、酒店公共关系、酒店人员推销等次组合因素。

三、酒店市场营销组合的作用

1. 酒店市场营销组合是酒店企业制定营销战略的基础

酒店企业的营销战略本质上就是酒店企业的经营管理战略。营销战略主要是由酒店企业的营销目标和酒店市场营销组合的各种营销因素协调组成的。酒店市场营销组合作为营销战略的基础，就是将各种营销因素综合运用，形成最佳的酒店市场营销组合策略，保证酒店企业营销战略目标的实现。

2. 酒店市场营销组合是协调酒店企业内部各部门工作的纽带

酒店企业内部各部门应是一个统一协调的整体系统，彼此互相分工协作，共同满足旅游目标市场的需求，达到酒店企业的既定目标。在酒店市场上，顾客对酒店产品的需求是整体需求。酒店企业需向顾客提供足够的信息，帮助顾客在适当的时间、适当的地点，以适当的价格，购买到顾客期望的酒店产品，这就需要酒店企业的各个部门通力合作，进行整体营销，而联结各部门工作的纽带，就是酒店市场营销组合。所以实施酒店市场营销组合策略，不只是营销部门的职责，而必然要涉及酒店企业的生产、财务、人事等各部门。因此，酒店市场营销组合是协调酒店企业内部各部门工作的纽带。

3. 酒店市场营销组合是酒店企业赢得市场竞争的有力手段

在激烈的酒店市场竞争中，任何一个酒店企业不可能具有全面的竞争优势。酒店企业在制定酒店市场营销组合策略时，必须认真分析自己的优势和劣势，以便扬长避短，使自己在竞争中处于优势地位。随着酒店企业之间的竞争日趋激烈，酒店市场营销组合中非价格因素的竞争日益显得重要，如产品因素、服务因素、促销因素等。因此，酒店企业在制定市场营销组合时，需要认真研究酒店市场的竞争状况，才能确切找出应付竞争的有力手段。

> **热点关注**

无锡国际饭店的价格促销

无锡国际饭店的宴会厅让人真正感受到了什么是门庭若市。每逢节假日，有41张餐桌的大厅必定爆满，一小时内至少有五六张桌子要翻两次台。亲朋相聚、婚庆喜宴、企业宴请，气氛异常热烈。而要在"国际"住宿，遇到有会议召开，就得提前预订了。为什么"国际"这样"火"？

无锡国际饭店营业之初，决策层分析了无锡饭店业的形势。国际客源有限，老牌的大饭店尚且吃不饱，更何况刚开业的新手，那么务实一点，国内市场也是大有可为的，但以什么来抢占市场呢？优越的交通、地理位置固然是"国际"可以倚仗的优势，但最根本的要靠什么呢？

饭店经营风格非常务实，深谙"薄利多销"的经营之道。拿餐饮来说，同等档次的饭店毛利率一般在60%，而"国际"只有40%，但这部分损失被滚雪球似的到来的客人弥补了。"薄利"给"国际"的餐饮带来了良性循环。价位不高（普通市民每月花上薪水的1/7左右到高档饭店享受一次也还承受得起），客人就多了，客人多了，资金和原材料的周转就快了，原料新鲜、菜品质量有保证，环境、服务较好，"回头客"就多了。如此滚动，靠规模效益，"国际"的餐饮立稳了脚跟。客房等方面，亦在价格上占据了优势。无锡有名的小天鹅集团在此举办的洽谈会，费用比在其他饭店节约了近一半。"薄利"不是"无利"，而是价格的回归。薄利多销实际上是让利于民，是对"暴利"的一种抵制，对消费者来说是件极大的好事。

> **相关案例**

团购价低利薄高　星级酒店"团购"需谨慎

据团800的统计数据显示，2013年旅游酒店已实现成交额35.9亿元，同比净增17.5亿元，增幅达94.3%，已经成为继美食、娱乐之后的第三大类团购产品。然而，对于日益火热的"酒店团购"，一些高星级酒店似乎并不热衷。笔者走访济南多家高星级酒店了解到，高星级酒店对团购是一种比较复杂的心态，在实际经营过程中，多数酒店都对团购加以控制。

做客房团购价低利薄

团购网站有个不成文的规定，折扣要在6.7折以下才能进入团购平台。笔者浏览多家团购网站发现，酒店客房的折扣集中在3～7折。在济南，四星级酒店华兴大厦、玉泉森信大酒店都在以不到三折的折扣销售客房，并且还加送双份早餐。

低折扣已让酒店倍感无奈，还有高达15%的佣金要支付给团购平台，使得酒店的盈利空间被压缩得更小。

山东良友富临大酒店副总经理程露说："客房走团购的话，我们没有定价权，团购平台的折扣太低，要在OTA价格的基础上再打折，此外，还有15%的佣金。"在程露看来，自家酒店不愿意做客房团购的主要原因就是价低利薄。

程露坦言，相比客房，酒店更倾向于做餐饮团购。当前形势下，餐饮价格压得较低，佣金也较低。而客房起到一个补贴餐饮的作用，如果客房也走低价团购，没法保证利润。

济南泉城大酒店营销总监吴晓勤说："因团购折扣太大、佣金太高，我们即便参与团购，对产品的参与数量也是很控制的。其他一些酒店可能团购的占比很高，但占比高的直接结果就是利润下降。"

吴晓勤说，当酒店会议接待少、其他销售渠道销量不好时，酒店会提高一下团购产品的比例。当其他分销渠道好的时候，酒店就会控制团购，只将其作为一个补充的销售渠道。

济南颐正大厦副总经理奚岩萍也认为要对客房团购加以控制。"客房团购占比不能超过20%"。

多家酒店负责人都表示，出租率不是很好、位置不佳的酒店以及经济型酒店比较适合团购，高星级酒店参与团购就有些得不偿失了。

山东大学旅游管理学院副教授王晨光则认为，星级酒店之前多是和客户点对点销售，不存在利润重新分配问题。进行团购的话，不只价格降低了，还要和团购网站利润分成，酒店获利更少了。团购客户难转成忠诚客户。

目前，团购的消费方式已与80后、90后这些年轻客户群密不可分了，这些客人在选择餐厅、酒店前，都会在手机、电脑上寻找团购优惠券，看似这已经成为一个不小的市场。但这块市场蛋糕，是否值得高星级酒店去争抢呢？

（资料来源：中国旅游报，2014-03-14.）

小 结

战略是实现酒店企业长期目标的总体方案。酒店市场营销战略是指一个国家（或地区）在现代市场营销观念的指导下，为了实现该国家（或地区）发展旅游业的目标，为旅游业内各行业制定的在一个相当长的时期内市场营销发展的总体设想和规划。

酒店市场营销战略是指一个酒店企业的领导人在现代市场营销观念的指导

下，为了实现企业的经营目标，为企业制定的在一个相当长的时期内市场营销发展的总体设想和规划。其目的是使酒店企业的经营结构、资源特长和经营目标，在可以接受的风险限度内，与市场环境所提供的各种机会取得动态平衡。

酒店市场营销组合是指酒店企业为增强竞争力，在选定的旅游目标市场上，综合运用酒店企业可以控制的各种因素（酒店产品、酒店价格、旅游分销、酒店促销等）并进行优化组合，以满足旅游目标市场的需求，实现酒店企业的经营目标。酒店市场营销组合就是酒店市场竞争策略的组合，实质是酒店企业综合发挥整体优势，从多方面满足顾客的需求，从而提高酒店企业的经济效益和社会效益。

复习思考题

1. 酒店企业营销战略的要求是什么？
2. 酒店企业营销战略选择要注意什么问题？
3. 为什么说营销战略是酒店企业市场营销管理的核心工作？
4. 酒店企业市场营销组合和战略包括哪些内容？
5. 酒店市场营销组合的特点是什么？

模拟训练

请同学们深入当地酒店企业，了解一下企业经营的营销战略及营销组合策略。

【拓展案例1】

桔子酒店的战略定位

高有星级酒店，低有经济连锁酒店，定位于平价、个性、时尚的桔子酒店还会飘香四海吗？

桔子酒店管理（中国）有限公司（以下简称桔子酒店）首席执行官吴海说，竞争不可怕，可怕的是没有竞争策略和竞争优势。桔子酒店的竞争战略是与众不同的市场定位，这使它与其他酒店区别开来，从而有了市场发展机会。

曾是携程公司资深副总裁并在酒店行业摸爬滚打了九年的吴海，觉得市场上缺乏一种比较酷的酒店。桔子酒店创造的是一种独特的价值链，满足顾客内心的潜在需求。它提出，重视用户体验，不只是住店时的体验，而是从预订开始的全过程体验，包括客人事先了解、预订、入住、结账，一环扣一环的体验。

吴海希望，每一位消费者到任何一家桔子酒店都能知道这就是桔子酒店，但每家桔子酒店给顾客的体验又不一样——包括服务员的着装、说话的声音，客人进入房间后看到的、感受到的都不一样。榻榻米式客房、错层复式套房、打掉几层楼板的挑高酒店大堂、全透明的玻璃走廊幕墙，以及集中世界各地著名建筑的黑白水墨壁画，都让客人拥有新鲜的享受体验。吴海说，桔子酒店在设计上下了大功夫，通过每一个细节，潜移默化地影响客人心情，让客人觉得舒服。比如，酒店房间里的桔子灯饰，打开之后，令人很舒服；酒店里面都可以无线上网，客人可以很舒服地靠在床上浏览网页。

作为个性酒店，桔子酒店不跟其他酒店比价格、装修，而是追求整个价值链的竞争。单论客房装修，桔子酒店的投入跟四星级酒店的客房相同，但与四星、五星级酒店不同，桔子酒店没有游泳池、健身房等设备，也没有配套餐厅。吴海清楚，到桔子酒店消费的客人最主要的是享受干净、个性的住宿体验。如今，每家桔子酒店员工平均只有40多人，而配一个餐厅，就需要近百名员工，成本自会增加很多。桔子酒店也有餐厅，但租给了专业餐厅经营，酒店能固定收取租金收益。

自2006年成立以来，桔子酒店已在北京、杭州、宁波、南京、天津等地拥有几十家分店。吴海说，虽然经济下滑，但入住率还能保持在80%左右。桔子酒店平均价位约在300元左右，比一些经济型连锁酒店的价位要高近50%，在入住率相当的情况下，桔子酒店回报率相对较高。

思考讨论：桔子酒店与高星级酒店和经济型酒店相比其竞争战略有何不同？

【拓展案例2】

麦当劳＋肯德基 Vs 真功夫

1. 市场定位

麦当劳、肯德基、真功夫三家企业是属于快餐类的，价位适中，远不及精品菜的高昂，却又略高于街头巷尾的小餐馆和小吃店，门店一般开设在各类城市的商圈内和附近，这些商圈的人流量非常大，不仅能给企业带来可观的现金流，同时也挑战企业能否满足顾客需求的经营能力。

麦当劳：麦当劳始终提供快捷、方便的汉堡和可乐，主攻广大都市消费者，年龄段从幼儿园的小孩到耄耋之年的老人。

肯德基：肯德基提供特色的炸鸡和薯条配可乐，主攻大中小城市商圈的消费者，年龄段主要偏向年轻人和上班族。

真功夫：真功夫提供蒸煮类套餐食品，主攻一日三餐时段的主食菜肴，年龄段从小朋友到老年人。

三家企业都主要围绕普通老百姓，价格适中，人均消费在25～35元的价位，强调服务质量的快速、便捷。但麦当劳和肯德基不仅提供一日三餐时段的主食，还全天24小时提供各类餐饮小吃，给消费者更多的选择；相比之下，人们只会在肚子饿的时候考虑真功夫的饭菜，在口渴时或想休息聊聊天的情况下不会贸然进入真功夫的门店。

2. 菜肴质量

麦当劳和肯德基：还是那些不变的汉堡和炸鸡、可乐，变化的只是一些迎合特定地区和季节的特色菜肴。但可以保证的是，在同一个标准化机器里产生的食物，口味基本很稳定，质量也好，不存在过期和重复利用的投诉。

真功夫：菜肴质量很好，蒸煮的食物非常有营养，就是功夫多了点，虽然也应用了标准化的烹饪机器，但值得肯定的还是蒸煮菜肴好吃，真功夫就应该继续保持菜肴质量的稳定。

（资料来源：中国营销第一网，http://www.yingxiao360.com/htm/2012117/6250.htm.）

思考讨论：

1. 企业采用差异化竞争战略的用意如何？

2. 利用业余时间到当地的肯德基、麦当劳和真功夫进行实地调研，了解它们采取何种竞争战略？如果选择一家消费，你打算选择哪一家，为什么？

项目七
酒店产品策略

学习任务书

1. 通过案例理解酒店产品内涵、构成及特点。
2. 了解酒店产品生命周期概念及各阶段营销策略。
3. 掌握酒店新产品开发意义及营销策略,结合实例谈酒店产品设计开发的基本原则。
4. 了解酒店品牌实施策略的应用;通过案例分析理解酒店企业品牌的内涵及如何打造知名品牌。

【案例导入】

北京金融街威斯汀酒店

北京金融街威斯汀大酒店是一家位于北京西单金融街商务中心的涉外商务酒店,紧邻西二环,毗邻西单购物中心、前门、故宫和天安门。北京的商务、旅游、观光和娱乐中心近在咫尺。

无论您在此期望的入住体验是宁静还是活力再现,北京金融街威斯汀大酒店精心设计的客房及套房都以"使您达到最佳"为设计理念,为您带来一个现代摩登的住宿环境。40平方米的威斯汀客房带来舒适及现代化的科技,包括著名的威斯汀"天梦之床"、热带雨林淋浴喷头、免费高速无线上网、平面电视及无线式手提IP电话。或者选择您的威斯汀"健身计划"房,使您的健身在房内即可进行,充分保障您的私密性。

北京金融街威斯汀大酒店大约有1/4的客房及套房面积大于60平方米,拥有更多的设施及服务,包括超大工作台,Herman Miller设计的座椅,BOSE收音机以及"浸浴专家"特别为您调和的让您放松及振作精神的活力再生精油。

配套酒店服务:送餐服务、游泳、酒店内餐厅、洗衣服务、停车场、咖啡厅、礼宾司服务、医疗支持、水疗服务、儿童看护、会议室、前台贵重物品保险柜、美容美发、提供泊车位、健身、大巴或轿车租赁服务、桑拿、外币兑换、会讲英语的服务员。

餐饮设施：北京金融街威斯汀大酒店内设七间餐厅和酒吧，旅客可在此大快朵颐、补充能量。

思考讨论：

在中央限制"三公消费"等政策影响下一些高星级酒店效益普遍不景气，而该酒店生意却始终比较红火的主要原因是什么？打造知名品牌的重要性有哪些？

单元一　酒店产品概述

一、酒店产品的构成

酒店产品由 6 个部分组成，每个部分都可能给客人带来满足或不满足。

1. 地理位置

地理位置指酒店与机场、车站、商业中心、旅游景点等相关场所的距离及周围因素。一个良好的地理位置要求所在地有发达的经济、优质的旅游资源、交通方便、周围景观美丽等。

2. 设施与设备

设施与设备包括酒店的建筑规模、建筑形式、各种类型的客房、餐厅、酒吧、会议室及配套设备等。

3. 服务

服务是酒店产品一个十分重要的组成部分，它是客人选择酒店的主要因素之一。服务包括礼貌礼仪、态度、效率、技能、质量、项目、方便舒适程度、清洁卫生、环境安静和自由安全感等内容。

4. 酒店形象

酒店形象指客人对酒店设施、服务、知名度、商誉、经营理念、地理位置等内外各种因素的综合印象。酒店的形象要通过各种营销手段把上述内容有效地传递给目标顾客。一家酒店的最终形象取决于客人的印象、他们的评价及口碑。

5. 价格

价格既表现了酒店通过其地理位置、设施与设备、服务和形象给予客人的价值，也表现了客人从上述因素所获得的满足。

6. 气氛

气氛是客人对酒店的一种感受，是一种无形的产品。它的形成取决于酒店的外貌、内部设施、装潢设计、员工素质和行为、酒店企业文化等诸因素。

酒店产品的六大要素相互关联，是酒店产品不可分割的组成部分。客人对酒店的选择是依据这六大因素的综合评估而定的，但不同细分市场的顾客对各因素的重视程度不同。

相关案例

四季酒店：待人如己　让对的人提供对的服务

——搜狐旅游频道专访了四季酒店集团市场传媒高级副总裁 Elizabeth Pizzinato 女士

酒店奢华的含义并不在于建筑本身。大家都可以做到建造非常特别的建筑，而对于四季酒店来讲至关重要的是每个宾客在这个酒店的体验。要做到这一点要靠我们找到对的人和对的服务，这也是我们一直在做的一件事情。现在有很多合资酒店，它可以提供非常好的环境和硬件设施，但是对中国市场来讲，从服务的角度来说，从对其员工的培训来看就可以看出四季是非常注重高水准服务的。

先和大家分享一下我们酒店员工的面试程序：即便是打扫客房的服务人员，我们都要经过 3 至 5 轮的面试，包括最后一轮总经理的面试。我自己就有亲身体验，我经过了 12 轮面试才进入四季酒店的，最后一轮是 CEO 对我的面试。我们所有的员工，即使是打扫客房的人员，他面试的最后一关都是总经理，并不是主管或者部门经理就可以通过。所以我们的所有员工要经过层层的筛选和面试，要从不同的领导者的角度评价这个员工，因为我们觉得态度比技能更重要，技能可以培训，但是态度是表现你是否愿意去学，愿意去提高。所以四季在面试员工方面非常的严格，而且要经过层层把关，有非常长的过程。所以我们所有酒店的每一个员工的入职都要通过总经理面试。

我们花非常多的时间去找对的人，所以我们更能够留住员工。四季酒店有一些以前曾经离开过，最终又回来继续为四季服务的员工。所以我们在同类的品牌里面，员工的稳定性相对来讲是比较高的。

四季酒店注重对客人的个性化服务。我们会努力关注客人的喜好，去了解他们所需。举一个例子，比如说我们的接待人员如果发现客人身体不太舒服，或者是感冒了，会马上帮他在房间里面准备好热毛巾、热茶等。我们会非常关注客人，以敏锐的观察力使客人体会到我们细致入微的服务。因为四季酒店的黄金法则就是"待人如己"。

二、酒店产品的特点

从酒店产品的概念可以发现，酒店产品是一种以服务为主的综合产品。除了具有一般有形产品的基本属性外，还有自己独具的特点。

1. 酒店产品是组合产品

对顾客而言，酒店产品仅是一段住宿经历，这段住宿经历是个组合产品，由以下两个部分构成：①物质产品，顾客所消耗的食品、饮料及所接触到的设施、设备；②无形形态产品，顾客感觉上的享受和心理上的感受。前者是由酒店设施的"硬件"传递出来，顾客可通过视、听、触、嗅觉感受到；后者通过酒店的"软件"传递出来，指顾客在心理上感受到的地位感、舒适度、享受程度等。

2. 酒店产品没有储存性

酒店的客房和餐厅的座位一天或一餐租不出去，它的价值就永远失去，它不像其他产品可以储存。

酒店的需求波动比较大，每年有淡季和旺季，每周有高峰和清闲日，餐饮部每天有繁忙的时间段和空闲的时间段。这就要求管理人员采取一系列经营手段，如举行特殊的接待活动，采取灵活的价格策略，招徕淡季市场，使酒店产品的供应与市场需求量趋于平衡，提高酒店设施的利用率，使酒店的产品得以最大限度地销售。

3. 酒店产品无转移性

酒店产品的非实体（无形）的现场消费决定了酒店产品的不可转移性，它不能从一个地方转移到另一个地方，必须就地出售，顾客只能到酒店消费。因此，管理者在经营中应努力提高酒店形象，吸引顾客前来消费并保持有较多回头客。

4. 产品所有权的相对稳定性

酒店产品中的许多产品，如客房产品、康乐产品、服务产品等，不像其他商品那样，一旦商品交换实现，所有权就发生转移，酒店并不出卖商品的所有权，客人买到的仅是一段时间、某一阶段的住宿权利、享受权利和被服务的权利。酒店产品的使用价值就是为顾客提供一定期限的住宿环境，提供一段时间的物质享受和精神享受，房租和客人所付出的费用则是酒店出售产品的使用价值而回收的交换价值。因此，客人在购买酒店产品时只能在限定的时间内进行消费，重复消费是不可能的。

5. 酒店产品无法进行售前质量检查，其生产过程大多和顾客直接见面

酒店服务员在提供服务的同时客人就在进行消费，服务员在提供服务时的举止、行为都将影响到所提供产品的质量。因此，强调酒店服务操作的规范与标准，保证每一个产品（即每一次服务、每一次操作）都是合格的产品，对酒店而言，显得极其重要。

相关案例

餐饮企业的全面服务

（一）提供服务是任何企业存在的理由

服务是所有企业高度关注的一个问题。号称"人的脸"的日本著名实业家西武集团的堤义明说过一段话："经营的目的不仅仅是赚钱。赚钱永远只是结果而不是目的。只要把你的事业做好了，钱自然地追随你而来。如果把赚钱当做目的，往往就赚不到钱。我要追求的境界，是常人所达不到的，那就是'共享愉悦'。"可以说，"共享愉悦"是服务追求的最高境界。换而言之，当任何企业不能够展现出服务性时，也就失去了存在的必要。

我们来看几个事例。

老字号制鞋企业内联陞在创立之初就脱颖而出，是因为它的服务宝典——《履中备载》。"履"就是鞋的意思，这本书讲了鞋的什么事情呢？关于所有京城大官和做过鞋的富商贵人们的脚的情况、对鞋的喜好以及做鞋买鞋的经历，内联陞的重要顾客的鞋样与鞋模子。通过这本书，内联陞还要推算顾客鞋的磨损周期，主动提供上门定制服务。这老字号百年前的服务恐怕连现在很多大企业都难以达到。

已经离开我们的"台湾经营之神"王永庆，是卖米学徒出身。16岁时勤奋的王永庆带着父亲借来的200元钱开办自己的米店。当时正是台湾的日据时代，面对享有特殊保护的日资米店和众多拥有了固定客源的本土米店，王永庆的小米店如何突出重围？是王永庆以无微不至的服务闯出了自己的天地。

那时的台湾，大米掺杂米糠、沙粒和小石头的情况比比皆是，买卖双方都见怪不怪。而王永庆能够创新服务，做到每次都把杂物挑拣干净，还主动送米上门，并且免费给顾客淘陈米、洗米缸。顾客得到实惠，一来二去就成了回头客。一下子，王永庆的米店从一天卖米不到十二斗，变成了一天卖出去一百多斗。几年下来，米店生意越来越红火，王永庆顺势创办了一家碾米店，完成了个人资本的原始积累，走向了"经营之神"的道路。

有人说，王永庆终其一生无论经营什么产业，都是在"卖大米"：始终把握顾客需求，努力提供优质服务。

而现代，美名远扬于海外的海尔集团，除了产品的质量之外，被世人津津乐道的不也是它优质的服务吗？这些都是制造业和工业企业的例子。作为以服务为主要产品之一的餐饮业，"服务"对企业的重要性更是不言而喻。

关键的问题是，我们如何看待服务？

（二）优秀企业如何看待服务

作为一个优秀的企业，通常从以下几方面看待服务。

1. 服务是信仰，服务也是技术手段

对于任何餐饮企业来说，服务是核心竞争力之一。每个员工、从上至下都应该以服务为信仰。什么是信仰？信仰首先是一种人格魅力。在服务的过程当中，因为有了信仰，才能处处洋溢服务的精神与气氛。可以说，服务的境界是"于无声处见真情"。

信仰最终要落实在实处。可惜的是，很多餐饮企业忽略了对服务技术的研究。我们可以通过一个小故事来了解技术的重要性。

张三每天下班回家都很晚，而在回家的路上总有一条野狗试图对他发动袭击。在经过几天的对峙之后，张三想到一个办法，就是捡一块石头拿在手里，当野狗扑上来时，能够用以投掷自卫。可是当石块掷出后不久，野狗便反身追来，张三只好落荒而逃，而且一路提心吊胆，担心野狗尾随攻击。于是第二天张三便拿了五块石头，可是情况是一样的，当石头用完，野狗便欺身而上。第三天，张三背了一个书包，里面装了很多石头，可是野狗便远远地盯着他，趁他不注意才扑上来，而沉重的书包反而阻碍了张三自卫。几次对决之后，疲惫的张三反而激起了野狗的愤怒，终于在不注意时被野狗咬了一口。受了伤的张三回到家里，痛定思痛，认为自己对付野狗不能再使用投掷石块的方法了。经过慎重考虑，他找到了一根结实的棍子，然后轻松地提在手里，这样回家的时候，不仅不担心野狗伺机撕咬，甚至还给了野狗一棍子，打得野狗自此不敢来犯。

张三的故事带给我们什么启示呢？就是解决问题不能始终使用同一种方法，状况在不断变化，我们解决问题的方法也要变化。就如同餐饮企业的服务，当国外在研究服务数据化或者试图将6Σ的概念引入服务业时，中国的餐饮企业还停留在"服务第一、顾客至上"的虚无境地，是一件多么可怕的事。就像很多餐饮企业在实现连锁之后，分店越开越多，菜品可能没有出现什么大的问题，可是顾客却感觉菜品越来越不好吃。究其原因，是因为服务不符合顾客的需求，导致顾客不能拥有良好的消费体验，因而流失了很多顾客。所以，对于服务的技术研究始终都是一个餐饮企业除了对菜品的技术进行研究之外，更为重要的事情。

特别提示

解决问题不能始终使用同一种方法，状况在不断变化，我们解决问题的方法也要变化。

2. 跳出就事论事的圈子——不但以学习为策略，也以遗忘为策略

对于服务来说，中国的中医思想非常值得借鉴。很多企业研究服务仅仅是针对服务过程或者结果本身，他们并不明白，如同一个人的肤色红润是来源于身体健康，而发质枯黄可能是因为脏器的功能不足一样，这个时候你单纯地使用什么美肤产品或者使用了很多美发产品却不会有什么特别好的效果。此时你需要综合的调理，这个综合的调理在管理学上称之为"系统"。

系统的概念告诉我们，服务的好坏其因素不仅包括服务中，还包括了服务前和服务后；不仅表现在服务本身，更重要的还有顾客看不见的服务背后的东西。这要和企业的发展结合起来看。

中国的企业发展大体可以分为三个时代——能人时代、制度时代和文化时代。在能人时代，企业里的能人成为一个企业的命脉所系。比如中国

知名餐饮企业中,俏江南的初始发展是靠张兰女士,顺峰是靠林锐均先生,眉州东坡餐饮集团是靠王刚、梁棣夫妇;而国外或外资的餐饮企业也非常重视企业的高层管理人员,但是大家很少听说什么企业是靠什么人发展起来的,就是因为外资餐饮企业更重视管理系统。当然随着企业的发展壮大,企业就开始寻求向科学管理的方向发展,这个科学管理主要是指各种规章制度的建立、健全和执行力的增加,所以叫做制度时代。

制度时代在中国餐饮企业里最大的表现就是《操作手册》,很多企业都有了厚厚的一本或者几本《操作手册》。但是这个《操作手册》是自己的吗?起到作用了没有?真正的《操作手册》应该包括些什么?这些问题是需要认真反思和解决的。这些问题解决了,要反思执行问题,为什么有很多企业有好的程序、制度和标准,可是执行不了或执行不长久?所以前几年"执行力"课程风起云涌,但是为什么这几年就沉寂下来了?因为执行力不是靠几堂课就能培养出来的,靠的是系统,管理的系统。

当企业有了管理系统之后,开始逐步形成团队的联盟,以制度文化为中心形成企业文化,每个人进入企业之后都能被企业文化所感染,成为团队中的一分子,不仅仅是服务,而是整个企业开始进入良性循环的轨道,这就是文化时代。我一向叹服于中国博大的传统文化,对于服务管理,我们不妨"西方管理技术为用,东方文化思想为体",从中国的文化中汲取用之不竭的营养。

企业发展三时代:

能人时代——能人是企业的命脉所系;

制度时代——《操作手册》出炉;

文化时代——企业文化制胜。

专家视点

"西方管理技术为用,东方文化思想为体",从中国的文化中汲取用之不竭的营养。

3. 服务永远胜在创新

服务没有停滞,在服务方面下一步要做的事就是——别人永远以为我们做不到的事。同时,针对创新的服务,在执行的时候要充满智慧和坚韧性。

在20世纪80年代,新加坡航空公司提出"女士优先"的服务概念后,在飞往韩国、日本的航班上推行遇到了严重的阻力。因为这两个国家是传统的男权主义国家,那么怎么办?是取消在这两个国家的推行计划么?不是。新加坡航空公司的做法展现了高度的自信与服务技巧:通过名单知道是一对夫妇同时旅行,空姐在送饮料的时候,会看着先生微笑问好,但是手里的咖啡会灵活地绕过先生,直接送给夫人,同时说道:"太太,请用咖啡。"就是这样在细节上的慢慢坚持,新加坡所倡导的"女士优先"的理念才会成为整个服务行业今天奉为圭臬的准则。

服务方面无大事,如同张瑞敏先生所说:把平凡的事情重复地做到最好,就是不平凡。我所说的"做不到的事",除了服务创新之外,还包括如何制定企业服务的战略、实施期望管理及如何更好地为重要顾客服务。

服务创新开始的时候可以是一种模仿,但最终要变成企业的自觉力量。我们剖析一个案例,重要的是学到这个案例所包含的思维模式,而不仅仅是这个案例所告知的做法本身。事实上,无论分析到多么精深,我们都无法模仿到优秀企业的全部,这就是我们研究了那么多年可口可乐、麦当劳和星巴克,但是世界上仍然只有一个可口可乐、一个麦当劳和一个星巴克的原因。

每个企业都必须根据目标市场的不同而建立自己的服务战略。战略和资源的相互配合,将创造完美服务的基石。而作为一个盈利性组织,我们不可能为所有人服务,如何根据自己的目标顾客市场的需求来促进服务质量的螺旋上升,也是企业应该认真研究的一个方向。

总之,"服务"不单纯是服务事项,它是无数紧密相扣的上下环节。它成为一个动态的系统而展现企业的根本文化和款客之道,它是任何企业存在的根本原因和力量。

专家视点

"做不到的事",除了服务创新之外,还包括如何制定企业服务的战略、实施期望管理及如何更好地为重要顾客服务。

(资料来源:职业餐饮网,http://www.comyin168.com.)

思考讨论:

1. 你如何理解全面服务管理的内涵?
2. 请结合当地的餐饮企业谈谈服务创新的具体做法。

单元二 酒店产品生命周期

一、酒店产品生命周期理论

酒店产品的生命周期是指某种酒店产品从进入市场开始,经过成长期、成熟期到最后被淘汰出市场的整个过程。酒店产品生命周期,理论上可分为投放期、成长期、成熟期和衰退期四个阶段。如图7-1所示。

酒店产品生命周期的不同阶段会呈现出不同的特点。

1. 投放期

这一时期是酒店产品进入市场的初始阶段。比如一家新饭店落成,一个旅游

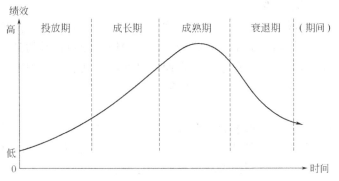

图 7-1 酒店产品生命周期

新景点推出。由于酒店产品的知名度不高,因而销售额增长缓慢且不稳定,销售增长率大概在 0~0.1% 之间,加上对外宣传和广告费用较高,使酒店企业利润率较低,甚至处于亏损局面。此时市场上的同行竞争者相对较少。

2. 成长期

新的酒店产品日渐被消费者所接受,酒店产品的生产设计已基本定型,主题明确。酒店产品渐渐提高其知名度,从而使产品的销售额稳步上升,销售增长率在 0.1%~10% 之间,企业利润得以大幅度提高。与此同时,更多的竞争对手在利润的驱使下开始进入该市场,展开竞争。

3. 成熟期

这一时期是酒店产品的主要销售阶段。酒店产品成为名牌产品或老牌产品,产品销售额渐渐达到高峰而趋于缓慢增长,销售量增长率大于 10%,酒店企业生产能力发挥到最大,产品拥有很大的市场占有率,企业利润也达到最高水平。酒店市场已趋于饱和,供求基本均衡,但酒店企业间的竞争处于最激烈的阶段。

4. 衰退期

是酒店产品逐渐退出市场的阶段。这一时期酒店产品已不适应人们不断变化的消费需求,销售量锐减,销售增长率小于 10%,许多酒店企业在市场竞争中被淘汰,从而转产退出了酒店市场。与此同时,市场出现新的换代产品或替代产品。

二、酒店产品生命周期各阶段的营销策略

在酒店产品的营销过程中,并不是所有的产品都必须经历四个阶段。但无论是酒店产品处于何种阶段,酒店企业都必须认真研究其特点,并制定恰当的市场营销策略。

(一)酒店产品投放期营销策略

根据酒店产品在投放期的特点,酒店企业所采取的营销策略,都是新产品营销策略,有四种营销策略可供选择。

1. 高价低促销策略

即以高价格和低促销水平的组合方式将酒店产品推向市场。高价格的目的在于获取更大的盈利，而低促销则是降低新产品的销售费用，目的是通过高价格来提高酒店产品的知名度。这种策略在短期内可获巨大利润，以回收酒店产品的生产投资。如 1997 年推出的"告别三峡游"等属此类产品。

2. 高价高促销策略

即以高价格和高促销水平的组合方式将酒店产品推向市场。以较高的价格树立酒店产品的市场形象，同时支出大量的促销费用，在市场上树立质量的形象，以弥补高价格的不足，从而扩大对市场的占有率。

3. 低价低促销策略

即以低价格和低促销水平的组合方式将酒店产品推向市场。企业以一种低姿态进入酒店市场，目的在于促使市场尽快接受这类产品，以收回企业的投资。

4. 低价高促销策略

即以低价格和高促销水平的组合方式将酒店产品推向市场。这种策略能迅速占领市场，并能减少潜在竞争者的介入。

（二）酒店产品成长期营销策略

成长期酒店产品的销售应包括两个方面：一方面巩固已有的销售成果，另一方面进一步扩大市场的占有率，尽快提高销售量。这一时期，企业在成长期的销售策略如下。

1. 产品品牌策略

通过提高酒店产品质量，增加酒店产品品种，完善旅游服务，使酒店产品成为有较高声誉的名牌产品，从而提高市场占有率。

2. 销售与促销策略

一方面开拓新的销售渠道，加强销售渠道的管理，搞好渠道成员之间的协调，以此扩大销售范围；采取多种销售形式，增加新的销售渠道。另一方面，借助于媒介，对外宣传重点由介绍酒店产品转为树立产品形象，宣传产品特色，提高产品的知名度，走名牌产品的销售策略。

3. 价格策略

在分析市场价格发展趋势和竞争者价格策略的基础上，努力提高酒店产品的规模生产能力，以此降低单位产品成本，可适当提高或降低原有价格，以吸引对价格敏感的潜在购买者，以此积极主动地寻找新的市场并占领它。

（三）酒店产品成熟期营销策略

成熟期是酒店产品生命周期的黄金阶段。这一时期酒店产品已定型，市场已趋于饱和状态，产品销售量已基本稳定，而同类产品的生产企业却不断增加，市场竞争异常激烈。酒店企业为了保持产品的优势地位，可采取如下营销策略。

1. 转变目标市场策略

即开辟新市场，寻找新的市场机会，稳定和扩大销售量。

2. 产品改革策略

酒店企业可以通过对产品功能、特性、外观等内容进行改良，以新的内容吸引更多消费者，提高销售量。酒店产品的改革主要集中在两个方面：一方面是产品质量改革，根据消费者的反馈信息，对现有的基础设施进行改革。另一方面是服务数量改革，规范服务技巧，使旅游接待服务标准化，以此来稳定服务质量，同时，增设尽可能多的服务项目，以此吸引旅游消费者。

3. 调整营销组合策略

通过对原有的营销组合因素进行调整，以刺激销售量。如处于成熟期的饭店，可以侧重于发现新的销售渠道，像旅行社、旅游电子商务运营商等；也可以使用赠券或其他优惠方式来增加客源。但这种策略如果处置不当，容易被其他企业模仿而导致竞争加剧，也可能因促销费用的增大而导致利润的损失。

4. 新产品的研制和开发

产品的市场营销进入成熟期，即意味着市场营销工作开始下降。为使酒店企业永远居于市场主动地位，酒店企业应着手研究新的酒店产品。

（四）酒店产品衰退期营销策略

一般而言，当产品进入衰退期时销售量进一步下降，企业应尽可能地缩短产品的衰退期，其主要措施如下。

1. 抛弃策略

如果酒店产品市场售价、销售量急转直下，甚至连变动成本也无法补偿，那么企业就立即抛弃，转向其他产品。

2. 撤退策略

撤退不盈利的产品，将企业的资源集中在最能盈利的市场上以获得利益。

3. 降价策略

分析产品滞销的原因，通过降价促销等方式扩大销售量。同时，尽量降低产品促销水平，减少销售费用。

4. 自然淘汰策略

酒店企业仍使用原来的策略，直至酒店产品完全退出市场。

酒店企业在衰退期应把握好"转"、"改"、"撤"三个基本原则，果断撤出市场，并着手新产品的投放，以完成酒店产品的更新换代。老产品衰退期，实际上已成为新产品的投放期或成长期。

单元三　酒店新产品开发

在酒店企业经营中，市场瞬息万变，竞争越来越激烈，市场需求越分越细，由此迫使酒店企业越来越重视新产品的开发。不断开发新产品是酒店企业生存和发展的关键，是企业取得竞争胜利的一个重要条件。

一、酒店新产品及种类

酒店新产品是指酒店生产者创新设计生产的,或者对原有产品某部分进行改进后的酒店产品。酒店新产品按其自身所具有的新质程度可分为以下几类。

1. 改进型新产品

改进型新产品是指对原有产品不进行重大改革,只对它进行局部形式上的改变,如增加儿童免费加床服务或餐厅延时服务等。推出改进新产品,是酒店吸引顾客、保持和拓展市场的一种重要手段。

2. 换代型新产品

换代型新产品是对现有产品进行较大改革后生成的产品。如酒店客房过去夏季室内一般用分体式空调,现在改成中央空调;餐厅由用纯粹的餐饮产品,发展到餐饮兼娱乐的二合一产品。

3. 全新型新产品

这种产品在市场上从未出现过,是为了满足顾客需要,开拓全新市场而推出的新产品,如产权式酒店、在当地新建的高档酒店等。全新酒店产品开发周期长且投资较多,风险较大。

4. 仿制型新产品

仿制型新产品是指企业仿制市场上已有的新产品,有时在仿制过程中又可能有局部的改进和创新,但基本原理和结构是仿制的。这种酒店新产品在酒店市场上极为普遍。

一般来说,换代型新产品是局部质的变化,创新型新产品则是在长期量变的基础上产生的质的飞跃。创新型新产品设计、生产难度较大,把科学技术的最新成果转化为生产力,直接体现在酒店产品的生产上,这中间不仅受到企业的技术水平、资金等诸多方面的限制,而且研制开发的时间较长。

二、酒店新产品的开发过程

酒店新产品的开发过程如图 7-2 所示。

图 7-2 酒店新产品的开发过程

(一)市场调查

市场调查是酒店产品设计的出发点。通过对产品环境和顾客消费行为调查,酒店企业可以获得有关顾客和旅游中间商的需求、竞争对手的产品和其他相关信息,并通过对信息进行分析、研究,从中激发有关新产品设计的创意。同时也是保证酒店产品符合市场需求的前提。

（二）方案的拟订与选择

市场调查中获得的信息将帮助形成产品的构思，对众多产品构思进行筛选和可行性研究，将产生最终的产品设计方案。

1. 方案的拟订

方案是产品的雏形，方案的形成源于构思。对于酒店新产品的构思，顾客的需求和欲望、长期从事旅游行业人士的意见和建议、旅游中间商所提供的资料，以及同行业竞争对手的动态等，都是不错的灵感来源。构思的筛选一般分为三个步骤：首先凭借经验，初步提出与企业发展和市场环境基本相适应的构思；其次再借助一定的评价体系进行等级评定；最后对构思进行发展前景、市场销售、竞争态势、价格及内部条件等方面的可行性论证。

拟订方案时还应注意：国家发展旅游业的方针、政策和有关法律，酒店企业业务范围和专业优势，酒店企业目标群体的差异性及信息的全面、系统性等方面。

2. 方案的选择

方案的选择比较复杂，酒店企业在选择过程中，应该采取定性和定量相结合的方法，对各个方案进行综合评价和比较。

（三）试产试销

在酒店产品设计方案确定后，旅游企业可与有关部门达成协议，将产品设计方案付诸实施，进行试验性销售。酒店产品试产试销的目的主要有三个：了解产品的销路；检验市场经营组合策略的优劣、发现问题；解决问题。

在试产试销阶段，酒店企业应注意保持产品规模适中，保证产品质量，充分估计各种可能的情况，争取做到有备无患。经过试销证明确无销路的产品，切忌勉强投放市场。

（四）投放市场

通过产品的试销，效果好的产品应该商品化，尽快投放市场，以便获得预期的经营利润。在将产品正式投放市场时，酒店企业应制订一个完备的新产品投入市场的计划，确定产品的价格、销售渠道和促销手段等，尽量扩大产品在市场中的占有率，提高产品的销售率和利润率。

（五）收集反馈

产品的开发，在将成型的产品商品化的时候，就可以说是结束了。但是，这并不意味着产品就没有了缺陷，不需要进一步改进。因此，收集反馈信息显得尤为重要。通过来自顾客、中间商及旅游从业人员的各种反馈信息，对产品进行客观评价，并进行新一轮的市场调研和产品设计。

三、酒店新产品开发策略

在酒店新产品开发中，有四种主要因素影响到开发策略的选择，它们是：产品与市场、开发目标、开发途径和控制协调。这四种主要因素又包括许多具体内容和类别，如果排列组合起来，将有数百种开发策略，酒店企业在选择策略时应审时度势，根据具体情况，选择切合实际的策略。

1. 长短结合策略

这种策略也称储备策略，既考虑到酒店企业的短期利益，更考虑酒店企业的长期利益，着眼于酒店企业长期、稳定、持续地发展。采取这一策略，酒店企业应有四档产品：一是酒店企业生产和销售的酒店产品；二是正在研制或研制成功，等待适当时机投放市场的产品；三是正在研究设计的产品；四是处于产品构思、创意阶段，开始市场开发、调研的酒店产品。

2. 主导产品策略

任何酒店企业都应有自身的主导酒店产品。主导产品是资源条件与客源市场双向驱动的产物，在一定时期内相对稳定。根据我国资源特征和市场竞争情况，我国主导产品应选择垄断性、高品位观光产品，如桂林山水、长城等，和已经成熟又有特色的少量非观光产品，如保健、修学、文化、探险、烹饪等。通过主导产品树立东方旅游大国的独特形象。

3. 高低结合策略

指高档产品与低档产品相结合，以满足不同顾客的消费需求，扩大企业经营范围。如以经营燕翅鲍为主的某餐饮店，考虑到地处城市CBD，公司职员对午餐需求量大，因此专门增加了中餐简餐和套餐等产品，满足顾客的需要。

4. 创新与模仿策略

主要是指酒店企业根据不同市场情况，为了占领市场，获得经济收益，而灵活采取的一种策略。这类策略包括：全部创新策略，拿来策略和模仿改进策略。如"我到北京上大学"就是通过创新而开发的一类产品；而"我送爸妈上北京"这类产品就属于典型的模仿产品。

四、酒店产品开发设计的基本原则

（1）在充分市场调查的前提下，相互学习相互借鉴，根据目标顾客的需求设计、开发和不断改进产品（创新），为顾客打造最有价值的酒店产品与服务。

（2）酒店企业产品设计要与企业的发展方向和企业的市场定位一致，力争特色鲜明，避实就虚，避免恶性竞争，努力在某一区域获得一定的竞争优势。

（3）酒店企业产品设计要充分考虑酒店人力、物力和财力的总体资源情况，做到量力而行。

相关案例

肯德基拒做"传统洋快餐"全力打造"新快餐"

中国百胜餐饮集团总裁苏敬轼说，多年的发展让中国肯德基团队深深认识到，快餐的形式是符合中国人现代生活需要的，但消费者对西式快餐食品营养的疑虑却是快餐发展、壮大的绊脚石。所以,肯德基针对中国市场需求打造一个适应中国的"新快餐"。归结而言,可用二十四字来概括:美味安全、高质快捷;营养均衡、健康生活;立足中国、创新无限。所谓"新快餐"保留了"传统洋快餐"的优点:顺应现代人的生活节奏,提供快速便捷的餐饮;采取工业化、标准化生产,产品质量统一稳定,这些是快餐得以发展和成功的基础。除此之外,"新快餐"更加关注饮食健康,积极向消费者传递营养健康知识,针对健康与运动开展社会公益活动。

相关案例

互联网思维怎样在酒店正确应用

面对OTA的来势汹汹,见识到威力的酒店大佬们开始涉足互联网。经常参加某些会议和培训的部分老板一掷千金,去买所谓的互联网产品,或者托管自己的社会化营销平台,似乎有了流量就万事大吉;还有部分酒店管理者迅速招兵买马组织起网络信息部门,开始烧钱。这些老板认为,这就是互联网思维。当看到酒店业绩毫无起色,立刻就解散掉团队,大骂互联网是骗子。

但"互联网将重塑一切传统行业"的话并不是空穴来风。在互联网时代,真正改变的是宾客的行为习惯,同质化的强调功能性的酒店将越来越不具备竞争力,拥有一流的用户体验的酒店才会脱颖而出。

近来,智能化、个性化、科技化的智慧酒店在中国酒店行业悄然兴起。智慧酒店能够实现宾客的个性化需求,降低酒店的管理成本,受到越来越多酒店,尤其是高端酒店的欢迎。目前,快乐视界研发的"智慧e房"智能酒店解决方案能帮助酒店完美地转型智慧酒店。"智慧e房"智能酒店解决方案从酒店客房入手,用"智慧e房"智能机顶盒代替酒店电视机顶盒,把客房电视变成拥有电视、电脑、wifi、高清mini专属影院、酒店点餐系统、快速退房服务系统的可操控的智能终端,并可实现智能房控。除此之外,"智慧e房"智能酒店解决方案针对新建酒店,推出与海尔、创维、飞利浦、三星等合作的HappyTV,降低了酒店的采购成本。

单元四 酒店产品品牌策略

旅游品牌是酒店企业的无形资产。广义的旅游品牌具有结构性,包含某一单项产品的品牌、酒店企业品牌、旅游集团品牌等。狭义的旅游品牌是指某一种酒店产品的品牌。酒店企业实行品牌化策略是提高自身竞争实力的一大举措。塑造品牌、经营品牌是酒店市场营销的重要内容。

一、酒店产品品牌与商标

酒店产品品牌是指用以识别某酒店产品的名称、术语、标记、符号、图案或它们的组合。

旅游商标是指酒店企业将自己的品牌名称和标识在商标当局注册后,就享有使用其品牌名称和标识的专用权以及相应的法律保护,其他企业不得仿效使用。

品牌与商标的区别主要在于:商标其实是注册后的一个品牌,是品牌的一个法律名称,是受法律保护的一个品牌或一个品牌的一部分。

有效的酒店产品品牌应具有:品牌名称短小简明,容易拼读、识别和记忆;品牌向顾客传递品牌产品的利益;品牌名称应符合酒店企业经营理念、服务宗旨;品牌名称要考虑世界各地的通用性及品牌名称要赋予吉祥色彩等特征。

二、酒店产品的品牌策略

酒店企业实施酒店产品品牌策略,可以从以下几个方面考虑。

1. 创立品牌策略

这是酒店企业有品牌与无品牌的主要标志。创立酒店产品品牌是强化酒店产品差异化的有力手段,是酒店企业凸显竞争优势的关键环节。品牌有助于发展酒店企业与顾客的牢固关系,为酒店企业带来可观的经济效益,提高酒店企业竞争力。

> **相关案例**
>
> ### 美国运通和日本 JCB
>
> 美国运通公司(American Express),全球 500 强排名第七,世界上第一大旅行社。公司创建于 1850 年,在全球设有 1700 多个旅游办事处。业务范围包括旅游相关服务、旅行支票、财务和信用证服务等,其全球旅游服务的年营业额高达 200 亿美元,远远超出全世界其他任何一家旅游服务机构的经营规模。其先进的质量控制系统、客户管理系统保证了美国运通品牌的持续成长。目前已是国外尤其是欧美地区家喻户晓的服务品牌。
>
> 日本交通公社(Japan Travel Bureau),世界上第二大的旅行社,日本最大的旅游集团公司。创办于 1912 年,是世界 500 强企业之一,其年旅游经营额达到 13000 亿日元,约合 1000 亿人民币,相当于我国旅行社营业额总和的两倍。交通公社海外旅游的广告口号是:有日本人要去的地方就有交通公社,国内旅游的广告口号是:找交通公社就有办法。

2. 统一品牌策略

所谓统一品牌策略,就是酒店企业所有产品均使用一种品牌。酒店企业使用统一品牌能充分利用品牌形象不断积累的好处,在同一品牌下不断推出新产品,大大节省每次推出新产品的促销费用,也能充分显示出企业经营产品品类齐全的实力。但如果一次推出的新产品不成功,有可能影响整个企业的声誉。

3. 多品牌策略

多品牌策略,又称个别品牌策略,是指酒店企业为每种不同的产品规定不同的品牌。酒店企业采用这种策略能更贴切地表现产品特征,有助于帮助消费者识别产品,体现产品的差异性。但是每次推出新产品的费用较多,风险较大。

相关案例

法国雅高集团

法国雅高酒店集团成立于1967年,总部设在巴黎,是欧洲最大的酒店集团。雅高集团在全世界拥有4000家酒店,从经济型到豪华型,雅高提供了全系列不同档次的饭店服务,满足了不同需求层次顾客的需要。雅高酒店旗下有五大品牌:索非特、诺富特、美居、世纪国际酒店和宜必思。

索非特:具世界水准的酒店,追求完美的索非特集商务与休闲为一体,为游客们提供一流水准、环境舒适、服务优良、气氛高雅的私人休闲场所。

诺富特:合乎时尚的诺富特是具备国际水准及现代化设施的商务酒店,坐落于各城市的商务中心及旅游胜地。

美居:美居酒店涵盖了豪华酒店、酒店式公寓、度假酒店市场。每间酒店都展示独特风格及服务,反映了地域特色、文化及个性。

世纪国际酒店:以中等型酒店及服务式公寓为主的世纪酒店以其稳定的服务水准、完善的设备及经济实惠而享誉亚洲及太平洋地区。

宜必思:以简朴、服务质量高、经济实惠而享誉世界。酒店坐落于商务中心及周边地区。

4. 改变品牌策略

改变品牌的原因是品牌在特定的目标市场上不受顾客欢迎。主要原因可能是原有品牌有严重问题,顾客不认同或者是品牌认识被扭曲,或者是由于竞争者的加入和产品经济生命周期的变化,原有品牌已经不能适应市场新形势。

酒店企业改变品牌要重点考虑投入产出的问题。即改变品牌后是否符合顾客的期望,是否能形成新的竞争优势等。酒店企业需要投入改变现有的酒店产品品质、品牌设计、新品牌沟通与促销等费用,如果投入与产出相抵,能带来实际效益,改变品牌才是上策。

5. 酒店名牌策略

当今社会,名牌效应已渗透至社会生活的各个方面。名牌酒店产品的市场份额远大于非名牌酒店产品,其相应的经济效益随之而来。所以,创造名牌就成为酒店企业的战略目标。名牌是知名度与优异品质、美好形象的统一体。名牌意味着高知名度、高市场占有率、信誉卓越、消费者喜爱并渴望拥有、经历时间考验而不衰。造就一个酒店的著名品牌是酒店通过持续一贯的优质产品和协调一致的营销努力的结果。

> **相关案例**
>
> **城市便捷酒店的突破之道：四精一品**
>
> 2006年，城市便捷酒店创立，在创业伊始城市便捷酒店就前瞻性地确定了"四精一品"的竞争策略，采用精品的物业、精致的产品、精准的价格、精良的服务和具有生命力的品牌来服务客户。在深入洞察消费者的核心需求的基础上，城市便捷酒店还在业内独创性地提出了"3B3S"的升级服务理念。传统的有限服务的酒店核心功能是2B（早餐+床），但城市便捷酒店强调超宽舒适大床、现代淋浴空间、免费自助早餐（3B），以及自助商务区、自助洗衣房、自助书吧（3S），在经济连锁酒店中独树一格。
>
> 城市便捷酒店在整体风格上会更为精致、环保，强调时尚。在客房空间的处理上，不再有暗房。很多星级酒店才会关注的细节，城市便捷酒店也会关注。比如说灯光、音乐、走廊的香味、色彩、人文的点缀等。
>
> 城市便捷酒店对区域市场进行深耕，发展到如今已经在中国与马来西亚两国12省68座城市拥有300多家连锁酒店，有效会员数达到500多万。2011年，城市便捷酒店被评为"中国快捷连锁酒店十强品牌"。2013年6月20日，城市便捷酒店集团总部迁址广州。

小 结

酒店产品是一个整体概念，从酒店产品形式上看，酒店产品由核心产品、形式产品和附加产品三个层次组合而成。它具有综合性、生产与消费同时性、季节性、替代性和趋同性等特点。

酒店产品生命周期，可分为投放期、成长期、成熟期和衰退期四个阶段。产品各阶段应采取相应的发展策略。酒店产品组合策略是由产品线、产品组合的广度、长度、深度和关联性所决定的。

酒店新产品是指旅游生产者创新设计生产的，或者对原有产品某部分进行改进后的酒店产品。酒店新产品的开发一般会经历市场调查——方案拟订与选择——试产试销——投放市场——收集反馈的全过程。酒店新产品开发策略主要有：长短结合策略、主导产品策略、高低结合策略、创新与模仿策略。

酒店产品品牌策略，是指用以识别某酒店产品的名称、术语、标记、符号、图案或它们的组合。酒店企业实施酒店产品品牌策略的途径主要有：创立品牌策略、统一品牌策略、多品牌策略和改变品牌策略。

复习思考题

1. 试分析酒店产品的构成和特征。
2. 简述酒店产品生命周期及营销策略。
3. 酒店产品组合策略包括哪些基本内容?
4. 酒店新产品有哪几种?如何实施新产品开发策略?
5. 酒店产品品牌的策略有哪些?

模拟训练

选取某餐饮企业,对其产品和服务进行评价。

要求:能对餐饮企业的经营提出建设性的意见,写一份建议书。

【拓展案例1】

中华著名老字号——"全聚德"

全聚德,创建于1864年(清朝同治三年),历经几代全聚德人的创业拼搏获得了长足发展。1999年1月,"全聚德"被国家工商总局认定为"驰名商标",是我国第一例服务类中国驰名商标。

"不到万里长城非好汉,不吃全聚德烤鸭真遗憾!"在百余年里,全聚德菜品经过不断创新发展,形成了以独具特色的全聚德烤鸭为龙头,集"全鸭席"和400多道特色菜品于一体的全聚德菜系,备受各国元首、政府官员、社会各界人士及国内外游客喜爱,被誉为"中华第一吃"。已故中华人民共和国总理周恩来曾多次把全聚德"全鸭席"选为国宴。

1993年,中国北京全聚德集团成立;1994年,由全聚德集团等6家企业发起设立了北京全聚德烤鸭股份有限公司;2003年,与北京华天饮食集团共同组建聚德华天控股有限公司;2004年,与首旅集团、新燕莎集团实现战略重组,仿膳饭庄、丰泽园饭店、四川饭店进入全聚德集团,组建中国全聚德(集团)股份有限公司;2007年,"全聚德"在深交所挂牌上市。集团公司营业收入从2007年的9.16亿元增至2012年的19.44亿元,增长112.23%;实现利润总额从2007年的1.02亿元增至2012年的2.16亿元,增长111.76%;净利润从2007年的0.63亿元增至2012年的1.66亿元,增长163.49%。

全聚德集团成立以来,秉承周恩来总理对全聚德"全而无缺,聚而不散,仁德至上"的精辟诠释,发扬"想事干事干成事,创业创新创一流"的企业精神,扎扎实实地开展体制、机制、管理、营销、科技、连锁经营、企业文化、精神文明建设八大创新活动,确立了充分发挥"全聚德"的品牌优势,走规模化、现代化和连锁化经营道路的发展战略,现已成为汇聚全聚德、仿膳、丰泽园、四川饭店等众多京城老字号品牌,涵盖烧、烤、涮、川、鲁、宫廷、京味等多口味,拥有 100 余家成员企业，年销售烤鸭 600 余万只，接待宾客 750 万人次，品牌价值 118.72 亿元的餐饮集团。"全聚德挂炉烤鸭技艺"和"仿膳（清廷御膳）制作技艺"分别被列入国家级非物质文化遗产项目；前门全聚德烤鸭店门面被公布为"北京市文物保护单位"。

"全聚德"既古老又年轻，既传统又现代，她正在向着"中国第一餐饮，世界一流美食，国际知名品牌"的宏伟愿景而奋勇前进！

（资料来源：中国全聚德股份有限公司官网，网址：http://www.quanjude.com.cn.）

思考讨论： 结合该案例并深入企业调研，谈谈企业如何努力打造和维护知名品牌？品牌给企业和顾客分别带来哪些好处？

【拓展案例 2】

贴身管家——高端酒店的尊贵专享

当乘坐的飞机还在空中盘旋，你的习惯、爱好已经被"他"掌握；你一天中最早见到的人是"他"，晚上不论多晚回来，"他"都在等待；"他"帮你订餐、订车、订票，"他"对当地的各种娱乐活动、餐饮地点了如指掌，适时推荐；如果你有需要，"他"可以临时充当秘书或翻译……有这样一个"他"在身边，不但你的生活无后顾之忧，而且一种尊贵感也会油然而生。这个"他"就是目前国内外一些高星级酒店推出的"酒店管家"，上面的场景正是这项服务力求达到的境界。

管家服务渐成潮流

从东京到迪拜，从迈阿密到伦敦，采用管家服务的顶级酒店呈现上升趋势。年初进行了一次大翻新的阿曼布斯坦宫殿大饭店，一个突出重点就是要为套房的客人提供一系列独特的管家服务。其总经理托尼表示，酒店中的管家服务，能让客人感受一种个性化的服务，让客人的旅程变得更加丰富多彩。

上海的高星级酒店自然也是迎潮而上，打出"贴身管家服务"旗号的酒店不在少数，像瑞吉红塔大酒店、香格里拉大酒店、威斯汀酒店、波特曼丽嘉酒店的相关负责人都表示自己的酒店有"管家服务"。

"我从事管家服务已经 7 年，最初'贴身管家'对我也只是一个模糊概念，通过不断地培训学习，身体力行，现在成为酒店首席管家。我也看着'酒店管家服务'越来越成熟完善。比如一开始这项服务只针对 VIP 客户和行政楼层客户，现在所有的客人都可以享受；原来'管家'只有几人，现在则有一支强大的团队。服务内容则更加全面，包括 E 专职管家服务、生活型专职管家服务等。"瑞吉红塔酒店的首席专职管家张继东对记者说，"这项服务不会额外收费，只要客人需要都可以享受，所以这是一种附加值的服务。"

体现特色难上加难

"相比于国外昂贵的人力成本，我们有一定的优势，所以在服务的细致度和人性化方面，国内酒店做得都不差。"张继东说。

但是提到管家服务的特色化，国内酒店就明显不足。比如西班牙的一家香格里拉大酒店，当地有滑雪的独特优势，酒店就培养了专门的"鞋子管家"，他们把游客的滑雪靴清洗、杀菌、烘干、擦亮，然后把靴子放回到客人的房间，以供客人不时之需。在丽思卡尔顿波士顿公共绿地酒店，有专门的"沐浴管家"，他们能够根据客人不同需要提供不同的香薰疗法，还有专门的"皮肤晒黑管家"，为喜欢古铜色皮肤的客人提供建议和帮助。

对于这一点，上海浦东一家五星级酒店的负责人表示，虽然自己的酒店有"管家服务"，但在服务上并不能达到真正的管家服务的要求，一个难点就是没有找到"管家服务"的特色。

"管家服务的概念最早起源于法国，当时只有一些贵族可以享受，随着时间的推移，它被带进商业模式之中，然后带入中国。但目前上海大部分有此项服务的酒店并不能真正达到要求，更谈不上在这个基础上的特色服务，就如同一个孩子上小学，让他接受大学教育是不切实际的。"上海市旅游协会某负责人表示。

管家服务是努力方向

不过，享受过酒店管家服务的人普遍表示满意。律师王先生体验过许多不同的酒店，他说："一圈走过来，对服务感受最深的还是国内的五星级酒店。日本的酒店不分星级，服务不错，但房间空间比较局促；欧洲的酒店人力成本高，没有享受过'管家服务'；倒是在天津喜来登酒店住的一周内享受过'管家服务'，管家会把洗干净熨烫好的衣服送来，出行订票无需操心，挺人性化的。"

虽然客人表示满意，但是业内人士仍有自己的看法。

朱嵘是一位资深酒店管理人，他说："真正的管家服务最大的特点就是能够针对客人'量身定制'，服务的范围不只在酒店内部，而是在整个城市，但真正能做到这点的酒店并不多。这主要有三点原因，一是'管家'从业人员的素质还不够，比如某位客人只钟爱某年份产的葡萄酒，管家却不具备相关专业的鉴赏能力；二是劳动力成本的增加让酒店望而却步，尤其是在当前的经济危机中，酒店更是从各方面节省开支；三是能够享受得起管家服务的只是金字塔最顶端的人，而在目前的情况下，大部分公司高管出行更希望低调一些。更深层次的原因就是，目前国内管家服务赖以生存的市场并不是很成熟，比如人们对'管家服务'带来的身份象征的理解不深刻。"

尽管国内的管家服务不成熟，但接受采访的业内人士对其发展前景都持乐观态度，他们在强调服务质量是酒店生存发展的生命线的前提下，认为管家服务将是酒店未来发展的努力方向。

（资料来源：中华旅游网，http://travel.china.com.）

思考讨论：请同学们谈谈对酒店管家服务的认识和理解。

项目八
酒店产品定价策略

> 学习任务书

1. 企业产品的价格内涵、确定合理的价格对营销产生的影响。
2. 举例说明影响价格的主要因素。
3. 了解酒店产品定价方法及所要达到的目标。
4. 学会实现定价目标所采取的定价策略应用。

【案例导入】

阿拉伯塔酒店

阿拉伯塔（Burj Al-Arab）酒店，观光层门票平日25美元、假日50美元，酒店备有8辆宝马和两辆劳斯莱斯专供接送客人，阿拉伯塔饭店顶部的圆台是直升机停机坪。

一个梦幻般的建筑——将浓烈的伊斯兰风格和极尽奢华的装饰与高科技手段、建材完美结合，建筑本身获奖无数。阿拉伯塔仿佛是阿拉丁的宫殿：墙上挂着著名艺术家的油画；每个房间有17个电话筒，门把和厕所水管都"爬"满黄金，每个套房中还有为客人解释各项高科技设备的私人管家，这里搜罗了来自世界各地的摆设，有私家电梯、私家电影院、私家餐厅、旋转睡床、可选择上中下三段式喷水的淋浴喷头等。这里有景色旖旎的绵长的沙滩海岸和温暖的大海，迷人的沙漠是喜欢冒险的游客的理想地。

当年，阿拉伯塔刚开业的时候，一位英国女记者成为首批客人之一。在这儿，她感受到了前所未有的服务质量。她回国以后，就在报纸上盛赞阿拉伯塔的豪华奢侈和优良的服务，最后说："我已经找不到什么语言来形容它了，只能用7星级来给它定级，以示它的与众不同。"从此以后，这个免费广告就传遍了整个世界。

迪拜市是阿拉伯联合酋长国的最大城市。20世纪90年代以后，大力发展旅游业。由于拥有高素质的环境以及丰富多彩的文化（83%的人口是外国人），到迪拜的旅游者以模特、艺术家、商人等高收入阶层居多。在迪拜王储的提议之下，知名企业家 Al-Maktoum 投资兴建了美轮美奂的 Burj Al-Arab 酒店。酒店由英国设计师英国汤姆·赖特（Tom Wright）设计，建立在海滨的一个人工岛上，是一个帆船形的塔状建筑，一共有56层，315.9米高，正对着 Jumeirah Beach 酒店（被认为是世界上最棒的酒店之一）。客房面积从170平方米到780平方米不等，最低的也是总统套房房价要900美元，最高的皇家套房则要18000美元。实际上这是在淡季的最低价，按这个价格往往是订不到房的。酒店房价虽然不菲，客源却依然踊跃，"不怕价高，只怕货差"，这句商界名言在迪拜再次得到印证。

而今，由于其独领风骚、无出其右的建筑特色、奢华环境和至高无上的服务，阿拉伯塔酒店已经升级为世界上的8星级酒店之一。

案例分析：

1. 举例说明该酒店为贵宾创造了怎样的顾客价值？影响酒店定价的主要因素有哪些？

2. 王储欲建造阿拉伯之星酒店的战略意义？

单元一　酒店产品价格概述

一、酒店价格的内涵

酒店价格是顾客购买的酒店产品所支付的货币量，是酒店产品价值的货币表现。酒店产品的定价策略是酒店市场营销组合策略的重要组成部分，作为供求双方利益的调节者，酒店价格对供求双方都是最客观的数量指标。酒店产品价格制定是否合理及其策略运用得恰当与否，直接关系到酒店企业市场营销组合的科学性、合理性，进而影响到酒店企业市场营销的成败，酒店产品定价策略在酒店市场营销组合策略中占有重要的地位。

二、影响酒店产品定价的因素

为了制定合理的酒店产品价格，酒店企业在定价时必须考虑各种影响因素。归纳起来，主要有以下几个方面。

1. 酒店产品成本

酒店产品成本是由酒店产品的生产过程和流通过程所花费的物质消耗和支付的劳动报酬所形成的，它是构成酒店产品价值和价格的主要组成部分。酒店企业在确定酒店产品的价格时，要使总成本得到补偿并获取利润，酒店产品的价格就要超过酒店产品的成本。酒店产品的成本是影响酒店产品价格最直接、最基本的因素。

2. 酒店产品供求关系

当酒店产品的供求关系发生变化时，酒店产品的价格也要发生变化。一般来说，在旅游旺季时，酒店产品的价格呈现上涨趋势；而旅游淡季，酒店产品的价格呈现下降的趋势。

3. 酒店市场竞争状况

酒店市场竞争状况是影响酒店产品定价的重要因素。酒店市场的竞争越激烈，对酒店产品定价的影响就越大。在完全竞争的市场中，酒店企业没有定价的主动权，只能被动地接受市场竞争中形成的价格，酒店企业依靠提高管理水平与服务质量去扩大市场占有率；在完全垄断的市场中，某种酒店产品只是独家经营，没有竞争对手，所以就完全控制了市场价格。

4. 酒店市场需求

酒店市场需求对酒店产品价格的制定有着重要的影响。酒店市场需求与酒店产品价格的关系主要是通过酒店产品的需求弹性来反映。不同类型酒店产品的需求弹性也是不同的。一般来说，高档酒店产品的需求弹性相对较高，酒店企业可用降价来刺激顾客的需求，扩大销售；而经济型酒店和餐饮的需求弹性相对较低，价格的变动对顾客的需求变化无太大影响。

5. 酒店企业营销目标

酒店企业在市场营销中总是根据不断变化的酒店市场需求和自身实力状况，并出于短期或长期的发展考虑，确定酒店企业的营销目标和酒店产品的价格。若酒店企业为了尽早收回投资，则往往把获取利润作为营销的首要目标，因而所确定的酒店产品的价格就远远高于成本；若酒店企业为了在酒店市场上有较大的市场份额，则往往又会把提高市场占有率作为营销的首要目标，因而所确定的酒店产品价格对顾客要有吸引力，甚至表现为优惠价等特殊价格形式。

6. 汇率变动

汇率变动是指国际间货币比价的变动状况。入境旅游是海外顾客流入旅游目的地消费酒店产品的"出口贸易"，因而汇率变动对酒店产品价格的变动有着明显的影响。汇率变动的影响主要通过酒店产品的报价形式反映出来。若外国货币升值对海外顾客有利，有利于促进海外顾客人数的增加；若旅游目的地国家的货币升值，就有可能造成入境顾客减少。

7. 通货膨胀

通货膨胀是指流通领域中的货币供应量超过了货币需求量引起的货币贬值、物价上涨等现象。旅游目的地的通货膨胀会造成单位货币的购买力下降，使酒店企业产品的生产成本、经营费用增加，从而迫使酒店企业提高酒店产品的价格，并使价格的提升幅度大于通货膨胀率，这样才能保证酒店企业不致亏损。由于通货膨胀导致某些地区酒店产品的价格大幅度上升，客观上会破坏旅游目的地的形象，损害顾客的利益，使顾客人数减少、旅游收入下降。

8. 政府宏观管理

政府对酒店产品价格的宏观管理，主要通过行政、法律手段来进行调节。为维护市场秩序、规范市场行为，限制酒店企业不正当竞争或牟取暴利，政府以行政、法律手段制定酒店产品的最高和最低限价，维护酒店企业和顾客的利益。例如，政府对娱乐业乱收费的整治以及对酒店产品开发的税收政策，都属于政府宏观管理的范畴。

> **相关案例**
>
> 申根协议区扩大　签证费降低　欧洲游价下降千元
>
> 由于捷克、匈牙利等9个国家的加入，"申根协议国"扩容，今后中国公民只要办理申根签证就能畅游24个欧盟国家，东欧多国游产品也将因签证费用的降低大降千元。
>
> 国旅总社出境游总部副总经理林康表示，东欧国家共享申根签证，使得赴欧旅游的签证时间大大缩短，同时还可以节省1000多元签证费。
>
> 目前，国旅总社、中旅总社、中青旅都在春节期间推出了东欧多国游新产品，报价在万元左右。部分旅行社推出的下一年1月份出发的东欧旅游新线路报价更是在万元以下。
>
> 旅行社人士昨天告诉记者，之前东欧多国旅游产品由于签证办理时间长且费用较高，报团人数并不多。今后，旅行社有望大规模组团前往东欧，成本也将进一步降低。
>
> 原"申根协议国"共有15国，它们是：德国、法国、西班牙、葡萄牙、比利时、荷兰、卢森堡、意大利、希腊、奥地利、挪威、芬兰、丹麦、冰岛、瑞典。根据"申根协定"规定，其成员国对短期逗留者颁发统一格式的签证，即"申根签证"，申请人一旦获得某个申根成员国颁发的"申根签证"，便可在签证有效期和停留期内在所有申根成员国内自由旅行。
>
> 2007年《申根协定》成功东扩。从2007年12月21日零点起，爱沙尼亚、匈牙利、立陶宛、拉脱维亚、马耳他、波兰、斯洛文尼亚、斯洛伐克和捷克9个欧盟国家正式加入《申根协定》，形成世界最大的自由迁徙区。

单元二　酒店产品定价目标与方法

企业定价目标是由企业营销目的决定的。处于不同时期的企业有不同的营销目标，产品定价目标也就有所不同。即使在同一时期内企业定价目标也会有主次之分，这是与营销目标的多元化相一致的。酒店产品价格必须服从酒店企业营销目标。酒店定价目标是酒店定价策略的前提。不同的酒店产品可能有不同的定价目标，同一酒店产品在不同时期有不同的定价目标。针对不同的定价目标应采取不同的定价方法。

一、酒店产品定价目标

酒店产品定价目标是指酒店企业在制定酒店产品价格时所要达到的目的。酒店产品定价目标是酒店企业营销目标的基础,也是酒店企业选择定价方法和制定价格策略的依据。由于酒店企业的营销目标有多种选择,所以酒店产品的定价目标也就有多种形式。

(一) 利润导向定价目标

1. 以取得最大利润为目标

酒店企业期望通过制定较高的价格,迅速获取最大利润。这种定价目标适用于酒店企业的酒店产品在酒店市场上享有很高的声誉,在酒店市场竞争中处于绝对有利的地位,酒店企业可以取得最大利润为定价目标。但酒店企业以取得最大利润为定价目标并不意味着酒店企业的价格最大化。酒店企业选用这种定价目标,必须对酒店产品成本与市场需求作出精确的预测,并据此制定适当的价格,以吸引顾客、扩大销售规模,从而获取最大的利润。在通常情况下,酒店企业以取得最大利润为定价目标制定酒店产品价格,应着眼于酒店企业取得长期的最大利润,而不是短期的最大利润。

2. 以实现预期的投资收益率为目标

投资收益率是指预期的收益占投资额的百分比。实现预期的投资收益率是酒店企业常采用的一种酒店产品定价目标。在这种定价目标下,酒店企业在制定酒店产品价格时就必须考虑酒店产品的投资总额,并估算怎样的酒店产品价格才能在预定期内收回投资并获得一定的利润。这样,在其他条件不变的情况下,酒店产品价格的高低取决于酒店企业确定的投资收益率的高低。那么,酒店企业怎样确定投资收益率呢?在一般情况下,酒店企业的投资为银行借贷资金,预期的投资收益率要高于银行贷款利率;投资为酒店企业的自有资金,预期的投资收益率要高于银行存款利率;对竞争者较少的酒店产品,预期的投资收益率可定得高些,反之则应定得低些。

(二) 以生存为目标

当企业遇到经营困难时,为维持业务、等待市场转机,让企业度过生存危机,酒店企业管理人员一般会采取低价策略,以低价吸引游客获得喘息机会。有时营销管理人员会把酒店产品价格定在成本线附近,这种做法看起来不赚钱但却有相对利益。比如酒店产品销不出去,固定成本将全部损失,以客房为例,固定成本占相当大比重,即使一间客房也没销售出去,也会发生这些费用;如果以成本价销售出去企业虽不能盈利但却可以减少损失。酒店企业在市场低迷时可以求生存为目标,待酒店市场情况好转后再从求生存转变为谋发展。

(三) 以提高市场占有率为目标

市场占有率是指酒店企业某种酒店产品的销售额(或销售量)占酒店市场同类酒店产品的销售额(或销售量)的比例。酒店企业以提高市场占有率为定价目标，主要目的是为了维持和扩大酒店产品的市场销售量，并为提高酒店企业利润提供可靠的保证。事实证明酒店产品市场占有率高，可以取得规模效应，降低成本，增加利润。因此，提高市场占有率往往是酒店企业选用的定价目标。在这种定价目标下，酒店企业一般通过制定较低的酒店产品价格来吸引顾客，尽快占领旅游目标市场，以提高市场占有率。

（四）竞争导向的定价目标

1. 以应付或防止竞争为目标

酒店企业在分析自身酒店产品的竞争能力和竞争地位的基础上，为了应付或防止竞争，往往以对酒店市场有决定影响的竞争对手酒店产品的价格为依据，来制定酒店产品的价格。对于实力较弱的酒店企业，主要采用与竞争者价格相同或略低于竞争者价格销售酒店产品；对于实力雄厚、又想提高市场占有率的酒店企业，可采用低于竞争者的价格销售酒店产品，以防止竞争对手进入酒店市场。

2. 以稳定市场价格为目标

酒店企业按稳定价格的目标定价，一般不轻易地提高或降低酒店产品的价格，以避免价格战带来的不利影响，保持稳定的利润，树立良好的酒店企业形象。以稳定价格为定价目标的酒店企业，通常是资源充足、实力雄厚的大型酒店企业，因而其所制定的酒店产品价格既能为顾客接受，又能为中小型酒店企业接受。

二、酒店产品定价方法

酒店企业进行酒店产品定价时，一般遵循的原则是：酒店产品成本是酒店产品价格的下限，竞争者与替代产品的价格是酒店产品定价的出发点，顾客对酒店产品特有的评价是酒店产品价格的上限。因此就形成了成本导向、需求导向、竞争导向三种基本的定价方法。

（一）成本导向定价法

成本导向定价法是指酒店企业以酒店产品成本为基础的定价方法。成本导向定价法主要包括成本加成定价法和目标利润定价法。

1. 成本加成定价法

成本加成定价法是指在单位酒店产品成本的基础上，加上预期利润而制定的酒店产品价格。用公式表示为：

$$酒店产品价格 = 单位产品成本 \times (1 + 加成率)$$

单位产品成本是单位产品变动成本与平均分摊的固定成本之和，加成率是单位产品的预期利润率。成本加成定价法的优点是计算简单、简便易行，有利于缓和同类酒店产品的价格竞争，使酒店企业获得预期的利润；缺点是未考虑酒店市场的需求和竞争因素，缺乏灵活性。成本加成定价法主要应用于制定旅行社产品、饭店餐饮产品方面的价格。

2. 目标利润定价法

目标利润定价法是指酒店企业根据估算的总成本和预计的总销售量，确定应达到的目标利润，从而制定酒店产品价格。用公式表示为：

酒店产品价格＝（总成本＋目标利润）÷预计销售量

$$QP = M + F + QC + QPf$$

式中　M——目标利润；

　　　Q——实际销售量；

　　　F——固定成本；

　　　C——单位变动成本；

　　　f——营业税率；

　　　P——平均价格。

例：某宾馆有客房 600 间，全部客房年度固定成本总额为 3000 万元，单位变动成本为 80 元/(间·天)，预计全年客房出租率为 70%，成本利润率为 30%，营业税率为 5%，试求客房的价格。

解：根据所给数据和公式，计算如下。

带入公式，$P = 377$ 元/(间·天)

目标利润定价法的优点是，如果酒店企业预计的销售量和估算的总成本都比较准确，则能实现预期的目标利润。缺点是此方法是以预计销售量来制定价格，而价格是对销售量起决定性作用的因素，所以目标利润定价法计算出来的价格，难以保证销售量的必然实现，尤其是当酒店产品的需求弹性较大时，这个问题更为突出。因此，只有经营垄断性酒店产品或具有很高市场占有率的酒店企业才有可能采用目标利润定价法进行定价。

（二）需求导向定价法

需求导向定价法指的是酒店产品的价格不是以其成本，而是酒店企业根据顾客对酒店产品的需求强度、对酒店产品价值的理解和可支付的价格水平为依据，来确定酒店产品价格的定价方法。理解价值定价法就是以需求为导向的定价方法。

理解价值定价法是指酒店企业以顾客对酒店产品价值的感受和理解程度作为依据来制定酒店产品价格的方法。理解价值是指顾客在观念上对酒店产品价值的认同程度，而不是酒店产品的实际价值。酒店企业采用这种方法定价时，关键在于通过深入的酒店市场营销调研，对顾客所理解的酒店产品价值有正确的判断。为了加深顾客对酒店产品价值的理解，酒店企业要搞好酒店产品的市场定位，并通过各种营销手段，加深顾客对酒店产品的印象，使顾客感到购买酒店产品能获得更多的附加价值，从而提高顾客愿意支付的价格水平。

（三）竞争导向定价法

竞争导向定价法是指酒店企业以酒店市场竞争对手的价格为基础的定价方法。这种定价方法是以酒店市场竞争为中心，同时结合酒店企业的自身实力状况、发展战略等因素的要求来制定价格。竞争导向定价法主要包括率先定价法和随行就市定价法。

1. 率先定价法

率先定价法是一种主动竞争的定价方法。酒店企业根据自身酒店产品的实际情况以及与竞争对手酒店产品的差异状况来制定酒店产品价格。在制定价格时，酒店企业首先将酒店市场上竞争产品价格与企业估算价格进行比较，分为高于、低于、一致三个层次；其次，将本企业酒店产品的性能、质量、成本、产量等与竞争对手进行比较，分析造成价格差异的原因；再次，根据以上综合指标确定本企业酒店产品的特色、优势，在此基础上确定酒店产品的价格。为了适应酒店市场的竞争，酒店企业还应注意竞争产品的价格变化，相应调整本企业酒店产品价格。采取这种定价方法的酒店企业，一般具有较强的规模与实力，在竞争中处于主动地位。

2. 随行就市定价法

随行就市定价法是指酒店企业以酒店市场上同类酒店产品的平均价格水平为基础来确定酒店产品价格的定价方法。在激烈的酒店市场竞争中，生产同类酒店产品的企业，若酒店产品的价格高于竞争对手，市场销售额就可能减少；若价格低于竞争对手，就会减少利润。而平均价格被顾客认为是合理的价格，顾客易于接受，又可以避免酒店企业之间的价格竞争，使企业获取稳定的市场份额。实践表明，同类产品的价格都趋于实行随行就市的价格。

相关案例

"小肥羊"卖出海鲜价的羊肉产品

与众多羊肉生产、加工企业不同的是，小肥羊掌握着中国巨大的羊肉消费群，或者说羊肉销售的终端。很多肉产品的终端在便利店和超市，而小肥羊的终端在餐厅。随着小肥羊店面的增加，这个终端也在变得越来越大。

市场的竞争体现到终端就是价格上的竞争。据了解，小肥羊1999年在包头市昆区开的第一家店，当时一盘羊肉售价是10元左右。而现在，小肥羊上海连锁店里，一盘（250克）"3D至尊"的售价是188元。

小肥羊的肉卖出了海鲜的价。但珍贵并不仅仅是稀有，独创的工艺流程和大胆的创新，成为小肥羊的卖点。3D产品就是个很好的例子。小肥羊肉业有限公司研发总监杨华刚介绍说，3D羊以白音锡勒牧场中最好的种羊为母本和父本，待生长到190天到200天，重量在45公斤以上，身体健壮、"精神饱满"，才能成为3D产品的原料。小肥羊3D产品要经过三天三夜（3day）的排酸过程（3D由此得名）。"3D至尊"采用3D羊的第五根肋骨到12根肋骨的肋部肉，均衡的营养，悦人的色泽，超乎想象的咬感，

> 当之无愧为羊肉中的极品。"3D一品"采用 3D 羊的第二腰椎骨到第五腰椎骨的部位肉,堪称涮肉中的佳品,一片入口,香气四溢。这样的产品,羊肉卖出海鲜价也就在意料之外、情理之中了。
>
> 2009 年起,内蒙古小肥羊肉业有限公司将把冷鲜羊肉推向终端,消费者将在小肥羊连锁店品尝到营养丰富、口感鲜嫩的冷鲜羊肉。与此同时,小肥羊肉业有限公司的"羊王——一品赢天下"礼盒近日正式进入节日市场,这也是小肥羊高端肉品首次外销。
>
> 据介绍,现在小肥羊的店面不到 400 家,而一些专业机构给出小肥羊的开店数量在中国至少是 1500 家。在未来 10 年到 20 年,小肥羊的目标是开到 3000 家店。小肥羊集团总裁卢文兵对企业在国内羊肉市场的发展前景充满信心,他说:"目前不论是中国羊肉还是世界羊肉,可以称之为品牌羊肉的几乎没有。提及牛肉、猪肉,大家都还能想起一两个品牌来,提到羊肉,很多人想到的只是涮羊肉。这就是机遇,一个打造中国羊肉第一品牌的机遇。"
>
> (资料来源:小肥羊官网,http://www.littlesheep.com.)

单元三 酒店产品的定价策略

酒店企业在确定了基本定价的方法后,由于竞争和顾客的需要,酒店企业还必须运用一定的定价策略和技巧,灵活地运用价格手段,使其适应酒店市场的不同情况,从而实现酒店企业的营销目标。

一、新产品定价策略

酒店新产品定价是酒店产品定价策略中一个非常重要的问题,它关系到酒店新产品能否顺利地进入旅游目标市场,并为以后占领旅游目标市场打下基础。酒店新产品定价策略主要有撇脂定价策略、渗透定价策略、满意定价策略。

1. 撇脂定价策略

撇脂定价策略是一种高价格策略,即在酒店新产品进入市场初期,将价格定得高些,以求在短期内获取较高的利润。这种价格策略犹如从鲜奶中撇取奶油,因而被称做撇脂定价策略。酒店新产品刚上市时,在酒店市场上没有竞争对手或竞争对手很少,酒店企业把酒店新产品的价格定得高一些是可行的,能满足那些求新、求异且对酒店产品价格不是很敏感的顾客的需求。这种定价策略的优点是:酒店新产品实行高价策略,有利于酒店企业在短期内取得高额利润,尽快收回投资。而且,这种定价策略降价空间较大,可以在竞争加剧时采取降价手段,既可限制竞争者的加入,又符合顾客对价格从高到低的客观心理反应。缺点是:酒店新产品有可能因高价抑制酒店市场需求,影响市场开拓,导致销售量减少,不一定带来高额利润。高价会刺激更多竞争者进入市场，必然使酒店新产品的价格下降，以致缩短酒店新产品的高额利润时期。这种定价策略一般适用具有独特技术、不易仿制、生产能力不能迅速扩大等特点的酒店新产品。

2. 渗透定价策略

渗透定价策略是一种低价策略，即酒店企业在酒店新产品投入市场时，以较低的价格吸引顾客，以便迅速占领旅游目标市场的一种策略。这种定价策略的优点是：由于实行低价策略，有利于迅速打开酒店新产品的销路，扩大市场销售量，还能阻止竞争对手加入，减少酒店企业的竞争压力。缺点是：这种定价策略会导致投资回收期延长，酒店新产品若不能迅速打开市场或遇到强劲的竞争对手时，会遭受重大的损失。这种定价策略适用于能尽快大批量生产、特点不突出、技术简单的酒店新产品，如旅行社的观光酒店产品、低星级饭店的客房产品等。

3. 满意定价策略

满意定价策略是一种折中价格策略，它是介于撇脂定价策略与渗透定价策略之间的一种价格策略，即酒店企业所制定的酒店新产品的价格比撇脂定价低，比渗透定价高，酒店企业与顾客都能接受的价格，因而被称为满意定价策略。这种定价策略的优点是：利于吸引顾客，促进酒店新产品的销售，保证酒店企业取得一定的利润。缺点是：很难掌握买卖双方都感到满意的价格水平，难以适应复杂多变的顾客需求或竞争激烈的酒店市场营销环境。

二、心理定价策略

心理定价策略是指酒店企业运用心理学原理，根据不同类型顾客在购买酒店产品时的不同购买心理对酒店产品进行定价，以诱导顾客购买。

1. 尾数定价策略

尾数定价策略也称为非整数定价策略，即酒店企业给酒店产品制定一个以零头数结尾的非整数价格，从而使顾客产生经过精确计算的最低价格的心理。同时，顾客会觉得酒店企业定价认真，对顾客负责。尾数定价策略给顾客以便宜感。如某酒店产品 9.90 元，仅比 10 元差一角钱，看起来更具有吸引力。这种定价策略一般适用于价格低的酒店产品。

2. 整数定价策略

整数定价策略是指酒店企业把酒店产品的价格定为整数的一种策略，如将旅游景点门票的价格定为 100 元。在酒店市场上，顾客难以了解酒店产品的性能和质量，往往只能凭借酒店产品的价格来认识。在这种情况下，酒店企业采用整数定价，可以提高酒店产品本身的价值，使顾客产生"一分钱一分货"的心理效应，满足顾客高消费的心理，从而促进酒店产品的销售，提高酒店企业的经济效益。这种定价策略适用于高档、名牌酒店产品的定价。例如，酒店产品中的工艺品、高星级饭店的客房价格。

3. 声望定价策略

声望定价策略是指酒店企业针对顾客"价高质必优"的心理，对在顾客心目中有较高信誉的酒店产品制定较高的价格。酒店企业采用声望定价不仅使酒店企业获得单位酒店产品的最高利润，而且有利于提高酒店产品的形象，从而进一步提高酒店企业的声望，同时也满足了顾客通过购买酒店产品提高社会地位的求名心理和炫耀心理。这种定价策略适用于知名品牌的酒店产品。

4. 招徕定价策略

招徕定价策略是指酒店企业有意将某种或某几种酒店产品的价格定得很低，甚至低于成本，以价格低廉迎合顾客的求廉心理而招徕顾客，借机带动和扩大其他酒店产品的销售。如酒店为招徕顾客，每天都有特价菜，以吸引顾客来就餐。一般情况下，采取招徕定价策略应与相应的广告宣传相配合。

三、折扣定价策略

折扣定价策略是指酒店企业为了吸引顾客，扩大酒店产品的销售，或为了加强与旅游中间商的合作关系，在既定的酒店产品价格基础上，对顾客或旅游中间商实行折扣价格的一种策略。

1. 数量折扣策略

数量折扣策略是指酒店企业为了鼓励顾客或旅游中间商大量购买酒店产品，对达到一定购买数量的给予一定价格折扣的优惠策略。一般来说，购买数量越多，价格折扣就越大。数量折扣又分为累计数量折扣和非累计数量折扣两种形式。累计数量折扣是指在一定时间内，按购买者购买总量或总金额给予不同的价格折扣；非累计数量折扣是按购买者每次购买总量或总金额给予相应的价格折扣。

2. 季节折扣策略

季节折扣策略是指酒店企业在酒店产品销售淡季时，为鼓励顾客购买酒店产品而给予一定价格折扣的优惠策略。在旅游淡季，酒店企业客源不足、服务设施闲置，为吸引顾客，酒店企业就制定低于旺季时的酒店产品价格以刺激顾客的消费欲望。

3. 现金折扣策略

现金折扣策略是指酒店企业为鼓励顾客或旅游中间商以现金付款或按期付款而给予旅游购买者一定价格折扣的优惠策略。如酒店企业在交易合同中的付款方式上经常有这类的字样"2/10 净价 30"，这就表示付款期为 30 天，如买方在 10 天内付款，给予 2% 的折扣。酒店企业采取现金折扣策略的目的是鼓励酒店产品购买者提前付款，加速酒店企业的资金周转，从而利于扩大再生产。

4. 交易折扣策略

交易折扣策略也称为功能性折扣策略，即酒店企业根据各类旅游中间商在酒店市场营销中所担任的不同职责给予不同的价格折扣。一般说来，酒店企业给予旅游批发商的折扣较大,而给予旅游零售商的折扣较小。酒店企业实行交易折扣策略的目的,在于鼓励各类旅游中间商销售本企业的酒店产品,充分发挥各自组织酒店市场营销活动的功能。

四、差别定价策略

差别定价策略是指酒店企业根据顾客对酒店产品的需求强度和需求弹性的差别,相同的酒店产品以不同的价格销售的策略。

1. 顾客差别定价策略

酒店企业对不同的顾客,同一种酒店产品制定不同的价格。如我国很多旅游景点的门票,对学生、老人价格优惠。采用这种定价策略,可以稳定客源,维持酒店企业的基本销售收入。有时为了开拓新市场,增加销售收入也常采用此策略。

2. 酒店产品形式差别定价策略

酒店企业对不同形式的同类酒店产品制定不同的价格。如同一饭店,可能有总统套房、商务套房、标准间等不同规格和标准的客房,其价格也是不同的。采用这种定价策略,可以满足不同顾客的需求,使酒店产品更具有针对性。

3. 位置差别定价策略

酒店企业销售相同的酒店产品,可根据不同位置所造成的需求强度差异而制定不同价格。如饭店客房朝向和火车上卧铺位置的不同,其价格也不同。

4. 时间差别定价策略

在不同的时间,顾客对同一种酒店产品的需求有明显的差别,因而酒店企业对同一种酒店产品在不同的时间应制定不同的价格。如酒店企业对同一种酒店产品可以根据旅游淡季、旺季、黄金周、双休日制定不同价格。

相关案例

奥运圣火游推出 40 多条观摩线路

2008 年 3 月随着奥运会日益临近,京城酒店市场出现了众多奥运火炬观摩线路,包括国旅总社、中青旅、康辉国旅以及华远国旅推出的涵盖土耳其、俄罗斯、法国、美国、巴西等 20 多个境外旅游热点地区,旅游线路总和达 40 多条,让中国游客目睹奥运圣火在境外传递盛况。

国旅总社此次推出 22 条出境游产品,第一个雅典圣火点燃仪式的首发观礼团已接受游客报名,将于 3 月 24 日出发。

华远国旅推出 19 条圣火观摩线路,除了常规的团组之外,还有专门针对于有特殊要求的人群和企业团体设计的 VIP 团组。其中,土耳其一地 8 天悠游亚欧风情之旅报价为 15800 元;英国全景体验 8 日游报价为 18800 元。

从 2 月底开始，沿圣火传递的 22 个境外城市所设计的旅游线路正在一些旅行社接受报名。旅行社表示，目前，印度新德里、法国诺曼底、美国旧金山都是游客咨询较多的线路。这些旅游团基本都在奥运圣火传递到目的地的前 1~3 天出发，报名则需根据签证时间的长短提前 10 天到半个月左右。

与相同目的地的普通旅游线路相比，观火炬传递团的价格有 10% 左右的上浮。

小 结

酒店价格是顾客购买酒店产品所支付的货币量，是酒店产品价值的货币表现。酒店产品价格制定是否合理及其策略运用得恰当与否，直接关系到酒店企业市场营销组合的科学性、合理性，进而影响到酒店企业市场营销的成败。影响酒店产品价格的因素较多，既有酒店企业可控因素，又有不可控因素。企业要使价格决策更具有科学性，应建立一套科学的决策机制，按规范的程序进行运作。这些程序是：确定价格目标、测定需求量、量本利分析、分析竞争者价格与产品、选择定价方法和确定最终价格。

不同的定价目标决定了不同的定价方法，体现出企业不同定价策略的运用。常见的定价策略有新产品定价策略、心理定价策略、折扣定价策略、差别定价策略，每种定价策略各有优缺点和适用条件。另外，酒店企业经营者要时常根据经营实际对产品价格进行调整，这种调整包括主动调整和被动调整，以适应市场变化。

复习思考题

1. 举例说明影响价格的因素有哪些？
2. 试述不同情况下酒店产品的定价目标及定价方法？
3. 近年来人民币汇率持续走高，你认为这对入境游和出境游会有何影响？

模拟训练

调查 1~2 家不同类型的酒店企业，了解一下他们的定价目标、定价方法分别是怎样的？顾客对企业及其产品价格满意度如何？

【拓展案例 1】

ZMAX 潮漫风尚酒店落户北京

近日，随着 ZMAX 潮漫风尚酒店北京品牌发布会的召开，全城最有趣的风尚酒店正式落户京城。铂涛酒店集团联席董事长、首席品牌建构师郑南雁，ZMAX潮漫风尚酒店总裁黎洪刚出席该发布会，并就酒店行业未来发展发表演讲。

品牌推动酒店快速发展

四个成立仅四个月的新酒店品牌，已签约40多家加盟店，铂涛酒店集团创下了酒店行业的一个奇迹。

2013年7月，七天连锁酒店被私有化从美国纽交所退市，成为铂涛酒店集团旗下全资拥有的经济型酒店品牌。几乎与此同时，铂涛酒店集团推出高端铂涛菲诺Portofino Hotel品牌，及ZMAX潮漫风尚、丽枫Lavande Hotel、喆·啡JamesJoyce Coffetel三个中高端酒店品牌，形成从高端、中端到经济型酒店的全覆盖格局。

"这四个新品牌的创建人本身就是该品牌所倡导的生活模式的追随者和推崇者，他们深刻理解同一类型消费者的需求，这样创建出来的酒店品牌就容易得到消费者的认同和欢迎。"铂涛酒店集团联席董事长、首席品牌建构师郑南雁表示，新的品牌团队只需要集中精力管好品牌价值主张的阐释和产品设计，而集团则会运用成熟的运营、会员、供应链等体系和酒店经验去提供平台支持。下一步，铂涛酒店集团将打造成世界顶级的酒店集团。

城中最有趣的风尚酒店落户京城

相信大多数人都有同感，出差到一个陌生城市入住酒店，忙完事情后，会为去哪玩、和谁玩而烦恼。随着一家"潮"店入驻京城，类似的烦恼或将终结。

日前，记者获悉，铂涛酒店集团旗下子品牌——ZMAX潮漫风尚酒店将在北京落户。

ZMAX潮漫风尚酒店总裁黎洪刚介绍，客人入住酒店后，只需用手机下载该酒店提供的APP程序，便可自主预订、支付、选房、入住、退房；同样一部手机或者平板，躺在床上便能轻松控制房间内所有设备；还能向酒店住户和同城居民发出邀约，约人一起在其ZOLO搜乐堂打桌游、玩游戏或开主题PARTY。

据了解，ZMAX潮漫风尚酒店致力于为率性乐活、拒绝约束、充满个性的年轻消费群体打造城中最有趣的风尚酒店。创造一种融汇自由社交、智能围绕、至尚设计新酒店的生活方式，为客人提供最具个性化的需求体验。

目前，该酒店已在武汉、西安等地落户，因其领先同行的智能化配置及ZOLO搜乐堂为客人提供的社交平台，成为我国首家主打智能社交的风尚酒店。此次在北京举行品牌发布会，黎洪刚指出，作为全国经济、文化中心，北京是各类潮人、中高端商旅人士的聚集地，完全符合ZMAX潮漫风尚酒店的定位；同时，这里也是媒体高地，为品牌提供了极好的示范和传播便捷性，北京将是ZMAX潮漫风尚酒店最重要的发展区域之一。

ZOLO搜乐堂＋客房　突破传统经营模式

"与绝大多数酒店经营方式有所区别的是，传统酒店的客房收入几乎是酒店唯一的盈利点，而ZMAX潮漫风尚酒店在满足住客舒适睡眠需求外，独创的大堂为住客提供一个交友平台，我们把它命名为ZOLO搜乐堂。"黎洪刚介绍说，

ZOLO搜乐堂作为一个独立的实体存在，不仅满足客人的娱乐社交需求，对酒店经营还能起到催化剂的作用，客房、ZOLO搜乐堂两个部分并行，两者互相存在、互相促进并深入联系，而且，搜乐堂有盈利指标，占到酒店收入的20%左右。

记者了解到，ZMAX潮漫风尚酒店的创新大堂ZOLO搜乐堂，融入住接待、商务洽谈、休闲小憩及社交清吧四合一功能于一体，颠覆传统，倡导自由社交。ZOLO搜乐堂中60寸社交电子屏，只要客人乐于分享，便可在上面显示签到、入住、开趴、邀游、晒照等信息，会有志同道合的客人和城中潮人们积极响应；ZOLO搜乐堂还会定期举办或由客人主动发起的各种主题派对，让客人和城中潮人尽情玩乐。社交清吧集桌球、飞镖、电游、音乐于一身，商务区则温馨宁谧，整个ZOLO搜乐堂氛围适合各类客人的不同需求。

掘金中端酒店蓝海

"目前，我国中端酒店市场还处于有品无牌的时代，品牌连锁酒店将有极大的发展空间。"黎洪刚用沙漏图比喻当下中国的酒店市场：低端的经济型酒店，前几年经过高速发展，涌现出如七天连锁酒店等多个全国知名品牌，但目前市场已趋近饱和；而高端五星级酒店，经过二十余年发展，及近年来各地政府对房地产行业配备五星级酒店的硬性要求，五星级酒店已远超出市场需求，唯独中端品牌酒店市场，还有大量市场空间等待填补。

资料显示，我国有40%的入境过夜游客和25%的国内过夜游客倾向于选择中端酒店，中端酒店的年市场需求超过1亿人次，70%以上的外资企业差旅预算在300元至400元之间；民营企业在200元至350元。商务客人对住宿的要求普遍较高，近几年蓬勃发展的经济型酒店已不能满足其需求，但与此相契合的中端酒店却很少。

目前我国中档酒店有近1万家，90%为单体经营，上规模且品牌知名度较高的连锁企业较少，整体上标准化程度不高、行业扩张整合还处于起步阶段。中端酒店业拥有相当大的发展空间。

作为中端酒店先锋品牌，ZMAX潮漫风尚酒店主要针对年纪在25～40岁的商业精英、自驾游人群及城中潮人，定价在300～600元之间，其下设的"城中最潮派对主场ZOLO搜乐堂"、"每立方美妙空间"、"全智能环绕科技"、"轻度负担睡眠系统"、"魅力香氛沐浴系统"，为时尚睿智的商务人士及城中潮人提供充满惊喜和乐趣的互动空间。

"极具市场辨识度的产品，突破传统的'两条腿走路'经营模式，以及中端酒店市场的庞大需求，我们有信心在三年内开200多家连锁店。"对ZMAX潮漫风尚酒店未来的发展，黎洪刚向记者做如上表示。

（资料来源：搜狐旅游，2013-12-30. http://travel.sohu.com/20131230/n392665146.shtml.）

思考讨论：了解ZMAX潮漫风尚酒店品牌，其经营模式、产品特色和价格定位能否为酒店赢得竞争优势？

【拓展案例2】

时尚＝99元＝海友酒店

华住酒店集团旗下品牌——海友酒店的第一家店在杭州开业。这家定位于年轻白领消费群的经济型酒店，所有房间定价均为99元，同时也是国内第一家以漫画为特色的酒店。

有家客栈名叫"Hi"

首家海友酒店位于离湖滨路西湖边步行只十分钟的保俶路宝石二路口，在酒店设计上以小房间、大客厅作为设计风格，大量公用区域共享，有效利用了建筑面积，在这样黄金地段打出了99元惊爆价。据工作人员介绍，在这座三层小楼的一百多个房间里，共有榻榻米房、高低铺房、大床房等针对不同需求的各式房型，但全店均实行99元的单一房价。相比一些仅提供几间特价房作为噱头的酒店而言，海友酒店货真价实。

从价格入手，海友酒店一下子就抓住了年轻人的心。而从走进客栈的第一步起，客人立刻会感受到海友酒店与众不同的"Hi"文化。据海友酒店首席运营官张拓先生介绍，这个"Hi"字，是海友酒店的英文Hanting Inns的首字母缩写，同时也是全世界通用的问候语。海友酒店希望走进这个酒店的年轻人，互相见面时都能主动打个招呼，成为朋友，共同营造亲切愉快的住店气氛。

大厅小房总相宜

海友酒店在功能定位上完全是从年轻白领的需求出发的。房间设施以时尚、简洁、舒适为设计思想。虽然房间的平均面积仅在10平方米左右，却有独立的卫浴区、睡眠区和办公区三个功能区隔，充分满足了客人的住宿需求；与客房的简约风格不同的是，酒店的公共设施堪称"豪华"，最大限度地满足年轻人的娱乐想象。客栈在每一层楼都额外辟出一块近百平米的区域，分别作为阅读室、影视厅、电脑上网区、游戏室、休息空间和酒吧。每个区域，都按照年轻人的习惯用了诸如"你来我网"上网冲浪、"无限PK"游戏室和"三茶两室"喝茶聊天屋这样的年轻人流行"暗号"来命名，让大家从走进酒店的那一刻起，就有一种心理上的归属感。

据了解，目前海友酒店是属于华住酒店会员专享的酒店。在开业前，海友酒店做过一轮会员调查，充分听取了目标客户意见后，率先在全国的经济型酒店中提出了环保酒店的概念。所有入住海友酒店的客人，都必须自带洗漱用品和拖鞋或者在自动售货机购买，杜绝了一次性用品的浪费和洗涤造成的环境污染。整个客栈，处处提倡自助服务，前台简化入住和退房手续，餐饮、小商品、洗衣等服务也都采取了自助的形式，既节省人力成本，又让客人多了一份居家的随意和自在。

朱德庸漫画引发都市文化共鸣

首家海友酒店除了时尚设计之外，令人惊艳的还有朱德庸的漫画。这位深受都市年轻白领喜爱的漫画大师的作品，是这家客栈的魅力标志。

酒店每一个房间都有一个朱德庸的漫画主题墙，躺在床上就能欣赏。这些漫画，分别选自朱德庸的畅销作品和最新力作，例如大家耳熟能详的《涩女郎》、《什么事都在发生》、《关于上班这点事》和《绝对小孩》。把漫画从纸面移到了墙上，这无疑让疲惫奔波之后的客人在住店休息的同时，多添了一份好心情。涩女郎们对爱情婚姻的执著和洒脱；都市男女在爱情婚姻面前的碰撞和无奈；老板和员工这对冤家永远在依赖和憎恨中博弈；绝对小孩从纯真中折射出的成人世界之复杂；每一幅漫画都让人在莞尔之后不禁"细思量"。华住酒店集团首席运营官张拓告诉我们，选择朱德庸的漫画作为海友酒店首家客栈的特色，是因为朱德庸作品中透露的都市幽默文化契合了海友酒店目标人群的定位——年轻且对出差、旅行有预算的客人。这也算是给他们的一份惊喜，让大家一进酒店，就能像阅读朱德庸漫画书一样，享受一段轻松愉快、幽默聪明的旅途生活。

海友酒店的99元定价、大厅小房的设计、环保、自助的服务和漫画特色，把它和注重商务功能、定价在300元左右的全季酒店，注重便利性、定价在200元左右的海友快捷酒店区别开来，成为年轻白领和学生的首选。海友酒店的开业，是华住酒店集团这个国内领先的有限服务酒店集团在品牌细分上的创意之举，也是华住酒店集团一贯倡导的"高性价比"的再一次完美呈现。海友酒店的面世完成了华住酒店集团在有限服务酒店细分市场的战略布局，也对"人在旅途、家在海友酒店"作出了新的诠释。

（资料来源：海友酒店官网，http://www.htinns.com.）

思考讨论：

1. 华住酒店集团下属的六个品牌是如何进行定位的，其各自的特点是什么？海友酒店产品设计是如何满足目标顾客需求的？

2. 登陆海友酒店网站了解其营销特色。

项目九
酒店分销渠道策略

学习任务书

1. 明确旅游营销渠道的概念。
2. 了解酒店产品营销渠道的特点，理解酒店产品营销渠道存在的重要性。
3. 掌握酒店产品营销渠道的类型，掌握各类酒店产品营销中介的类型。
4. 理解酒店产品营销渠道选择的影响因素，了解营销渠道管理。

【案例导入】

你所不知道的美团网：移动团购用户活跃数第一

国内权威数据分析机构易观智库发布 2014 年 1 月移动团购类 APP 活跃用户数排名。数据显示，2014 年 1 月，美团团购以 2038.7 万活跃用户数排名第一，超过糯米等后四名总和。

据了解，作为国内最早推出移动客户端的团购网站，美团网已将移动化、深度区域化作为战略重点。美团网最新数据显示，目前美团网来自移动端的交易额已经占到总交易额的 60% 以上。

目前，美团移动客户端已经先后发布了基于 Android、iPhone、iPad 及 Win8 版本的产品，推出了美团、猫眼电影、美团酒店、美团外卖等 APP。

据了解，美团移动客户端是本地服务商家品类最丰富的 APP 平台，同时在线数十万个吃喝玩乐项目，能满足超过 200 个城市的消费者随时随地享受更多更好更便宜的吃喝玩乐。

思考讨论：
了解更多的团购网，它们的存在给旅游、酒店餐饮企业带来了怎样的变化？

单元一　酒店产品分销渠道

酒店产品从酒店企业传递给顾客，实现酒店产品的价值和使用价值，是通过一定的分销渠道实现的。只有酒店企业的分销渠道畅通，酒店产品才能在适当的时间、适当的地点,以适当的方式提供给旅游目标市场,从而满足顾客的需求,实现酒店企业的营销目标。

一、酒店产品分销渠道的内涵、功能

(一) 酒店产品分销渠道的内涵

酒店产品分销渠道是指酒店产品在其使用权转移过程中从生产领域进入消费领域的途径,也就是酒店产品从酒店企业向顾客转移过程中所经过的各个环节连接起来而形成的通道。酒店产品分销渠道的起点是酒店企业,终点是顾客,中间环节包括旅游代理商、旅游批发商、旅游零售商、其他中介组织和个人等。

(二) 酒店销售渠道的功能

酒店销售系统具有两大功能,首先,能够拓展远离酒店产品生产者和传递地点以外的销售点的数量;其次,能在酒店产品生产之前实现购买。具体来说,旅游销售渠道的成员应具有以下主要功能。

1. 提供销售点和便利的顾客可达性

其中包括为临时购买或提前预订做准备。

2. 信息功能

一方面分发宣传册等产品信息以供顾客选择;另一方面收集关于市场环境的市场调研和情报信息,寻找预期购买者并与其沟通,为其提供建议和购买帮助,如提供产品知识。

3. 促销功能

建立与顾客的交流,协助补充酒店产品提供者的促销活动。根据购买者的需求适当改变产品组合,促进酒店产品销售。

4. 风险职能

即营销渠道成员尤其是旅游经销商承担开展营销活动的有关风险。

二、酒店产品分销渠道的类型

在酒店市场营销中,由于酒店市场、酒店企业、旅游中间商以及顾客等多种因素的影响,酒店产品分销渠道有多种多样的形式。即便是同一种酒店产品,也可能通过不同的分销渠道销售。一般来说,酒店产品的分销渠道有直接、间接、长、短、宽、窄等多种类型。

(一) 根据酒店产品在流通过程中是否通过旅游中间商,可将酒店产品的分销渠道分为直接分销渠道和间接分销渠道

1. 直接分销渠道

直接分销渠道是指酒店企业在酒店市场营销活动中不通过任何一个旅游中间商,而直接把酒店产品销售给顾客的分销渠道。如旅游饭店、旅行社直接向顾客销售酒店产品。通过直接分销渠道,酒店企业直接和顾客交往,有利于获得顾客

的信息，有助于提高酒店产品的质量，强化酒店企业的形象。直接分销渠道的不足之处是酒店产品的市场拓展不够，而且销售成本高。直接分销渠道可以划分为三种形式：①顾客到酒店企业生产现场购买；②顾客通过各种直接预订方式购买，如电话预订和互联网预订；③顾客通过酒店企业的自设零售系统购买。

> **相关案例**
>
> ### 速8酒店集团的直销网络
>
> 速8酒店集团——美国圣达特集团（世界最大酒店集团之一）旗下的经济型酒店品牌，自2004年进入中国后就开始着手准备建立自己的预订网络系统，将酒店电子商务系统的应用作为重要的市场竞争手段。实际上，许多高星级的国际酒店集团已建立起了自己的直销网络，直销的比例逐年增高，如：希尔顿、君悦、万豪、洲际、喜达屋、速8酒店集团等。其中万豪、希尔顿网络直销与网络中介的销售比例达到了3∶1。作为国内经济型连锁酒店的代表，速8酒店的直销网络预订也已经达到了相当高的程度，速8酒店的会员服务及奖励体系，使相当比例的住客成为了速8酒店的长期客户。增加直销，提高酒店直接利益，降低中介销售成本，保证渠道多元化，减少对垄断代理商的依赖，成为了酒店的必然选择。

2. 间接分销渠道

间接分销渠道是指酒店企业通过旅游中间商把酒店产品销售给顾客的分销渠道。间接分销渠道是目前最主要的酒店产品分销渠道。利用的旅游中间商越多，酒店产品市场扩展的可能性就越大，但酒店企业对酒店产品销售的控制能力和信息反馈的清晰度就越差，不利于酒店企业通过信息反馈提高酒店产品的质量和改善酒店企业形象。间接分销渠道按中间环节的多少，可以划分为以下两种形式。

（1）一级分销渠道 一级分销渠道的模式为：酒店企业→旅游零售商→顾客。即酒店企业向旅游零售商支付佣金，由旅游零售商把酒店产品销售给顾客。这种分销渠道仅适宜于营销批量不大，酒店市场狭窄或单一的酒店产品，它有利于酒店企业降低成本、减少开支，从而提高酒店企业的经济效益。

（2）多级分销渠道 多级分销渠道有两种模式：①酒店企业→旅游批发商→旅游零售商→顾客。这种酒店产品分销渠道中的旅游批发商规模大、技术力量雄厚、分销网点分布广泛，可以把酒店产品销售到更广阔的市场，因此，适用于规模大的酒店企业；②酒店企业→旅游代理商→旅游批发商→旅游零售商→顾客。这种酒店产品分销渠道增加了旅游代理商，代理商的分销能力、控制地域及其忠诚程度，关系到这种酒店产品分销渠道的效果。这两种酒店产品分销渠道模式在国际旅游中应用得较为广泛。

分销渠道加以组合使用，同时还要注意调整充实现有的分销渠道，根据需要慎重地选用新的旅游中间商。

（二）根据酒店产品在流通过程中通过中间环节的多少，可将酒店产品的分销渠道分为短渠道和长渠道

1. 短渠道

短渠道是指酒店企业在酒店市场营销活动中没有或只通过一个中间环节，把酒店产品销售给顾客的分销渠道。如顾客直接到旅行社购买其提供的某城市一日游，这样的分销渠道就短。短分销渠道，信息传递快，销售及时，酒店企业能有利地控制分销渠道，但酒店企业承担的销售任务较多，销售范围受到限制，不利于酒店产品大量销售。

2. 长渠道

长渠道是指酒店企业在酒店市场营销活动中通过两个或两个以上中间环节，把酒店产品销售给顾客的分销渠道。如顾客在他常住地的旅行社购买了去异地的三日游，该酒店产品又是地方旅行社从旅行总社购买的，而旅行总社又是从酒店企业的旅游代理商处购买的，这样的分销渠道就较长。长分销渠道，旅游中间商完成大部分营销职能，但信息传递慢，流通时间长，酒店企业难以控制分销渠道。

（三）根据酒店产品在流通过程中，分销渠道的每一层次使用相同类型旅游中间商的数量，可将酒店产品的分销渠道划分为窄渠道和宽渠道

1. 窄渠道

窄渠道是指酒店企业在酒店市场营销活动中，分销渠道的每一层次只使用一个旅游中间商，酒店产品在市场上销售面较窄的分销渠道。窄渠道对酒店企业而言，比较容易控制，但市场的销售面受到限制，因此窄渠道一般适用于专业性较强或费用较高的酒店产品的销售，如穿越塔克拉玛干沙漠旅游、环球旅游等酒店产品。

2. 宽渠道

宽渠道是指酒店企业在酒店市场营销活动中，分销渠道的每一层次使用两个或两个以上相同类型的旅游中间商，酒店产品在市场上销售面较广的分销渠道。一般的、大众化的酒店产品主要通过宽渠道进行销售，即通过多家旅游批发商或代理商批发给更多的旅游零售商去销售，这样能大量地接触顾客，大批地销售酒店产品，如近年来我国日益兴起的赴新加坡、马来西亚、泰国等的观光酒店产品是通过许多旅行社共同销售的。

（四）根据酒店产品在流通过程中使用酒店产品分销渠道类型的数量，可将酒店产品的分销渠道划分为单渠道和多渠道

1. 单渠道

单渠道是指酒店企业使用单一的分销渠道，如所有的酒店产品全部由自己直接销售或全部交给旅游批发商销售。一般情况下，酒店企业经营的酒店产品较少或经营能力较弱时，可采用单渠道。

2. 多渠道

多渠道是指酒店企业根据不同的酒店产品或不同的顾客采用不同的分销渠道，如在本地区采用直接分销渠道，对外地采用间接分销渠道，或同时采用长渠道、短渠道。采用多渠道可扩大酒店产品的覆盖面，大量地销售酒店产品。

> **相关资料**
>
> **各国酒店企业渠道介绍**
>
> 以什么样的销售渠道，将产品和服务销售给最终顾客，是所有饭店营销战略的重要组成部分。所谓销售渠道，指帮助实现酒店产品或服务从供应商向消费者转移的一系列营销或销售组织。简单地说，它是指饭店（作为供应商）如何利用旅行代理商、旅游经营商、旅游批发商、免费电话以及其他方式，向顾客销售其服务。
>
> 处于同一地区国家的旅游分销渠道的差异不是很大。美国人一般通过旅行代理商购买国际酒店产品，而在购买国内酒店产品时，却较少通过代理商。亚洲人和欧洲人对于任何旅行活动，都倾向于进行广泛的咨询。日本人喜欢依赖有完全组团能力和国外分销网络的大旅游经营商。如果在对饭店的选择中，旅游代理商和旅游批发商是主要的决策者或影响因素，饭店的销售和销售工作就应该直接针对这些中间商。在许多国家，与旅游中间商合作来增加客房的销售是至关重要的。
>
> 和欧洲相比较，美国的旅游代理商较为独立，规模也较小，平均只有3~6名员工。在欧洲，集团式的旅游代理商联号比较常见，而且每个代理商拥有很多旅行顾问。例如，英国5家最大的跨地区代理商联号的销售额，占全部代理商的一半；瑞典两家主要代理商联号控制着85%的代理商联号市场，相当于全国零售总额的三分之一。随着欧洲统一市场的形成，欧洲的旅游零售商将更加趋向于兼并联合。
>
> 日本的旅游行业由10家最大的旅游批发商控制，其中的5家也位于日本最大的前10位旅游代理商之中。日本游客购买一次旅行，可能会经过4家旅游批发商；而美国的平均数是1.6家。日本旅游代理商组织和销售旅游团，必须得到政府的批准，目前大约有800家代理商得到了许可执照。这一要求的目的是为了保证向消费者提供的单个旅游项目和包价旅游的质量和完整性。因而，日本的旅游批发商和代理商非常重视保证其酒店产品的高质量标准。获得许可的旅游代理商，将包价旅游批发给零售代理商。
>
> 向日本市场销售酒店产品，必须了解其严密和高度管制的销售渠道、保护消费者的法律、复杂的旅行设计和组织过程。因为，日本的旅游代理商一般经营完整的包价酒店产品，其中包括航空、住宿、地面交通、主题

公园和城市观光等。在这种机制下，饭店要想单独向日本市场销售产品，可能不太合适，多数饭店需要和其他旅游供应商联合，来进入日本市场。

（资料来源：郑凤萍. 旅游市场营销. 大连：大连理工大学出版社，2012）

三、影响酒店产品分销渠道选择的因素

酒店企业选择酒店产品分销渠道，会受到许多因素的影响和制约，酒店企业在对可供选择的分销渠道进行评估和决策时，就必须充分考虑这些影响因素。一般情况下，影响酒店产品分销渠道选择的因素有酒店产品、酒店市场、酒店企业自身状况和宏观环境。

（一）酒店产品

酒店产品是酒店企业进行分销渠道选择时首先考虑的因素。酒店产品的性质、种类、档次等方面影响和制约着酒店产品分销渠道的选择。一般情况下，旅游景点、餐馆、商务性饭店、汽车旅馆、旅游汽车公司等酒店企业主要采用直接分销渠道销售自己的酒店产品；而游船、机场旅馆、度假饭店、包机公司以及经营国际旅游业务的酒店企业往往采用间接分销渠道作为酒店产品的主要分销渠道。对于高档的酒店产品，因其价格昂贵，顾客少、且多为回头客，因而这类酒店产品往往采用直接分销渠道进行销售，如探险旅行社经营的酒店产品就是如此；而较低档次的大众化的酒店产品，由于市场面较广、顾客多，采用间接分销渠道则更易于在较大的市场空间内吸引、争取广大的顾客。

（二）酒店市场

酒店市场中影响酒店产品分销渠道选择最主要的因素有顾客、旅游中间商和竞争者。

1. 顾客

顾客对选择酒店产品分销渠道的影响首先表现为需要某种酒店产品顾客的数量。若顾客的数量多，市场规模大，分销渠道就应当"长"且"宽"，如中国的长城、秦始皇兵马俑是令人叹为观止的世界奇迹，对全世界的顾客都有吸引力，因而分销渠道就应当"长"且"宽"；若顾客的数量少，市场规模小，分销渠道就应当"短"且"窄"，如探险旅游。其次，顾客的地域分布也会影响分销渠道的选择。若顾客分布比较集中，分销渠道就应当短一些、直接一些；若顾客分散，分销渠道就应当长一些、宽一些。此外，顾客的消费习惯对于分销渠道选择也会产生影响。如果顾客购买频率高，交易工作量相应加大，酒店企业就应当利用一些旅游中间商开展销售活动，分销渠道就应当长一些；如果顾客购买频率低，每次的购买量大，酒店企业就应当少利用一些旅游中间商开展销售活动，分

销渠道就应当短一些。

2. 旅游中间商

旅游中间商的性质、功能及对酒店产品的销售服务也会影响酒店产品分销渠道的选择。具有高水平服务和设备的旅游中间商适合销售高品质的酒店产品。如果旅游零售商的实力较强、经营规模较大，酒店企业可以直接通过旅游零售商销售产品。反之，酒店企业只能通过旅游批发商销售其酒店产品。

3. 竞争者

酒店产品分销渠道的选择还受到竞争者使用的分销渠道的影响。一方面，酒店企业可以利用竞争者已经成功使用的分销渠道，加以模仿，在同一分销渠道与竞争者进行竞争；另一方面，尽量避开竞争者已使用的分销渠道，开辟新的分销渠道，以便争取更大的获利空间。

（三）酒店企业自身状况

酒店产品分销渠道的选择还必须考虑酒店企业的自身状况，这包括酒店企业的经营实力和管理能力。

1. 酒店企业的经营实力

酒店企业的规模越大，资金实力越雄厚，市场控制能力就越强，愿意与酒店企业合作的旅游中间商增多，酒店企业选择分销渠道的灵活性增大；反之，酒店企业在选择分销渠道时就会受到限制。另外，酒店企业形象和社会信誉越好，就越有可能挑选和利用各种有利的分销渠道。

2. 酒店企业的管理能力

如果酒店企业对酒店产品市场营销活动的管理能力较强，就可以自行组织分销系统；如果酒店企业缺乏营销管理方面的经验，就只能依靠旅游中间商来开展营销活动。

（四）宏观环境

酒店企业对酒店产品分销渠道的选择还受到旅游宏观环境的影响。我国实行改革开放以来，酒店市场快速发展，酒店产品的分销渠道大大拓宽，极大地促进了酒店产品的市场营销。当然，酒店市场营销要受到国家法律、法规和政策的限制和约束，酒店企业只能在所允许的范围内选择分销渠道。如为了保证酒店市场的正常秩序，国家规定国内旅行社不能到海外组织客源，只有国际旅行社才有此权利。所以国际旅行社可在境外销售产品，借助境外的中间商，采取较长的分销渠道。

酒店市场的规模与经济状况密切相关，在经济繁荣的情况下，旅游客源市场就会扩大。因此，酒店企业应根据经济发展形势和旅游客源市场变化灵活调整分销渠道。

另外，自然环境对酒店产品分销渠道的影响主要表现在地理条件方面，若酒店产品地处交通便利的地区，开展直接分销的可能性就较大；若酒店产品地处偏远的地区，则只能采取较长的分销渠道。

> **相关资料**
>
> **GDS为旅游业带来新机会**
>
> GDS (global distribution system) 即全球分销系统,是应用于民用航空运输及整个旅游业的大型计算机信息服务系统。通过GDS,遍及全球的旅游销售机构可以及时地从航空公司、旅馆、租车公司、旅游公司获取大量的与旅游相关的信息,从而为顾客提供快捷、便利、可靠的服务。
>
> 随着互联网技术的飞速发展和中国酒店市场的进一步开放,作为专业预订服务系统的GDS在中国也得到了空前发展。酒店专业GDS服务商的进入为中国的中高档酒店吸引更多的海外客源,提供了更多的机会。
>
> GDS预订系统,在国外已成熟发展几十年。目前是欧美酒店预订的主要方式。而在中国,专业从事GDS预订业务的公司还处于起步阶段。
>
> GDS全球共有4个大的技术提供商,属下分别有各自的代理服务商负责全球酒店的登录和服务。所有加入到GDS系统的酒店最终将会汇集到同一个预订平台上。酒店登录到GDS平台以后,酒店的资料信息、图片、预订情况、价格目录将自动与全球超过600000个旅行代理商和服务商的终端连接,更可以同时登录到有GDS支持的超过5000个旅游网站或网页如expedia, travelocity, travelweb等。通过适时的在线操作,实现预订。
>
> 由此看出,加入GDS的预订系统,将会给酒店带来原有宣传和促销模式所没有的广度。更重要的是,酒店能从此进入到世界范围的预订系统中,吸引海外游客,提高酒店海外知名度,从而切实地提高酒店的预订比例,增加收入。
>
> 北京赛易酒店管理有限公司主要致力于酒店GDS预订业务。向中国的酒店业提供先进的GDS全球预订系统,将中国的酒店带入全球分销系统中。在不到一年的时间内,已成功地与上百家三星及三星以上的酒店签订了GDS预订协议。目前签约酒店已开始接受来自世界各地旅行社或旅游代理商的预订。

单元二 旅游中间商

旅游中间商在酒店市场营销活动中,联系着酒店企业与顾客,对酒店产品分销渠道的形成起着十分重要的作用。旅游中间商是指介于酒店企业与顾客之间,专门从事旅游产品市场营销活动的中介组织或个人。

一、旅游中间商的类型

旅游中间商的类型主要有旅游经销商、旅游代理商和旅游经纪人。

（一）旅游经销商

旅游经销商是指将酒店产品买进以后再卖出的旅游中间商，它的利润主要来源于酒店产品购进价与销出价之间的差额。旅游经销商与酒店企业共同承担市场风险，其经营业绩的好坏直接影响到酒店企业的经济效益。旅游经销商主要分为旅游批发商和旅游零售商两种类型。

1. 旅游批发商

旅游批发商是指从事酒店产品批发业务的旅行社或旅游公司，是连接酒店企业与旅游零售商或顾客的桥梁。旅游批发商通过大量订购旅游交通运输企业、饭店、旅游景点等酒店产品，然后组合成包价酒店产品向旅游零售商批发出售，由零售商销售给顾客。随着国际旅游业的发展，旅游批发商在分销渠道成员中的作用越来越强。

2. 旅游零售商

旅游零售商是指直接面向广大顾客从事酒店产品零售业务的旅游中间商，它与顾客联系最为紧密。因此旅游零售商要熟悉多种酒店产品的优劣、价格和日程安排，要了解和掌握顾客的购买力、生活方式等情况，以帮助顾客挑选适宜的酒店产品。同时，旅游零售商应具有较强的沟通能力和应变能力，要与各类酒店企业保持良好的联系，并根据酒店市场及顾客的需要而相应地调整服务。

旅行社一般为旅游零售商，但有时也是批发商。如甲旅行社为一个来自日本的旅行团组织了一次包价旅游活动，它是以旅游批发商的身份进行销售活动的；同时，它又为乙旅行社的一个旅行团提供了当地的导游服务，那么可以说它又是旅游零售商。

相关案例

关于去哪儿网（qunar.com）

去哪儿网（qunar.com）是目前全球最大的中文在线旅行网站，网站上线于2005年5月，总部位于北京。去哪儿网凭借其便捷、人性且先进的搜索技术，对互联网上的机票、酒店、度假和签证等信息进行整合，为用户提供及时的旅游产品价格查询和信息比较服务。同时开辟了专业的旅游团购频道，打造最实惠的旅游团购直销平台。

根据2011年3月艾瑞监测数据显示，旅行网站月度访问次数统计中，去哪儿网以5106万人次高居榜首。去哪儿网可搜索超过700家机票和酒店供应商网站，向消费者提供包括实时价格和产品信息在内的搜索结果，搜索范围超过100000家酒店和12000条国内、国际机票航线以及40000条度假线路、25000个旅游景点。目前，去哪儿网团购频道已针对全国100多个城市开展旅游团购服务。

思考讨论：请同学们进入去哪儿网站（qunar.com）调查了解该网站产品销售情况，网络分销渠道对游客出游和旅游产品销售发挥了怎样的作用？

（二）旅游代理商

旅游代理商是指那些只接受酒店企业的委托，在一定区域内代理销售其酒店产品的旅游中间商，它通过与买卖双方的洽谈，促使酒店产品的买卖活动得以实现。旅游代理商对酒店产品没有所有权。它几乎不承担酒店产品销售的市场风险，因而对酒店企业而言，利用代理商的风险转移程度比利用经销商要低得多。旅游代理商的收入来自被代理酒店企业对其支付的佣金。酒店企业在自己销售能力不能达到的地区，新产品上市初期或酒店产品销路不好的情况下，可利用旅游代理商寻求营销机会。

（三）旅游经纪人

旅游经纪人是一种特殊的旅游中间商，他们不拥有酒店产品的所有权，只是为交易双方牵线搭桥，促成交易以获取佣金。旅游经纪人不承担任何风险。

（四）其他中间机构

1. 特许经营系统

加入特许经营系统，通过它来扩大酒店经营服务，有些经营特许权组织像喜来登和希尔顿，拥有遍布世界各地的预订系统，可以通过举办会议、订货会，吸引体育运动、团体旅游等方式，来扩大团体订房业务。

2. 预订系统

这是在很多地方设立分支机构，为委托其预订客房的酒店作预订工作的公司。它们受酒店委托，代表酒店向旅行代理商、大公司、大企业及其他需要酒店设施的客户进行推销和代理预订。除了很多独立的预订系统外，有些大酒店集团的预订系统，不仅为本集团中的成员提供服务，也为其他所有酒店提供预订服务，如希尔顿集团的预订系统，不仅为本集团中的成员提供服务，也为其他所有酒店提供预订服务。

3. 酒店促销机构

它在促进酒店销售方面发挥着重要的作用。酒店应经常参加促销机构举办的会议和其他活动，通过与促销机构合作，以及与该机构其他成员（如航空公司、铁路公司、观光浏览组织等）的相互帮助促销，来销售酒店的产品。

4. 会议促销机构

这是一种代理机构和销售组织，主要任务是为其代理的地区、城市招揽各种会议、研讨班，吸引会议顾客，并为会议做好各方面的服务工作。有些会议促销机构属于市政府的一个部门，多数则是独立组织或是当地商会的一个部门，会议促销机构的经费主要来源于其成员的会费。会议促销机构的成员，是那些直接和间接可从会议和团体客人中获益的公司和企业，前者如酒店、汽车酒店、出租汽车公司以及向会议提供服务的公司等，后者如为酒店提供商品的供应商、公用事业公司、娱乐公司、观光旅游点等。在许多国家，会议旅游占据了全部旅游中相当大的部分，而会议促销在会议旅游方面发挥着不容忽视的作用。所以酒店业也很重视通过与会议促销机构的合作，来销售自己的产品和服务。

5. 航空公司

许多航空公司除了向客人提供交通运输服务外，还普遍以中间商的身份向客人介绍酒店，代酒店接受订房。其他一些交通运输公司，如汽车出租公司、铁路公司等，也可成为酒店的销售渠道中的一个成员。

6. 旅游协会、酒店协会

酒店通过加入这类协会，可以借助它们来推销酒店产品。比较重要的、有名气的是"世界一流酒店组织"，它由200多家豪华酒店组成，形成一个全球性的酒店促销与预订联合体，它不是酒店集团，不拥有也不经营任何酒店，但经营着一个促销与预订公司，为其遍及世界各地的成员提供服务。

相关案例

中国国际旅行社瞄准在线运营

作为国旅总社电子商务部首任总经理，郝戈华上任两年以来，除了搭建了一个好的电子商务网站，他的工作重点还包括将电子商务网站与企业后台的经营系统进行一体化联通，再借此整合国旅的线下旅行社资源，这才是国旅整个服务体系的变革核心。

国旅成立至今有50多年，多年来它凭借先天计划配置形成的物理网络优势，以及行、游、购、食、住、娱等6大业务提供的全方位、专业化旅行服务，使得它无论是经营规模，还是收入、利润水平，都一直保持着行业第一的地位，直至携程等非旅行社经营者的电子商务网站出现。携程等电子商务网站通过IT手段整合了国内成熟的酒店集团和航空服务，发展速度让国内旅行社行业震惊。2003年，"非典"让人们开始重新审视在线旅行社模式的价值，那一年，亏损4年的携程首次实现盈利。2004年，携程的收入和利润水平超过已经营50多年的国旅总社。2006年，携程实现2.4亿元的利润，而同一年，国内1.8万家旅行社的利润总和仅为1.2亿元。

"几年的发展就使得携程的收入与利润超过了国旅总社50多年通过计划配置取得的优势，这说明新型的'IT旅行社'模式具有一定的生命力和成长性，对传统旅行社影响强烈。"郝戈华说。事实上，从21世纪初开始，国内传统旅行社行业的平均利润率很低、市场竞争激烈，他们越来越希望突破传统商业模式的困局。

2004年，国旅制定了发展电子商务的战略决策，这个中国线下旅行社老大希望自己也能成为中国最大的旅游在线运营商。郝戈华有着清晰的电子商务理念——用IT与互联网技术，整合和利用传统旅行社的优势资源，做旅游的在线运营商，这是国旅发展电子商务的一条捷径。

二、酒店产品分销渠道选择策略

（一）分销渠道长度的决策

酒店企业分销渠道的长度取决于酒店产品从酒店企业传递给顾客所经过的中间环节的多少，若经过的中间环节多，则分销渠道就长。酒店产品的目标市场十分分散，酒店企业要获取充足的客源，提高酒店产品的销售量，就必须依靠多种类型的旅游中间商进行分销工作，即选择长分销渠道。酒店产品分销渠道的选择还与酒店企业的实力有关系，实力雄厚的酒店企业，自己可以建立强大的营销网络，对旅游中间商的依赖性小，可选择短分销渠道；实力较弱的酒店企业对旅游中间商的依赖性大，可选择长分销渠道。

（二）分销渠道宽度的决策

酒店产品分销渠道的宽度是指酒店产品分销渠道的每一层次利用相同类型旅游中间商数目的多少。酒店企业在选择分销渠道时，由于旅游目标市场情况不同，就可能选择多种的分销渠道形式。酒店企业在决定分销渠道的宽度时有广泛分销、选择性分销、独家分销三种选择。

1. 广泛分销

广泛分销是指酒店企业在分销渠道的每一层次中选择尽可能多的旅游中间商，扩大酒店产品与酒店市场的接触面。在顾客集中的地方，或者酒店企业的主要目标市场，就应采取这种分销渠道形式。如我国的江苏、浙江一些提供观光型酒店产品的酒店企业以上海酒店市场为目标市场，通过中国国际旅行社、中国青年旅行社和中国旅行社等大型旅游批发商销售其酒店产品。

广泛分销的优点是：可以扩大酒店产品的销售量，但销售费用较大，酒店企业对酒店产品营销失去控制，旅游中间商因竞争激烈而降价，从而使服务质量下降以致损害酒店企业的形象。因此，酒店企业采用广泛分销时要充分考虑其负面影响。

2. 选择性分销

选择性分销是指酒店企业只选择那些有支付能力、有推销经验以及服务好的旅游中间商在特定的区域与层次推销酒店产品。这种分销渠道形式适用于价格较高、服务质量要求也较高的酒店产品。这是因为顾客购买这些酒店产品需要慎重考虑与选择，因而要求旅游中间商具有一定的专业知识、服务水平以及较高的信誉。如我国近年来出国旅游的人数逐年增多，许多顾客喜欢选择在我国旅游业享有盛誉的中国国际旅行社为旅游中介。另外，在顾客较少但相对集中的酒店市场，也可选用这种分销渠道形式。

选择性分销的优点是：第一，酒店企业只与少数旅游中间商合作，可加强对分销渠道的控制；第二，利于酒店企业与旅游中间商建立良好的关系，从而使旅游中间商更好地完成酒店企业赋予的营销职能，扩大酒店产品的销售；第三，经过认真挑选的旅游中间商，有较强的经营能力和良好的信誉，有利于酒店企业提高经济效益，树立酒店产品形象。但在激烈的酒店市场竞争中，如果酒店企业的规模不大，知名度不高，挑选满意的旅游中间商就会受到限制。

3. 独家分销

独家分销是指酒店企业在一定的酒店市场区域内只选择一家有丰富经验和较高信誉的旅游中间商来推销酒店产品，这是最窄的分销渠道形式。独家分销特别适合酒店企业开拓新市场，因为这种分销渠道形式，在规定双方的销售权限、利润分配比例、销售费用和广告宣传费用的分担比例方面容易协调。另外，一些特殊高价的酒店产品也适合于独家分销。

独家分销的优点是：可以密切酒店企业与旅游中间商的协作关系，有利于提高旅游中间商的积极性，有利于酒店产品开拓市场和提高信誉，有利于酒店企业对分销渠道的控制。独家分销的不足之处是：只与一家旅游中间商进行合作，如果选择不当，将失去市场，因此风险较大；销售面窄，不利于顾客选择购买，故不适合销售大众化的酒店产品。

三、酒店产品分销渠道管理

酒店企业决定了分销渠道的类型之后，就应选择合适的旅游中间商，建立分销渠道，并加强分销渠道的管理，调动旅游中间商的积极性、主动性，及时解决分销渠道中的各种问题，促使分销渠道畅通，达到建立酒店产品分销渠道的目的，使酒店企业和旅游中间商获得应有的经济效益，并且随着酒店市场的变化灵活地调整酒店产品的分销渠道。

（一）旅游中间商的选择

酒店企业在选择旅游中间商时要建立明确的标准体系，对中间商的销售能力、信誉、发展状况、历史背景、发展潜力等因素进行综合考虑。在进行中间商的选择时，应尽量将销售能力强、信誉好、工作热情高的中间商纳入酒店企业的分销渠道，作为酒店企业的批发商；对销售能力较弱、信誉较好、工作热情较高，但不能大批量订购酒店产品的中间商，可发展成为旅游代理商或零售商。在酒店企业选择旅游中间商的同时，旅游中间商也在选择酒店企业。对旅游中间商吸引力弱的酒店企业，应对旅游中间商提供更多的服务，更大的优惠，来吸引旅游中间商的加盟合作；对旅游中间商吸引力强的酒店企业，主要是对旅游中间商进行分析评估，从中选择最适宜的旅游中间商进行合作。

（二）旅游中间商的合作与激励

酒店企业与旅游中间商从根本上存在着一致的经营目标，存在着相互关联的经济利益。旅游中间商的工作开展越顺利，酒店产品的销路就越好。因此，酒店企业应加强与旅游中间商的合作，调动旅游中间商的积极性、主动性。酒店企业应向旅游中间商及时提供有关酒店企业及酒店产品较为全面的信息资料，还应支持和协助旅游中间商开展促销活动，帮助旅游中间商分担一定的旅游推广费用，维护旅游中间商的利益，实质是对旅游中间商一种有力的支持。

酒店企业还应重视对旅游中间商的优惠与奖励政策，采取强有力的激励措施。首先，对旅游中间商的种种承诺，要严格按协议办事。对不能实现的承诺，要提前说明理由并给予适当的补偿。其次，酒店企业要帮助旅游中间商增加收入，因为旅游中间商的收入来自酒店产品的差价或佣金，酒店企业可以根据旅游中间商的组团能力、企业规模、付款情况，采取相应的折扣政策，提高旅游中间商的盈利能力，这是奖励中间商的重要手段。最后，对旅游中间商的优惠形式要多样，方法要灵活。可采用下列形式：减收或免收预订金，组织奖励旅游，领队优惠，邀请中间商旅游。按国际惯例，凡满15名付费旅客的旅行团，可以增加一名领队，享受免费旅游。

（三）旅游中间商的评价

酒店企业应采取切实可行的方法，对旅游中间商的工作绩效进行检查与评价，才能达到对旅游中间商的激励、控制的目的。对旅游中间商评价的主要内容有：旅游中间商销售指标完成情况、旅游中间商为酒店企业提供的利润额和费用结算情况、旅游中间商推销酒店产品的积极性、旅游中间商为竞争对手工作的情况、旅游中间商对酒店企业产品的宣传推广情况、旅游中间商对顾客的服务水平、旅游中间商之间的关系及配合程度、旅游中间商占酒店企业销售量的比重大小等方面的状况。通过评价，酒店企业可以了解旅游中间商工作中的优势与不足，并采取相应的激励措施或调整酒店产品分销渠道结构。

（四）酒店产品分销渠道的调整

酒店产品的分销渠道建立后，随着酒店市场的变化，或者旅游中间商业绩不佳而影响酒店企业营销目标实现时，就要及时调整酒店产品分销渠道。酒店企业调整酒店产品分销渠道的方式主要有以下三种。

1. 增减分销渠道中的旅游中间商

酒店企业对效率低下、推销不力的旅游中间商可以剔除。若有必要，可另选合适的旅游中间商加入分销渠道。酒店企业有时会因企业的规模扩大，或竞争者的渠道宽度扩大等原因，也会相应增加旅游中间商的数量。旅游中间商的增减，一方面会影响酒店企业的销售费用和销售收入；另一方面会影响到其他旅游中间商或竞争对手。如减少旅游中间商，该中间商可能转向其他酒店企业，加剧本企业与竞争对手的竞争，同时，可能引起其他中间商的猜疑与抵触。所以，在增减分销渠道中的旅游中间商时应综合考虑，慎重行事。

2. 增减分销渠道

随着酒店市场的变化，酒店企业从提高分销效率的角度考虑，可以缩减一些分销作用不大的渠道。相反，当发现现有分销渠道过少，影响了酒店产品的销售，则应增加新的分销渠道。所以酒店企业要根据酒店市场的变化，相应增加或减少一些分销渠道，以更有效地实现酒店企业的营销目标。

3. 改变整个分销渠道

即酒店企业放弃原有的酒店产品分销渠道，建立新的分销渠道。当酒店企业对原有营销策略进行重大调整，或者原有的酒店产品分销渠道功能严重丧失时，都有必要对原有的酒店产品分销渠道进行重新设计与组建。在对整个酒店产品分销渠道进行改变时，可能会带来较大的风险，酒店企业应进行认真的调查研究，谨慎作出决策。

小　结

　　酒店产品的价值和使用价值，是通过一定的分销渠道实现的。只有酒店企业的分销渠道畅通，酒店产品才能在适当的时间、适当的地点，以适当的方式提供给旅游目标市场，从而满足顾客的需求，实现酒店企业的营销目标。

　　酒店企业选择酒店产品分销渠道，会受到许多因素的影响和制约，一般情况下，影响酒店产品分销渠道选择的因素有酒店产品、酒店市场、酒店企业自身状况和宏观环境。

　　旅游中间商是指介于酒店企业与顾客之间，专门从事酒店产品市场营销活动的中介组织或个人。旅游中间商的类型主要有旅游经销商、旅游代理商和旅游经纪人。

　　酒店企业分销渠道的长度取决于酒店产品从酒店企业传递到顾客所经过的中间环节的多少，若经过的中间环节多，则分销渠道就长。酒店企业在选择分销渠道时，由于旅游目标市场情况不同，就可能选择多种分销渠道形式。酒店企业在决定分销渠道的宽度时有广泛分销、选择性分销、独家分销三种选择。

　　酒店企业决定了分销渠道的类型之后，就应选择合适的旅游中间商，建立分销渠道，并加强分销渠道的管理，调动旅游中间商的积极性、主动性，及时解决分销渠道中的各种问题，促使分销渠道畅通，达到建立酒店产品分销渠道的目的，使酒店企业和旅游中间商获得应有的经济效益，并且随着酒店市场的变化灵活地调整酒店产品的分销渠道。

复习思考题

1. 举例说明酒店企业如何决定营销渠道的长度、宽度与渠道的多少？
2. 酒店企业营销渠道的作用有哪些？
3. 影响酒店产品分销渠道选择的因素有哪些？
4. 常见的中间商类型有哪些？
5. 酒店企业在选择旅游中间商时应遵循哪些原则？

模拟训练

　　请登录 http://www.cits.com.cn，了解国旅网络、国旅业务及在线旅游情况。

【拓展案例1】

<h2 style="text-align:center">携程商旅发布 2014 商旅产品市场分析</h2>

商务旅行支出快速增长，使得越来越多的国内企业开始注重差旅管理，正规、透明、专业的差旅管理公司也得到更多企业的重视。作为中国商旅管理市场份额第一的专业差旅管理公司，携程商旅于近日发布了《2013—2014 年商旅产品市场分析报告》（下简称《报告》），通过对客户、供应商和行业内各项数据的分析，结合中国 GDP 整体发展预期，对 2014 年的商旅机票、酒店等各产品的市场表现做出预测。

机票：多数机票航线价格指数下浮明显

《报告》在航空趋势方面指出，随着油价稳定且有所下降，同时航空与高铁竞合会带来市场结构的巨大改变，国内航线机票价格将有一定下浮；国际航线部分，由于两舱旅客下降且亚太区内廉价航空蓬勃发展，国际及地区航线机票价格指数下浮明显；但在欧美航线上，航空公司合并和环境因素则会带来一定的价格上涨，具体数据如表 9-1 所示。基于趋势，携程给出了协议航空管理（集中采购，与航空公司签订较长周期的协议）、通过携程商旅 App 或 Online 预订（节省预订成本，也享受更多携程网络专享资源）、管理员工预订习惯（鼓励低价控制和提前预订）、妥善管理未使用机票等四大建议。

表 9-1　2014 年机票价格水平预测

地区	头等、公务两舱	经济舱
中国境内	持平	持平
亚太地区	10%↓	20%↓
欧美地区	5%↑	5%↑

酒店：高星级酒店价格将持续下滑

在酒店方面，"八项规定、六项禁令"政策的出台持续影响酒店生态，携程给出了高星级酒店价格下滑的预期，并指出未来中档酒店及商务酒店需求将增加，随之价格会在一段时间内保持上浮，提醒企业根据具体需求调整采购策略。在火车票方面，则基于每月日均旅客发送量与商旅火车票平均票价，建议商旅出行者通过 App 和 Online 预订，同时增强计划性、条理性地订票，合理计划和控制退票费，并可以考虑提高保险购买意识。

"快"和"透明"是 TMC（旅游管理公司）发展的必然趋势

携程旅行网副总裁兼商旅事业部 CEO 方继勤表示，差旅管理市场潜力巨大，"快"和"透明"是未来专业差旅管理公司发展的必然趋势，也是携程商旅对自己的硬性要求。移动浪潮已经席卷全球，移动端实力的比拼已成为验证行业领导力的战场。携程商旅也于 2013 年成功推出了业内首款集查询、预订、审批、授权等功能于一体的手机客户端"携程企业商旅"（下载地址：http://ct.ctrip.com/m/d），客户反响热烈。将来携程商旅的手机客户端还将提供包括火车票预订、手机值机、手机选位、手机打车、报销清单等更多的产品和功能，用户操作将越来越便捷，也同时更好地实现产品透明和价格透明。携程商旅将为客户提供标准化与订制化完美结合的差旅服务和专业建议，成为与中国企业一同发展成长的长期战略合作伙伴。

（资料来源：搜狐旅游，2014-3-11. http://travel.sohu.com/20140311/n396423324.shtml.）

思考讨论：请同学们登录携程网，了解携程商旅管理的业务范围有哪些？商旅管理公司的发展趋势是什么？

【拓展案例2】

希尔顿酒店集团成功的经营管理策略

截至2013年12月，希尔顿品牌在84个国家拥有4080家酒店，包括超过672000间客房。

（一）特许经营扩张市场

希尔顿的发展模式经历了自建模式、管理合同、特许经营等几个阶段。20世纪50年代以前，希尔顿一直延续自建模式，集团发展速度较慢，丧失了发展的机遇。

60年代希尔顿创立的管理合同方式，通过管理输出迅速拓展了集团的市场网络，品牌国际影响力迅速提高。90年代年希尔顿开始实施"特许经营"方式进行拓展，逐步出售自有的饭店，只保留管理权和特许品牌权利。饭店管理公司逐步将业务重点转移到经营的高端利润区：品牌维护、市场促销等优势领域。2004年希尔顿品牌的特许经营比例已经超过了70%。

（二）品牌多元发展模式

希尔顿采用品牌多元化发展战略，在对市场做了细致分类的基础上，采用"主品牌＋系列子品牌"的品牌多元化战略，利用各种不同的饭店品牌提供不同档次的服务以满足不同的顾客需求，专攻各细分市场。例如希尔顿旗下的主要品牌有希尔顿、康拉德、斯堪的克、双树、大使套房饭店、家木套房饭店、花园客栈、汉普顿旅馆、希尔顿度假俱乐部等，每一个品牌都有特定的主要目标市场，从而极大地提高了希尔顿在全球饭店市场的占有率。

（三）微笑塑造品牌形象

在康拉德·希尔顿创业之初，他的母亲曾经对他说："除了对顾客诚实之外，还要想办法使每一个住进希尔顿旅馆的人住过了还想再来住，你要想这样一种简单、容易、不花本钱而行之可久的办法去吸引顾客。这样你的旅馆才有前途。"母亲的话让希尔顿沉思，如何才能用既简单、容易，又不花钱且能行之久远的办法来吸引顾客呢？希尔顿想了又想，始终没有想到一个好的答案。于是，他每天都到商店和旅店里参观，以顾客的身份来感受一切，他终于得到了一个答案：微笑服务。于是希尔顿将企业理念定位为"给那些信任我们的顾客以最好的服务"，并将这种理念上升为品牌文化，贯彻到每一个员工的思想和行为之中，从而塑造了独特的"微笑"品牌形象。希尔顿饭店的每一位员工都被谆谆告诫：要用"微笑服务"为客人创造"宾至如归"的文化氛围。希尔顿对顾客承诺：为了保持顾客高水平的满意度，我们不断地听取、评估顾客意见，在我们所在的各个国家实行公平制度来处理顾客投诉并尊重消费者的权利。

（四）创新个性服务项目

希尔顿饭店集团十分注重以顾客需求为出发点，创新饭店产品与服务，从而给客人以惊喜。希尔顿在产品开发上采取诸多亲近客人的策略，针对游客离家在外的种种不习惯与不方便，希尔顿饭店特别推出了TLC房间（即旅游生活中心），以尽可能地缩小游客住宿饭店与住在家里之间的差异，保证客人能够有充足的睡眠，健康的旅游生活方式，以及帮助客人减轻外出旅游时感到的压力。1996年10月希尔顿饭店公司与美国国家睡眠基金会（NSF）合作推出25间sleep-tight客房。希尔顿饭店同时推出各种特色服务项目，例如为庆祝周年纪念或新婚的情侣设置浪漫一夜，以极低的房价为客人提供轻松周末，专门针对老年人的特殊服务等。不断创新的差异化饭店产品与服务为希尔顿赢得了大批忠诚顾客。

（五）全面开展市场营销

希尔顿饭店集团一流的市场业绩在很大程度上与其一流的营销是紧密关联的。首先，希尔顿十分注重市场调研以准确把握市场需求，它有专门的部门负责从世界各地的航空公司、旅游办事处、政府机构等收集市场信息，作为集团营销和产品开发决策的依据。其次，形式多样的高效促销活动极大地提升了希尔顿品牌的知名度和影响力。希尔顿在全球范围内经常开展形式多样的促销活动，例如Honors促销活动、银发旅游促销活动、周末度假促销活动、家庭度假站促销活动等，吸引了大批的特定目标市场。同时，还十分重视公益营销，以树立公司良好的社会形象。希尔顿饭店集团设立专门的捐赠审查委员会，其职责在于决定公司慈善资金的使用。希尔顿的捐赠对象主要集中于以下几个方面：教育、健康、青年人项目、当地事物与公共政策。再次，希尔顿十分重视利用网络技术进行营销。1973年所有希尔顿饭店统一使用CRS；1999年4月希尔顿饭店公司宣布使用新的中央预定系统（HILSTAR）；1995年8月希尔顿因特网站开通。先进的信息网络技术为希尔顿拓展全球市场增添了腾飞的翅膀。

（资料来源：李莉. 搜狐旅游，http://travel.sohu.com/20080328/n255969795.shtml.）

思考讨论：了解希尔顿酒店集团的发展历程，并总结希尔顿酒店的经营之道。

项目十
酒店促销策略

学习任务书

1. 结合案例理解酒店促销组合策略的内涵,以某酒店为例说明该酒店促销组合方式并分析其效果。
2. 了解酒店广告的媒体选择;学会酒店营业推广的策划方法。
3. 掌握酒店人员推销技术;了解旅游酒店公关的调查、策划、计划和实施。

【案例导入】

微信,改变酒店营销模式(布丁酒店案例)

如果说布丁酒店成为首家与微信平台直连的生活服务类商家,可以实现微信订房是崭露头角的话,那么现在布丁酒店的微信功能可以说是真正在改变酒店营销模式。

数字　2013年1月15日,腾讯微信团队宣布微信的用户数量已经达到3个亿。5月7日,全球移动互联网大会(GMIC)上,腾讯开放平台副总经理侯晓楠披露,微信月活跃用户已达1.9亿。

2012年11月,布丁酒店微信客户端订房功能正式上线,截至2013年5月,布丁酒店微信用户近55万,入住成功的订单中,新用户占61%,日均订单264个。微信、APP、手机端官网构成了布丁酒店移动互联网布局的三大基石。

布丁酒店微信新功能　如果你的资讯还只停留在微信可以进行酒店订房,说明你真的过时了,布丁酒店通过与腾讯官方密切合作,已把一个改变酒店营销模式的产品呈现了出来。

自定义菜单　布丁酒店微信客户端实现了个性化的菜单定制,在微信底部的对话栏中提供"我的布丁"、"预订"、"最新活动"三个菜单选项,这比起原先用户主动发起的对话式交互有了很大的进步。布丁酒店微信客户端不再只是消息推送与回复,增加了自定义菜单后,原有的布丁酒店账号瞬间变身成为一个轻APP。原来用户需要到会员卡特权里面寻找订房功能,要分好几个步骤来实现,比较繁琐。现在打开布丁酒店微信账号即可直接选择订房,大大缩减了其预订流程。据了解,自定义菜单上线后,其订单量有了一个很大的提升。布丁酒店与腾讯官方通过大量调研,把客户最需要的"我的布丁"、"预订酒店"、"最新活动"三个项目最先放到自定义菜单中以提供最佳的用户体验。当然,后期还可以根据自定义菜单点击率等情况进行调整。

(资料来源:迈点网,http://info.meadin.com/todayhead/87705_1.shtml.)

思考讨论:

了解布丁酒店的微信功能是如何改变酒店营销模式的,其新的营销模式对促进酒店产品销售发挥了怎样的作用?

酒店企业在进行酒店市场营销活动中,不仅需要提供满足顾客需求的酒店产品、制定合理的酒店产品价格和选择高效的酒店产品分销渠道,还需要制定符合酒店企业自身特点的、有效的酒店促销策略。酒店促销手段包括:广告、营业推广、公共关系和人员推销等,有效的酒店促销策略是这四种促销手段的综合运用。

单元一 酒店促销概述

一、酒店促销的概念

酒店促销是指酒店企业通过各种传播媒介,向顾客传递有关酒店企业和酒店产品的信息,帮助顾客认识酒店产品所能带来的利益,引起顾客的注意和兴趣,唤起需求,影响顾客的购买行为,达到促进酒店产品销售的目的。酒店促销的实质是酒店企业与顾客之间的信息沟通。

二、酒店促销的作用

1. 传递旅游信息,沟通产需

即酒店企业通过酒店促销活动,可以及时地将酒店产品的信息传递给顾客,引起顾客的广泛注意。通过传递信息,把众多的顾客与酒店企业联系起来,扩大酒店企业和酒店产品的知名度。

2. 刺激旅游需求,引导旅游消费

即酒店企业通过生动、形象、多样的酒店促销活动,加深顾客对相关酒店产品的认识,可以唤起和强化顾客的需求,有时还可以创造和引导顾客对特定酒店产品的需求。如回归大自然旅游热、漂流热的兴起,都与相应的酒店促销活动有关。如大连等城市的广告宣传片,极大提高了这些城市的知名度,使得游客数量因此倍增。

3. 突出产品特点,强化竞争优势

即酒店企业通过酒店促销活动,可以突出酒店产品的性能和特点,显示酒店产品能给顾客提供的附加价值,加深顾客对酒店产品的了解和信任,认识到购买酒店产品能得到的特殊利益。

4. 树立良好形象，加强市场地位

即酒店企业通过生动而有说服力的酒店促销活动，可以塑造酒店企业和酒店产品在公众心目中友好、热情、服务周到的良好形象，从而为酒店企业的长远发展创造有利条件。当出现不利于酒店企业发展的因素时，也可利用有效的促销手段，改变顾客的消极印象，树立酒店企业诚实、有信誉的积极形象，以恢复、稳定甚至扩大市场份额。

三、酒店促销组合策略

（一）酒店促销组合的概念

酒店促销组合是指酒店企业将酒店广告、酒店营业推广、酒店公共关系、酒店人员推销四种促销方式有机结合并加以综合应用的一种促销策略。酒店促销组合可以体现酒店企业系统的决策思想，形成完整的促销策略。

（二）影响酒店促销组合的因素

1. 酒店促销目标

酒店促销的总目标是通过向顾客宣传、诱导和提示，促进顾客产生购买动机，影响顾客的购买行为，实现酒店产品由酒店企业向顾客的转移。酒店促销目标是制约各种酒店促销方式组合的重要因素，酒店促销目标不同，酒店促销组合也必然存在差异。例如，酒店企业要迅速增加销售量与树立或强化酒店企业形象是两种不同的促销目标。前者强调近期效益，属于短期目标，酒店促销组合应更多地使用酒店广告和酒店营业推广；后者则注重长期效益，需要制定一个较长远的酒店促销方案，建立广泛的酒店公共关系和强有力的酒店广告宣传。

2. 酒店产品的性质

酒店产品的性质不同，顾客的购买行为也不同，因此需要不同的酒店促销组合。一般来说，价格昂贵、购买风险较大的酒店产品，顾客不满足于一般酒店广告所提供的信息，对这类酒店产品，人员推销、酒店公共关系往往是重要的酒店促销手段。对于购买频繁、价格不高以及季节性较强的酒店产品，酒店广告、酒店营业推广往往是重要的促销手段。如我国傣族的泼水节、彝族的火把节等，酒店广告的促销效果十分明显。

3. 酒店产品的生命周期

酒店产品生命周期的不同阶段，酒店促销的目标不同，因此要相应制定不同的酒店促销组合。酒店产品投入期，促销的主要目标是使顾客认识酒店新产品，所以多用酒店广告和酒店营业推广，以扩大酒店产品的知名度。酒店产品成长期，促销的主要目标是增进顾客的兴趣与偏好，扩大酒店产品的销售量，这时，酒店广告仍需加强，但酒店广告的重点在于宣传酒店产品的品牌和特色；同时强化酒店公共关系的作用，酒店营业推广活动相应减少。酒店产品成熟期，广告宣传可减少，但酒店营业推广活动应加强，以稳定酒店产品的销售。酒店产品衰退期，酒店市场上出现了酒店新产品，这时，酒店企业以采用酒店营业推广为主，保持提示性的酒店广告，吸引偏爱的顾客继续购买酒店产品，以便更多地回收资金。

4. 酒店市场的性质

酒店市场的地理范围、类型和潜在顾客的数量等因素，决定了酒店市场的性质，也决定了酒店促销组合策略。一般来说，旅游目标市场范围小、潜在的顾客有限，宜于开展人员推销；反之，旅游目标市场大、潜在的顾客多而分散，则应以酒店广告为主。另外，当酒店企业的促销对象是广大的潜在顾客时，应以酒店广告为主；促销对象是旅游中间商时，应以人员推销为主。

5. 酒店促销预算

酒店促销组合策略的制定，还取决于酒店促销经费的预算。一般来说，酒店促销预算大，就可选择酒店广告等费用大的酒店促销方式；反之，就选择花费少的方式。

（三）酒店促销的基本策略

酒店企业的促销活动如果从酒店企业运作的方式来区分，则所有的酒店促销策略可归纳为两种基本类型：推式策略和拉式策略，见图10-1。

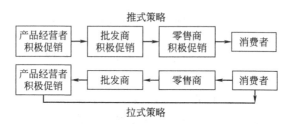

图 10-1　酒店促销的基本策略

1. 推式策略

酒店企业主要以人员推销方式为主，辅之以酒店营业推广和酒店公共关系的促销组合，把酒店产品推向市场。推式策略的目的在于说服旅游中间商，使他们接受酒店企业的产品，从而使酒店产品进入分销渠道，最终抵达顾客。

2. 拉式策略

酒店企业主要以酒店广告和酒店营业推广为主，辅之以酒店公共关系的促销组合，把顾客吸引到酒店企业的特定产品上来。这种策略首先设法引起顾客对酒店产品的兴趣和欲望，使顾客向旅游中间商预订这种产品，最后导致旅游中间商向酒店企业认购酒店产品。

推式策略与拉式策略都包含了酒店企业与顾客双方的能动作用。但推式策略强调了酒店企业的能动性，表明顾客的需求是可以通过酒店企业的积极促销而激发和创造的；拉式策略强调了顾客的能动性，表明顾客的需求是决定酒店产品生产的基本原因。酒店企业在酒店市场营销的过程中，应综合运用两种基本的酒店促销策略。一般来说，对于需求比较集中、销售量大的酒店产品，宜采用推式策略；对需求分散、销售量小的酒店产品，宜采用拉式策略。

> **相关案例**
>
> **酒店企业在微博上成功的案例**
>
> 　　世界各国的旅游业都在想方设法利用社区媒体的力量发掘新的商业机遇。新加坡的洲际酒店集团（IHG）提出了一个名为"亲朋好友"（Friends and Family）的计划，鼓励集团在世界各地4150家连锁店的员工用每个人的Twitter推销酒店客房。新的全球IHG"亲朋好友"计划以折扣价格向员工的朋友和家人提供全世界各地洲际酒店的客房预订优惠。
>
> 　　所有员工在IHG的内部网上注册以后，都会收到一封电子邮件，上面有一个独特的网站地址链接到每个人的酒店预订页面中。员工们可以将这个链接转发给亲朋好友，亲朋好友通过链接进入员工的个人页面，以独享的优惠价预订客房。这个计划刺激了集团在世界各地的33万名员工，大幅度增加了客户来源。

单元二　酒店广告

一、酒店广告的概念

酒店广告是指酒店企业以付费的形式，通过媒体向旅游目标市场的公众传播有关酒店企业或酒店产品的信息，影响顾客的购买行为，促进酒店产品销售的促销方式。

二、酒店广告的特点

1. 传播面广

酒店广告是通过大众媒体将酒店产品的信息传播给广大的顾客，信息传播快、范围广，可以使酒店企业及其产品迅速扩大影响。

2. 间接传播

酒店广告是通过传播媒体进行宣传介绍，酒店企业同顾客不直接见面。因此，酒店广告的内容和方式对酒店广告效果的影响极大。

3. 强烈的表现力和吸引力

酒店广告在利用声音、色彩、影像等艺术和技术手段方面具有得天独厚的优势，因而与其他酒店促销方式相比，酒店广告具有更强的表现力和吸引力。

4. 促销效果的滞后性

酒店广告对顾客购买行为的影响难以立即发生作用，酒店广告的效果在一个较长的时间内才能得以充分体现。因而酒店广告的促销效果滞后。

三、酒店广告决策

酒店广告决策过程由五个部分构成，即广告目标决策、广告预算决策、广告信息决策、广告媒体决策和广告效果评价。

（一）酒店广告目标决策

酒店广告所要达到的目标，必须依据酒店企业市场营销策略和目标市场来确定。酒店广告目标可以分为以下三种类型：告知型、说服型、提醒型。

1. 告知型

主要用于酒店产品投入市场的初始阶段。向顾客介绍酒店新产品、新的旅游服务项目，宣传酒店企业的市场地位及对顾客采取的便利性措施，以树立良好的市场形象。如介绍新的旅游线路或新的饭店服务项目的内容、价格及可能给顾客带来的利益，以激发潜在顾客的需求。

2. 说服型

主要用于酒店产品的成长期和成熟期。说服型广告主要突出酒店产品的特色及给顾客带来的利益，激发顾客的选择性需求，促使顾客形成品牌偏好。

3. 提醒型

主要用于酒店产品的衰退期。提醒顾客保持对酒店企业及其产品的记忆，适时提醒顾客记住购买时机和购买地点，以促使顾客完成购买行为。

（二）酒店广告预算决策

酒店广告预算是指在一定时期内酒店企业按销售额或实现的利润额的一定比例提取的广告预算总额，它主要包括：市场调研费、广告设计费、广告制作费、广告媒体租金、广告机构办公费及人员工资、广告公司代理费等项目。确定酒店广告预算的主要方法有量入为出法、销售比例法、竞争对等法、目标任务法等。

（三）酒店广告信息决策

酒店广告信息决策就是对发送给顾客和潜在顾客的广告信息的内容和形式进行创造性的设计，使酒店广告发挥尽可能大的作用。酒店广告信息决策一般通过广告信息的创作、广告信息的评价与选择、广告信息的表达三个步骤来实现。

1. 广告信息的创作

酒店产品可表达的信息题材是多方面的，而一则酒店广告可能容纳的信息量是有限的，一则酒店广告只能有一个主题。因此，酒店广告需要选取同一酒店产品不同角度的信息题材，创作多种广告信息，然后进行选择。

2. 广告信息的评价与选择

创作出备选的多种酒店广告信息后，应对广告信息的吸引力、独特性、可信度三个方面进行评价和选择。酒店产品作为高层次的消费品，其广告信息要挖掘和激发人们内心深处的潜在需求,提供尽可能详细的酒店产品信息,尤其要让顾客知道酒店产品能带来的利益,这样的广告信息对顾客才有吸引力。不同酒店产品之间存在天然或人为的差异,因此酒店广告信息的创作要刻意寻找顾客对酒店产品所感兴趣的独特利益点,才能吸引顾客的注意。另外,酒店广告信息一定要真实可信,多提供实实在在有价值的信息。

3. 广告信息的表达

酒店广告的效果不仅取决于说什么,还取决于怎样说。广告信息的表达是指广告用词、语气、风格、版式等方面的组合运用和具体安排。它有生活片段、幻想情景、气氛或形象、音乐和美术等表达形式。如福州西湖大酒店(五星级),濒临福州西湖,环境幽雅,远处山景映衬,酒店建筑远看似帆。在广告策划时巧借这些优势,打出了很有意境的"湖光山色第一楼"的广告语。画面中酒店似帆,如一叶轻舟,悠闲地荡漾在碧波涟涟的福州西湖,广告信息含义隽永。

(四)酒店广告媒体决策

酒店广告信息必须通过一定的媒体才能传达给顾客。酒店广告媒体决策就是选择传播广告信息的媒体类型。广告媒体主要有报纸、杂志、广播、电视、户外广告等,各种广告媒体的特点如表 10-1 所示。

表 10-1 主要广告媒体及其优缺点

广告媒体	优　　点	缺　　点
报纸	传播及时、面广;可选择性较强;可信度高;制作简单,费用较低	持续时间短;广告表现力差;广告不易被记住
杂志	广告表现力强;保留时间长;易于被传阅;选择性强	广告周期长;传播范围有限;价格偏高
广播	传播面广;选择性强;费用低;信息传播不受时间与地域限制,及时灵活	缺乏视觉吸引力,表达不直观;不易记忆
电视	视听并存、图文并茂,富有感染力;传播范围广,速度快	费用高;时间短;观众选择性小;设计制作难度大
户外广告	灵活性强;可重复展示;成本低;醒目	针对性不强,限制创造性的表现;内容局限性大

酒店企业进行酒店广告媒体决策时,不但应了解各种媒体的优缺点,还需要综合考虑旅游目标市场的视听习惯、酒店产品的特点、酒店广告信息的特点、广告费用等因素,来正确选择媒体的类型及传播时间。

(五)酒店广告效果评价

酒店广告效果的评价可以从沟通效果和销售效果两个方面进行评价。沟通效果可以用顾客对酒店广告的注意、理解、记忆的程度来评价。销售效果可以把酒店广告发布前后的酒店产品的销售量增长、利润增长等情况进行对比,以此来评价酒店广告的效果。

相关案例

新加坡酒店广告

1. 夕阳西下，新加坡依然魅力十足

星光下的晚餐如梦如幻，芬芳的美酒香飘河畔，奔放的迪斯科挥舞热情，夜色中的大都市依旧生机盎然。这就是新加坡。

2. 不会潜水也悠游

不会潜水也能饱览海底世界风光，目睹食人鲨迎面掠食的刺激景象；不会潜水也能漫游于群鱼之中，悠游海底的奥妙世界。这就是新加坡。

3. 小提琴手十指流畅出的音乐，则让我心动不已

空气中，茉莉花香弥漫，交织着如诉如泣的音乐。一缕莫名的感动，萦绕心扉。唉，离情依依。这一天终将来临，我也终将离去；再多的不愿意，也只能化作千百个回忆。浓浓的神秘风味，异国情调的街头舞蹈，穿梭于繁华之间的三轮车，还有那位让我尚未离去，怀念之情就已缠绕心头的小提琴手……怎一趟难忘的奖励旅游！盼望不久的将来就能重温这点点滴滴。

4. 滚滚浪花一波一动，承载着一船的欢愉，然而，是那书法家流畅的笔墨线条，深深触动着我的心绪

站在甲板上，清冽的空气里，隐隐透着沁人的柠檬香。远处，一排排的棕榈迎风起舞；血红的夕阳霞光遍洒这片近赤道的天空。行驶中的游艇，在海面上拖曳成一道长长的白色水痕，令我想起那位书法家的专注笔触，如斯行云流水，悠游自在。临别的思绪就在这滚滚浪花中，慢慢荡漾开来……怎一趟难忘的奖励旅游！一切是那么别具风味与色彩！盼望不久的将来就能重温这点点滴滴。

单元三　酒店人员推销

一、酒店人员推销的含义

酒店人员推销是指酒店企业利用推销人员直接与顾客接触、洽谈、宣传介绍酒店产品，以达到促进销售目的的促销方式。

二、酒店人员推销的特点

1. 信息传递的双向性

酒店人员推销是一种信息双向沟通的促销形式。一方面推销人员向顾客宣传介绍酒店产品的质量、功能、用途，为顾客提供酒店产品的信息，引起顾客的注

意和兴趣，促进酒店产品的销售；另一方面推销人员通过与顾客的交谈，收集顾客对酒店企业、酒店产品及推销人员的态度、意见和要求等信息，不断反馈给酒店企业，为酒店企业的经营决策提供依据。

2. 推销过程的灵活性

推销人员通过与顾客的交谈，掌握顾客的购买心理，从顾客感兴趣的角度介绍酒店产品，唤起顾客的需求。同时还要解答顾客的疑问，消除顾客的不满，抓住有利时机，促成交易。

3. 推销目的的双重性

酒店人员推销的目的不仅是为了推销酒店产品，满足顾客的需求，也是酒店企业进行公共关系活动的一个组成部分。通过推销人员热情、周到的服务，可以赢得顾客对酒店企业的好感，从而树立酒店企业良好的形象，更好地实现推销酒店产品的目的。

4. 满足需求的多样性

酒店人员推销满足顾客的需求是多种多样的。通过推销人员针对性地宣传介绍，满足顾客对酒店产品信息的需求；通过直接销售方式，满足顾客方便购买的需求；通过推销人员良好的服务，满足顾客心理上的需求。当然，主要还是满足顾客对酒店产品使用价值的需求。

三、酒店人员推销方式

酒店人员推销属于直接促销，它包括上门推销、营业推销、会议推销三种形式。

1. 上门推销

上门推销是指酒店企业派专职推销人员携带酒店产品说明书、宣传材料及相关资料走访客户进行推销的方式。这种方式适用于推销人员不太熟悉或完全不熟悉推销对象的情况下，即时开展推销工作。它要求推销人员有百折不挠的毅力、良好的沟通能力与谈话技巧。

2. 营业推销

营业推销是指酒店企业提供酒店产品的各个环节的从业人员，在为顾客提供服务过程的同时，推销酒店产品的活动。酒店企业的从业人员直接与顾客接触，也可以向顾客介绍和展示酒店产品，回答询问，担负着同专职推销人员一样的职能。

3. 会议推销

会议推销是指酒店企业利用各种会议介绍和宣传酒店产品，开展推销活动的推销方式，如各种类型的旅游订货会、旅游交易会、旅游博览会。会议推销是较为常见的推销形式。会议推销的特点是推销集中、接触面广、成交量大。

四、酒店人员推销的程序

1. 寻找顾客

旅游推销人员利用各种渠道和方法为所推销的酒店产品寻找顾客，包括现有的和潜在的顾客。通过调查，了解顾客的需求、支付能力，筛选出有接近价值和接近可能的目标顾客，以便集中精力进行推销，提高推销的成功率。

2. 接近前的准备

旅游推销人员在推销之前，应尽可能地了解目标顾客的情况和要求，确立具体的工作目标，选择接近的方式，拟订推销时间和线路安排，预测推销中可能产生的一切问题，准备好推销材料，如景区景点及设施的图片、模型、说明材料、价格表、包价酒店产品介绍材料等。在准备就绪后，推销人员需要与目标顾客进行事先约见，用电话、信函等形式讲明访问的事由、时间、地点等。

3. 接近目标顾客

旅游推销人员经过充分准备和约见，就要与目标顾客进行接洽。接近目标顾客的过程往往是短暂的，在很短的时间里，推销人员要充分发挥自己的聪明才智，灵活应用各种技巧，引起目标顾客对所推销酒店产品的注意和兴趣，达到接近目标顾客的最终目的。

4. 产品介绍

接近与产品介绍是同目标顾客接触过程中的不同阶段，但两者之间没有绝对的界线。接近侧重于让顾客了解自己，沟通双方的感情，创造良好的推销气氛，而产品介绍侧重于推销产品，需要推销人员利用各种面谈方法和技巧，向目标顾客传递酒店产品的信息，强调给顾客带来的利益，强化顾客的购买欲望。

5. 处理异议

在产品介绍过程中，顾客对酒店产品提出各种各样的购买异议，如价格异议、产品异议、服务异议等，这些异议是顾客的必然反应，它贯穿于整个推销过程之中，推销人员对各种异议，应采取不同的方法、技巧，有效地处理和转化，最终说服顾客，促成交易。

6. 达成交易

达成交易是整个推销工作的最终目标。经验丰富的推销人员，要密切注意成交信号，把握成交机会，采取有效的措施，促成交易，并完成成交手续。

7. 售后服务

要让顾客满意，并使他们重复购买酒店产品，售后服务是必不可少的。达成交易后，推销人员应认真执行所保证的条款，作好服务，妥善处理可能出现的问题。从酒店企业的长远利益出发，与顾客保持和建立良好的关系，树立顾客对酒店企业及产品的信任感，促使他们重复购买，同时利用顾客的宣传，争取更多新的顾客。

热点关注

前厅怎样技巧地销售客房

1. 掌握客人特点

酒店客人年龄、性别、职业、国籍、住店目的等各有不同，前厅服务员可掌握客人的特点灵活推销。例如：商务客人是公费出差，日程安排紧，适合推销安静的、有办公桌、便于会客、价格高的客房，并在一些服务项目上给予免费或优惠；可向旅游客人推荐景色优美的客房；向新婚夫妇、社会名流、高薪阶层人士推荐套房；向携子女的父母推荐连通房、相邻房；向老年人推荐靠电梯、餐厅的客房等。

2. 介绍酒店产品

多数客人在旅行中各有一笔随时可动用的钱，需要服务员帮助来决定如何花费。前厅服务员可以在了解酒店的销售政策及价格变动情况，了解客房的种类、位置、形状、朝向、面积、色彩、装潢、家具等基础上加以介绍。介绍的内容还可包括会议、宴请、餐厅、酒吧、茶座、商务中心、洗衣、理发、游泳、康乐、商场、停车场等设施及服务，酒店内举办的娱乐活动及当地举办的各种节日活动和所接受的付款方式。服务员在做介绍时用正面说法，不做不利方面的比较。具有特色的酒店服务也是可供推销的商品，同时前厅服务还应对竞争对手酒店情况十分了解，帮客人作出选择。

3. 巧妙地商谈价格

在与客人商谈价格时应使客人感到酒店销售的产品物有所值。因此在销售过程中着重推销的是客房的价值而不是价格。可根据客房的特点，在客房前面加上恰如其分的形容词。如：湖景房、海景房、中式套房、西式套房等。除了介绍客房自然特点外，还应强调客房对客人的好处。在商谈房价的过程中前厅服务员的责任是引导客人、帮助客人进行选择。在向客人报房价时，可根据客人的特点提供两种或三种不同价格供选择，报价由高到低。对客人的选择要表示赞同。

客人在选择价格中会表现出计较或犹豫不决，服务员可用提问的方式了解客人的特点与喜好，分析他们的心理，耐心地、有针对性地介绍，消除客人的疑虑，并运用销售技巧帮客人作出选择。在推销过程中要把客人的利益放在第一位，宁可销售价格较低的客房，也要使客人满意，不要使客人感到他们是在被迫的情况下接受高价客房。

4. 主动带客人参观

客人在选择客房中表现犹豫时，可建议带客参观客房，带客参观中要自始至终表现出有信心、有效率、有礼貌，即使客人不住，也要对客人光临表示感谢并欢迎再次光临。

5. 尽快做出安排

客人在参观中对客房感兴趣的话，应用提问的方式促使客人作出选择。一旦客人作出选择，应对客人的选择表示赞赏与感谢，并为客人立即办理入住登记手续，缩短客人等候时间。

（资料来源：职业餐饮网，http://www.canyin168.com.）

单元四　酒店营业推广

一、酒店营业推广的概念

酒店营业推广是指酒店企业在某一特定时期与空间范围内，为配合广告和人员推销，通过刺激和鼓励旅游中间商和顾客，并促使他们尽快购买或大量购买酒店产品而采取的一系列促销措施和手段。

二、酒店营业推广的特点

1. 非常规性

广告、公共关系、人员推销是作为酒店企业一种常规性的酒店促销活动出现的，而酒店营业推广是用于短期和额外的酒店促销工作，着眼点在于解决具体的促销问题，承担短期内具有特定目的和任务的促销工作。因此，酒店营业推广是对广告、公共关系、人员推销的一种补充措施，以非常规性和非周期性的使用方式出现。

2. 灵活多样性

酒店营业推广可以通过多种多样的方式，刺激、鼓励旅游中间商和顾客购买酒店产品。如以批量折扣、推广津贴等方式对旅游中间商进行营业推广；以赠送纪念品、旅游地特产、风情画册等方式对顾客进行营业推广。

3. 强刺激性

酒店营业推广是为了使旅游中间商和顾客尽快或大量购买酒店产品而采取的酒店促销手段，这也就决定了酒店营业推广必须具有强烈的刺激性，才能促使旅游中间商和顾客购买酒店产品，较快地增加酒店企业的销售额，巩固和提高酒店企业市场占有率。

4. 短期高效性

酒店营业推广是在特定的时间和空间范围内，通过赠送、折扣等形式，刺激旅游中间商和顾客产生购买行为，因而短期效益明显。

酒店营业推广的这些特点，体现了酒店营业推广的明显优势，有利于促进酒店产品的短期销售，激发顾客的需求和开拓酒店市场。

三、酒店营业推广的对象和方式

酒店营业推广的对象有顾客、旅游中间商和旅游推销人员。针对不同的推广对象，酒店营业推广的方式也不同。

1. 对顾客的营业推广

（1）优惠提供酒店产品　酒店企业以一定的优惠价格提供酒店产品。

（2）赠送旅游纪念品　酒店企业通过赠送旅游纪念品的方法进行营业推广，

如向团队客人赠送太阳帽、旅行包等。

（3）抽奖　酒店企业通过抽奖方式对顾客进行营业推广，顾客购买酒店产品可参加抽奖，如一家酒店餐饮部推出名片抽奖活动，凡来消费的客人可把名片扔进抽奖箱中，每月抽奖一次，中头奖者可携带两名家庭成员免费住总统套房一天，并提供免费套餐，这种推广方式颇受客人欢迎并产生了轰动效应。

（4）赠折价券　酒店企业为吸引回头客，对顾客赠送折价券。折价券不可对付现金，也不可凭券领取相应金额的实物，但可作为下次消费充抵相同金额的现金。

（5）免费试用　酒店企业通过邀请顾客免费旅游或免费试住等方式进行营业推广。

（6）会员卡　酒店企业把顾客组织化，顾客交纳一定的会费即成为会员，价格上可享受一定优惠。

相关案例

海景酒店十周年圣诞大型狂欢暨抽奖晚会

海景大酒店邀您加入"十周年圣诞平安夜大型狂欢暨抽奖晚会"，精彩纷呈的娱乐节目：时装表演、魔术表演、歌舞表演。

孩子们期待已久的节日终于来了！圣诞老人、滑稽小丑、五彩气球、杂技表演、魔术表演、米老鼠、游戏……等着您和您的孩子参与，赶快带您的孩子加入这个童趣世界吧，给他们以嬉戏的自由空间，带您重温儿时欢愉。

平安的钟声响起，让我们用歌声与舞蹈迎接它的来临。现场DJ带领您进入狂欢热潮；圣诞之夜，狂欢无限！还有激动人心的幸运抽奖！数码相机、手机等等着您赢取。

形式：抽奖、狂欢、节目表演。

免费提供啤酒、多种软饮料（果汁）无限量。

奖品设置如下。

一等奖：一名，数码相机1部；

二等奖：二名，三星手机各1部；

三等奖：三名，酒店套房各1间；

四等奖：四名，31楼自助晚餐券各2张；

五等奖：五名，31楼自助早餐券各2张。

2. 对旅游中间商的营业推广

（1）折扣　酒店企业根据与旅游中间商的协议，在房费、餐饮费、景点门票、交通费等方面予以一定的减免，如有的酒店对旅行社组织的团队客人房价予以50%的优惠。

（2）广告津贴　酒店企业通过与旅游中间商联合推出广告促销产品，酒店企业补贴旅游中间商一部分广告费用；或以广告津贴形式委托中间商做一定的广告宣传。

（3）酒店产品交易会和展览会　酒店企业通过参加酒店产品交易会和展览会，对旅游中间商进行营业推广。

（4）赠品　酒店企业给旅游中间商一定的赠品予以奖励，一般采用赠品印花形式，达到一定量时可兑付赠品。

3. 对旅游推销人员的营业推广

（1）销售竞赛　酒店企业组织推销人员进行销售竞赛，对推销产品出色或销售额领先的推销人员给予一定物质奖励和精神奖励。如有的酒店评选月度、季度、年度最佳销售人员，给当选者发放奖金和证书，以调动推销人员的积极性。

（2）销售奖励　酒店企业按事先的约定，对销售额达到一定数量的推销人员给予奖励。销售奖励的形式有奖金、奖品、免费旅行等。

> **相关案例**
>
> **速8酒店126元大礼包领航促销**
>
> 　　新年的钟声敲响，2009年到来了。酒店春节促销工作也如火如荼地进行着。近年来随着人们生活文化水平逐渐提高，越来越多的人在春节期间选择出游进行庆祝，对广大老百姓来说，春节出游入住经济型酒店也逐渐成为流行趋势。
>
> 　　借着这样喜庆的日子，酒店春节促销活动越来越热烈，竞争也越来越激烈，各酒店促销更是奇招百出！记者近期从速8酒店总部了解到：美国速8酒店特举办了新春新喜新会员回馈活动。此次活动也是速8有史以来最大力度的优惠活动之一。活动策划人员还向记者透露了如下具体的活动方案。
>
> 　　为答谢广大速8VIP会员一直以来的支持，2009年春节期间至3月31日，美国速8经济型酒店将举办"新春新喜新会员回馈活动"。为每位会员精心准备了价值126元的超值大礼包！凡在活动期间入住速8连锁酒店的会员，每入住1晚即可获得一套价值88元的现金券；除此之外，还可免费获赠一张价值38元的VIP会员卡。您可赠送朋友或亲人，一起享受速8带给您的优质VIP级服务。
>
> 　　新春将至，速8酒店为广大百姓考虑，提出很多实惠的促销方案，着实为大家春节出行带来了很多方便。再次提醒广大入住酒店的朋友，新春盘算您的出行计划之前先问问有没有新春促销活动，外出旅游还能伴随大礼相送。何乐而不为呢！
>
> （资料来源：北京酒店网，http://news.bjhotel.cn/hotelnews/html.）

单元五　酒店公共关系

一、酒店公共关系的概念

酒店公共关系是指酒店企业以社会公众的利益为出发点，通过传播媒介，在社会公众中树立良好的形象和信誉，以赢得酒店企业内部和外部社会公众的理解、信任、支持与合作，为酒店企业的发展创造最佳的社会环境，实现酒店企业的目标。酒店公共关系对于塑造酒店企业的公众形象，提高知名度与美誉度，增强市场竞争力具有重要的作用。

二、酒店公共关系的特点

1. 真实性和持久性

酒店公共关系传播的信息，或借助于事实本身，让人耳闻目睹；或通过他人之口，比如新闻媒介，告知天下。这样可以避开"自卖自夸"之嫌，突破社会公众的防范、戒备心理，能够深入人心，因此，可信度高，效果持久。

2. 新颖性和独特性

在现代社会，促销的手段层出不穷，广告战更是激烈，但难以引起社会公众注意，而且经常惹人反感。酒店公共关系却独辟蹊径，它不是直接刺激顾客的购买行为，而是以新闻或其他活动传播信息，新颖独特，容易引起社会公众的关注。

3. 间接性和主动性

酒店公共关系促销具有间接性，即酒店企业对顾客不是直接推销产品，而是通过塑造酒店企业良好的形象并由此推动酒店产品的销售。另外，酒店企业要积极主动地向社会公众开展公共关系活动，加强和社会公众的联系，使社会公众能够充分地了解和认识企业，有助于树立良好的酒店企业形象。

三、酒店公共关系的方式

1. 创造和利用新闻

酒店企业利用或策划有吸引力的新闻事件，或举行活动创造机会以吸引新闻界和社会公众的注意，扩大影响，提高知名度。由于新闻界是站在酒店企业与顾客之外的第三者的立场上，能客观公正地提供信息，因而可信度高。

2. 举办和参加各种会议

酒店企业通过举办和参加酒店产品的展览会、研讨会，以及各种纪念活动，向公众推荐酒店企业及其产品，加深公众的印象，从而提高酒店企业及其产品的知名度。

3. 赞助和支持各项公益活动

酒店企业应赞助社会公益事业，支持各项公益活动，以赢得社会公众的爱戴。如参与捐资助学、扶贫、救灾，支持社会组织的各类文化、娱乐、体育等公益性质的活动等，在社会上树立一心为公众服务的形象。

4. 印制宣传品

编辑介绍酒店企业发展历史，宣传酒店企业宗旨，介绍酒店产品以及员工教育、企业经营现状及动态等内容的宣传品，也是酒店企业传播信息，树立良好形象的重要途径。这些宣传品以免费赠送为主，印制精美，以增加公众兴趣和提高其保留价值，同时注明企业的地址和电话号码、邮编等，以方便联系。

5. 建立酒店企业内部的公共关系制度

好的酒店企业形象与酒店企业内部的公共关系是分不开的。酒店企业应有计划、有步骤地建设企业文化，提高员工素质，活跃文化气氛，美化企业环境，应当关心员工的利益，调动员工工作的积极性，从深层次有效地开展酒店公共关系活动。如定期对员工进行培训和举办员工文化娱乐活动，利用升国旗、表彰大会等形式增强企业凝聚力。

相关案例

"金陵"情暖宾客心　宾客离别恋"金陵"

不少到过南京金陵饭店的宾客，往往情不自禁地会产生一种流连忘返之感。是什么东西像磁石一样吸引着他们呢？金陵饭店公关部负责人龙芳芳把它概括为一个"情"字。

某次，美国一个旅游团来到南京，该团的陪同告知，旅游团来华后对已去两地吃、住不大满意，要求金陵饭店动脑筋搞好接待，饭店对该团成员名单及简况仔细做了研究，对这些客人吃、住作了精心安排。他们从登记卡上发现该团的一位团员的生日就在进店的当天。

"机会来了"，公共关系部就订做了一盒生日蛋糕，布置康乐中心作好演奏《生日快乐》的准备。在客人开怀畅饮时，一名身穿红色旗袍的公关小姐将蛋糕送上桌，饭店总经理作了简短的生日祝词，席间响起了《生日快乐》那欢快的旋律，客人们拍着手掌，高兴地唱了起来，这天的晚宴给客人们带来了欢愉。

离开南京时，美国客人在留言簿上写道："我们爱金陵饭店，你们小姐的优质服务，给我们留下了美好的回忆。有机会来南京，还要住金陵饭店。"

"以诚待客，情暖人心"，金陵饭店的这条服务宗旨赢得了公众的信赖。几年来，来自世界各地的宾客，无论是总统、总理、部长，还是商人、教授、记者，无不对金陵留下深刻的印象。讲到这里，龙芳芳不无自豪地对记者说："金陵饭店以雄辩的事实，对当年《朝日新闻》的断言作了回答：中国人能够管理好国际一流现代化宾馆。"

小 结

　　酒店促销是指酒店企业通过各种传播媒介，向顾客传递有关酒店企业和酒店产品的信息，帮助顾客认识酒店产品所能带来的利益，引起顾客的注意和兴趣，唤起需求，影响顾客的购买行为，达到促进酒店产品销售的目的。酒店促销的实质是酒店企业与顾客之间的信息沟通。

　　酒店广告是指酒店企业以付费的形式，通过媒体向旅游目标市场的公众传播有关酒店企业或酒店产品的信息，影响顾客的购买行为，促进酒店产品销售的促销方式。

　　酒店人员推销是指酒店企业利用推销人员直接与顾客接触、洽谈、宣传介绍酒店产品，以达到促进销售目的的促销方式。

　　酒店营业推广是指酒店企业在某一特定时期与空间范围内，为配合酒店广告和人员推销，通过刺激和鼓励旅游中间商和顾客，并促使他们尽快购买或大量购买酒店产品而采取的一系列促销措施和手段。

　　酒店公共关系是指酒店企业以社会公众的利益为出发点，通过传播媒介，在社会公众中树立良好的形象和信誉，以赢得酒店企业内部和外部社会公众的理解、信任、支持与合作，为酒店企业的发展创造最佳的社会环境，实现酒店企业的目标。

 复习思考题

1. 酒店促销活动对酒店企业有何作用？如何进行有效的促销组合？
2. 简述酒店营业推广的形式。
3. 简述酒店公共关系的方式。
4. 假如你是一名酒店企业的推销人员，你将如何开展销售工作？

模拟训练

　　针对当地一家旅行社目前的经营状况，设计一个适合目标酒店市场需要的市场营销组合策略。

【拓展案例1】

红花餐馆的成功之路

　　1935年，洛奇先生在日本开了一家餐馆，取名红花餐馆。1959年，他的儿子小洛奇来到美国，几年后继承父业，在曼哈顿中心建造了一个有40个座位的普通日本红花餐馆。由于红花餐馆采用地道的日本乡村客店风格，又由日本厨师当着客人的面烹调，独有的风格再加上洛奇成功的经营，使红花餐馆非常成功，他很快就开办了三家红花餐馆,每年盈利130万美元,到1970年他已经拥有了七家联营餐馆。

小洛奇经营红花的秘诀除了把握特色、加强组织领导和降低成本以外,很重要的一点就是广告宣传与公关。他在促销方面投入了可观的人力、物力、财力资源,广告费用占营业额的8％～10％。负责促销的董事格仑·西蒙也是擅长其职的。他善于别出心裁,从不在报纸娱乐版登广告,因为那儿广告太多,易被其他广告和其他餐厅的广告所干扰冲击,而失去吸引力,不能使消费者记忆。因此,他采用视像广告,配合新颖生动的说明词,引人入胜。他进行了大量市场调查工作。弄清顾客的消费动机和需求,有什么购买特征等。在纽约时报、纽约杂志、妇女服饰等上面做的大量广告,虽无"餐馆"两字,却使红花餐馆拥有了极高的知名度。他在每一个城市做广告,在每一个城市的娱乐指南上做广告。

格仑认为,他的工作就是"保卫公司的形象",说公司的形象应"是一家迅速成长的具有动力的日本餐馆集团公司"。他认为:目的不在于"红花"出现的次数和人们接触的次数,而是"我们在构筑大厦,每提到一次日本红花,这就是构筑房屋的一个构件。有的目的和结果是把客人吸引到餐馆来,有的则为我们带来了可能的财务利益,或物品,或朋友,或其他。"

事实证明,每天的印刷出版物、电台或电视上都有日本红花的宣传,这是了不起的。他们采取多种方式,如在超级市场表演,为庆祝活动提供饮食服务,招待青年人团体用餐,给会议客人赠送火柴盒,向女士俱乐部赠送东方筷子,给公关宣传人士和专栏作家酬劳,安排洛奇接受记者采访……他认为这种投资是值得的,不可少的。每年为此付出100万美元,加上开发公共关系的50万美元,达营业额的8％以上。为此,一位持怀疑态度的作家心悦诚服地说"至少有25个原因使人们喜欢到日本红花用餐"。他后来列举了31条原因,其中就包括"经常有兴高采烈的公关联谊活动"和"非同寻常的广告宣传及概念"。

在人员促销方面,红花餐馆的营销人员直接追踪会议或访问旅游活动的组织者、发起者,与他们合作,并紧密联系团队和会议主办者等。这样,1964年有赤字的小业主,到70年代就成为有15家餐馆的集团董事长,年盈利高达1200万美元,并且继续稳步发展、兴旺。

案例讨论题:

1. 红花餐馆运用了哪些促销策略?
2. 红花餐馆的成功之处在哪里?
3. 从红花餐馆的成功经营中,我们能总结什么经验?
4. 你认为红花餐馆的纪念赠品是否应有价格界限?为什么?

【拓展案例2】

酒店淡季营销方略

2008年十一假期是我国取消五一长假后的第一个黄金周,早就盼着休假的人们倾巢而出,奔向天南地北,欣赏亮丽迷人的秋日美景,放松疲惫紧张的心情。随着八方游客纷至沓来，旅游景点无不爆满，许多宾馆酒店生意兴隆，客房出租率和餐饮收入直线上升。

当"黄金周"结束后，随着各地酒店的入住率回落，酒店经营的淡季如期而至。同时，全球经济放缓、燃料成本上升、签证限制趋紧、极端自然灾害频频发生等负面因素都在打击着旅游业的信心。很多企业收紧银根，缩减商务旅行开支。凡此种种，必然给酒店业带来新一轮冲击。面对糟糕的市场形势，酒店如何才能保持高入住率和源源不断的客源呢？

九寨沟喜来登国际大酒店（以下简称九寨沟喜来登）是一家豪华酒店，而7天连锁酒店（以下简称7天酒店）则是一家经济型酒店，它们在淡季营销方面各有特色。

九寨沟喜来登：多种方式推广，破除淡季魔咒

"今年十一黄金周，只有飞机团才可以进九寨沟。每天十几班飞机，只有几千人，就已经算满员了。去年的这个时候，每天有好几万人进九寨沟。今年十一算不上旺，只能说是地震之后最旺的时期。"九寨沟喜来登品牌推广人员何疏影对《新营销》记者介绍十一黄金周九寨沟的游客状况，"今年由于地震，许多国家的客人都大大减少。这应该是一个例外。"

九寨沟喜来登坐落在"童话世界"九寨沟的碧水青山之间。每年9月、10月，九寨沟喜来登总经理张鸿华和当地各大酒店的经理都会乐开怀，络绎不绝的游客让他们喜上眉梢。由于受到地震的影响，今年的旺季比想象中要淡一些。此后，他们将面临长达大半年的淡季和平季。如何通过营销做到客似云来，这是一个策略问题。

和传统的产品一样，再高级的酒店也要建立自己的营销渠道和代理网络，这是提升酒店入住率的关键。九寨沟喜来登是中国风景区第一家五星级酒店，这个定位至少给了游客一个指向性的诉求导向。张鸿华说："九寨沟喜来登在追求标准化的同时，穿插了一些当地的藏羌文化，从酒店的建筑风格到装饰风格都有着浓郁的藏羌文化色彩。"这样一来，九寨沟喜来登在集团内突出了与其他喜来登酒店的不同，而在竞争对手面前突出的则是集团的理念、系统和管理。

对于风景区的酒店来说，旅行社能否为其带来客源，至关重要。正因为九寨沟喜来登定位于风景区酒店，它就需要花费更多的时间去打开旅行社的通路。其做法是："淡旺季相结合，旅行社淡季带来多少生意，旺季就可以得到相应的配额。"这既是提升淡季营业额的方法，也是取悦旅行社的手段，而且其所带来的经济效益也是显而易见的。旅行社为了调剂需求，通常会配合酒店，通过促销手段将7月、8月等销售平季变成销售旺季。"在淡季，为了节省成本，大多数四星级酒店都关门歇业了，但我们在淡季仍然坚持开业。"张鸿华认为这得益于"旅行社在销售淡季对九寨沟喜来登酒店的支持"。

何疏影说，九寨沟喜来登一大半顾客来自海外，而且外国游客逐年增多，主要来自日本、韩国、新加坡等亚洲国家，大多为有经济基础的中、老年人，其中男性居多，休闲度假者居多。

与竞争者相比，喜来登负有盛名的招牌让张鸿华倍感骄傲。要知道，喜来登所属的喜达屋集团在全球95个国家拥有850家酒店及度假村，这无形中帮助九寨沟喜来登在95个国家建立了销售渠道和宣传平台。这一金字招牌不仅能吸引众多喜来登的拥趸，更重要的是，它能通过全球喜来登酒店的网络促成销售，这与独体酒店相比显然是一大优势。喜达屋集团制订的许多计划，常常给张鸿华带来意想不到的惊喜，比如"喜达屋顾客优先计划"。在旺季，九寨沟的酒店人满为患，但这项计划确保喜达屋的全球会员能够顺利入住。"这个计划在全球的推广与执行，延长了九寨沟喜来登的销售旺季。"张鸿华说。更让人心动的是这项计划中的"积分兑奖"。据说，在全球五星级连锁酒店中，喜达屋集团推行的"积分兑奖"是唯一能做到即时兑奖的，这对许多旅客颇具诱惑力。通过积分获得度假与私人旅行的机会或直接兑换成房费，的确让人心动。但对九寨沟喜来登来说，它不仅仅是招徕新顾客和维系老顾客忠诚度的一个有效手段，而且为九寨沟喜来登的淡季销售提供了促销途径。

除旅行社之外，另一个不能忽视的顾客群是政府机关和大企业等客户。在大城市，五星级酒店通常是政府机关或大企业举行会议的首选场所，但它们并不适合所有的会议，例如政府年会、经销商会议等，这样的会议通常会选择在九寨沟喜来登等风景区酒店举行。"既能度假、旅游，又能举行会议，这才是他们心目中的理想场所。"张鸿华说，"这样的会议一般选择在年底或者年初。"因此对九寨沟喜来登来说，会议营销成了它在最为冷淡的冬季增加营业额的重要手段。

从2006年开始，九寨沟喜来登加大了会议营销的力度。毕竟，要挨过漫长的淡季，会议营销是一个不得不思考的议题。事实上，喜达屋集团早就制订了详尽的会议营销方案，例如针对各家大企业秘书进行奖励的"明星之选奖励计划"。随着会议厅、宴会厅和剧院的建成并投入使用，会议营销成为九寨沟喜来登破除淡季魔咒的一把利刃。何疏影说："我们的会议设施比较齐全，无论是几百人还是几十人，无论是平季还是淡季，我们都能承接会议。会议大多在年初岁尾举行，此时是淡季，所以对会议的价格我们会灵活掌握。我们现在的会议接待已经非常成熟，会议收入所占的比例也越来越大。"

当然，薄利多销，这个放之四海而皆准的法则通常能给酒店的淡季营销带来奇效。供需市场的一个定律是：当供大于求时，价格就成为赢得客户的一个关键。张鸿华说："我们通常的做法是量、价相结合，有多少量就放多少价。"通过调剂盈余，九寨沟喜来登不仅锁住了大客户，而且为淡季销售带来了契机。

7天酒店：会员制营销让淡季不淡

今年9月，一封封E-mail被发送到"7天会"会员的邮箱里，其主题是"金秋10月入住7天连锁酒店，享三重厚礼"，邮件正文中更是有着"礼品疯狂送"、"价值200万"的诱人字眼。

7天酒店创办于2005年，目前拥有300多家连锁店。"7天会"为7天酒店的会员俱乐部，它推出了多项会员专享服务、丰富多彩的会员积分奖励计划，拥有行业内最为庞大的会员体系。

与受到商务活动因素影响而淡旺季明显的商务型酒店相比，经济型酒店通常没有太明显的淡旺季之分，其价格常年保持一致。7天酒店CEO郑南雁对《新营销》记者介绍说，7天酒店能够让淡季不淡，秘诀在于一贯坚持的会员制、IT系统平台以及"滚雪球式"的扩张模式，由此节省了分销成本，同时拥有了一个忠诚的客户群体。

在经济型酒店业，通过携程、E龙等网站做推广是许多酒店习以为常的做法。但7天酒店却摆脱了对中介代理的依赖，自成立之日起，就一直坚持做会员制营销，并不依赖旅行社和酒店预订代理机构，使7天酒店不受制于人，也因此大大节省了分销成本。郑南雁说："传统的代理，一间客房一天要付给中介30元到40元，一年按每个客人住6天计算，每个客人至少要付给中介180元。而我们自己推行会员制，可以做到长效管理，而且非常方便。"

7天酒店重点推广会员制，利用会员的反馈提高服务质量，大大减少了人力投入和管理成本，做到了成本最低。郑南雁说："我们营销的核心就是直接发展会员，以确保其享受低价，同时，会员制推广也是7天酒店品牌推广的主要方式。我们并没有很刻意地去打造品牌，而是在销售的过程中逐渐强化品牌，会员制对7天酒店的品牌塑造有着更持久的影响力，当然成本也更低。"

郑南雁强调："经营的目的，不是你想做什么，而是你能为客户做什么。"7天酒店营销的精髓就是将更多的利益回馈给消费者，跟消费者形成互动。"这样，消费者会更加愿意追随我们的品牌，成为我们的忠实客户。"

据了解，7天酒店对会员实行统一低价，其定价原则是倒推价格，即先拟订一个市场价格，然后倒推成本，通过技术手段降低成本，在确保利润的前提下，让利给客户。7天酒店采用会员制营销，直接面向消费者，避开了代理商，也缩短了服务流程，让服务变得更加简单，也更加规范。通过实施会员忠诚度计划，7天酒店搭建了行业内最为庞大的会员体系，其会员超过了300万，消费会员为100多万。

7天酒店还自主开发了一套基于IT信息技术的电子商务平台，建立了国内首家集互联网络、呼叫中心、短信、手机WAP及店务管理为一体的系统，具有即时预订、确认及支付功能，使消费者无论何时何地都可以轻松、便捷地查询、预订房间。郑南雁把这种经营模式称之为"鼠标＋水泥"，即用电子技术、网络技术武装传统酒店业，提升服务水准。目前7天酒店是国内酒店行业唯一能将网站和酒店数据库完全对接的连锁酒店，可以提供四种预订方式，包括网上预订、热线预订、WAP预订和短信预订。此外，7天酒店还在这一平台上构建了各个分支运营体系，包括店务质量控制、开发评估推进、财务流动管理、工程采购、人力资源体系等。

7天酒店在网络支付、网络营销等方面进行了一系列的合作创新实践。比如，和第三方在线支付平台财付通合作，让顾客拥有安全而多样的网上银行支付渠道；和知名社区天涯、若邻网合作，提供电子商务入口，让顾客体验酒店电子商务；和生活咨询搜索平台酷迅、口碑网、火车时刻查询网站、飞友网，以及信用卡和个人理财产品推广网站商诺公司合作，为顾客带来更为便捷和人性化的服务。通过跨领域、大范围的合作，7天酒店为电子商务构建了一个全面而良性的生态圈：不仅给顾客带来最佳的服务体验，同时培育顾客养成电子商务消费习惯。更为关键的是，7天酒店在电子商务上的核心优势变得更加强大。

统计数据表明，在7天酒店的总交易量中，有超过50%的预订是通过网络实现的。这一比例在所有经济型酒店中是最高的。随着3G时代的到来，7天酒店又开通了手机短信预订、手机WAP网上预订，顾客预订房间更加方便、快捷。郑南雁认为："相信互联网的力量，相信这个技术推动的力量。我们发现这些做法跟消费者的需求比较匹配，熟练的会员只需15秒就可以完成订房。"

［资料来源：叶文东. 酒店淡季营销方略. 新营销，2008，(11).］

案例讨论题：

请同学们谈谈九寨沟喜来登国际大酒店这家豪华酒店和7天连锁酒店这家经济型酒店，它们在淡季营销方面各自特色有何不同？

参 考 文 献

[1] 郑凤萍. 旅游市场营销. 大连：大连理工大学出版社，2012.
[2] 吴金林. 旅游市场营销. 北京：高等教育出版社，2002.
[3] 赵西萍. 旅游市场营销学. 北京：高等教育出版社，2002.
[4] 荀自钧. 旅游市场营销学. 郑州：郑州大学出版社，2006.
[5] 刘叶飙. 酒店营销学. 北京：高等教育出版社，2004.
[6] 戴斌，杜江. 旅行社管理. 北京：高等教育出版社，2004.
[7] 梁智. 旅行社经营管理. 北京：旅游教育出版社，2003.
[8] 陈小春. 旅行社管理学. 北京：中国旅游出版社，2003.
[9] 张俐俐. 中外旅游业经营管理案例. 北京：旅游教育出版社，2002.
[10] 马勇. 酒店市场营销管理. 广州：广东旅游出版社，2002.
[11] 梭伦. 现代宾馆酒店营销. 北京：中国纺织出版社，2003.
[12] 王晨光. 旅游营销管理. 北京：经济科学出版社，2004.
[13] 菲利普·科特勒. 旅游市场营销. 北京：旅游教育出版社，2002.
[14] 蔡万坤. 餐饮管理. 北京：高等教育出版社，2002.
[15] 吴克祥. 餐饮经营管理. 天津：南开大学出版社，2000.
[16] 邹益民. 现代饭店餐饮管理. 广州：广东旅游出版社，2001.
[17] 黄浏英. 餐饮品牌营销. 沈阳：辽宁科学技术出版社，2002.
[18] 唐德鹏. 现代饭店经营管理. 上海：复旦大学出版社，2000.
[19] 刘志远，林云. 旅游营销策略. 上海：立信会计出版社，2001.
[20] 林建煌. 营销管理. 上海：复旦大学出版社，2003.
[21] 纪宝成. 市场营销学教程. 北京：中国人民大学出版社，2002.
[22] 何永祺，张传忠，蔡新春. 市场营销学. 大连：东北财经大学出版社，2001.
[23] 郭国庆. 市场营销管理. 北京：中国人民大学出版社，2000.
[24] 维克多·米德尔敦. 旅游营销学. 向萍译. 北京：中国旅游出版社，2001.
[25] 王文君. 饭店市场营销原理与案例分析. 北京：中国旅游出版社，1999.
[26] 屈云波. 饭店业营销. 北京：企业管理出版社，1999.
[27] 尼尔·沃恩. 饭店营销学. 程尽能等译. 北京：中国旅游出版社，2001.